HOW TO DO THE WORK

Recognize Your Patterns, Heal from Your Past, and Create Your Self

Dr. Nicole LePera

ホリスティック心理学

自分の行き詰まりパターンを特定し、
トラウマを解消して
人生を変える「ワーク」

ニコール・[illegible]ペラ（心理学博士）
長澤あか[illegible]

JN027720

How to Do the Work

Recognize Your Patterns, Heal from Your Past, and Create Your Self

by Dr. Nicole LePera

Copyright © 2021 by JuniorTine Productions.

Published by agreement with Folio Literary Management, LLC and Tuttle-Mori Agency, Inc.

Japanese edition copyright © Pan Rolling, Inc.

私自身よりも早く、私に目を向けてくれたロリーに。
読者のみなさんへ。私があなたに目を向けているよ。

唯一なるものの奇跡を成し遂げるにあたって、下にあるものは上にあるものを映し、上にあるものは下にあるものを映す。外にあるものは内にあるものを映し、内にあるものは外にあるものを映す。

——錬金術の神、ヘルメス・トリスメギストスの「大いなる作業」より

人間の進化とは、その人間の意識の進化のことだ。客観的な意識を持てば、あらゆるものが一つであることを見て、感じられるだろう。ただし、こうした事象を何らかのシステムに科学的、もしくは哲学的な方法でつなげようとしても無駄である。人間はばらばらの事実から全体という概念を再構築することができないからだ。

——ロシアの神秘思想家、ゲオルギイ・グルジエフの「第四の道」より

向き合っても変わらないこともあるが、向き合わなければ何も変わらない。

——作家ジェイムズ・ボールドウィンの「Remember This House」（映画『私はあなたのニグロではない』のもとになった未完の原稿）より

まことに、まことにあなたに言っておく。誰も神の国に入ることはできない……自分が何者で、どこへ向かっているのか、その真実を理解し、悟らない限り……自分が愛によって生きながら、光に向かっていることを。

——イエス・キリスト（「大いなる作業」について）

目次

Contents

Chapter 2

意識と「自分」を切り離す……65

Chapter 3

トラウマの新理論とは？……88

Chapter 4

トラウマが身体を乱す……125

Chapter 5

心と身体で健康になるワーク……156

Chapter 10

Chapter 11
自分で自分を育て直す……333

Chapter 12
本物の大人になる……360

Chapter 13

「ワーク」を進めるにあたっての覚え書き

人間の経験を超越する「ワーク」には長く豊かな伝統があり、時代を超えてさまざまなメッセンジャーによって今日まで伝えられてきた。古代ギリシアのヘルメス思想は謎めいた錬金術を語っていたが、ゲオルギイ・グルジエフのような近代の神秘主義者たちは探求者に、「意識の高みに到達することで、世の中とさらに深く関わりなさい」と求めた。反人種差別の研修や、構造的な抑圧の打破に必要な知識においても、「12ステップ・プログラム」のような依存症の回復プログラムにおいても、よく似た言葉が使われるのを目にしてきただろう。こうした「ワーク」のさまざまなバージョンに共通しているのは——そして、本書が育み、継続していくのは——自分自身や、コミュニティにおける自分の居場所についての理解を深めることだ。私のワークの目的は、自分の心と身体と魂が複雑につながり合っていることを理解し、活用する手段《ツール》をみなさんに提供すること。それは、自分自身や周りの人たちと、さらには社会と、心からの有意義な関係を深めるのに役立つだろう。今からお話しするのは私の旅についてだが、それが、あなたならではの「ワーク」を発見する手がかりになればと願っている。

序文

魂の闇夜

詩人や神秘主義者たちは常に、神秘的な目覚めを神々しい場所で体験しているように見える。山の頂にいるときや、大海原をじっと見つめているとき。あるいは、さらさら流れる小川のほとりや、預言者モーセなら、燃えているのに燃え尽きない柴のそばにいるときに。ところが私の場合は、森の中の丸太小屋で、オートミールのボウルに顔をうずめて泣きじゃくっているときに起こった。

夢がかなったのに幸せじゃない理由

あれはパートナーのロリーと、ニューヨーク州北部にいたときのこと。フィラデルフィアのストレスフルな都会生活を離れて、ちょっぴり息抜きするつもりだった。

私は朝食を食べながら、ほかの心理学者が書いた本を読みふけっていた。私にとっては、軽く読めるたぐいの本だ。テーマは何かって？　「子どもに無関心な母親」。プロとして勉強のために、いや、そう信じて読み進めるうちに、ちょっと面食らうような思いがけない感情があふれ出した。

「疲れてるのよ」と、ロリーが言った。「ちょっと落ち着いて。リラックスしたほうがいいよ」

私は、軽くかわした。とにかく、いつもと違う感情がわいているとか、おかしなことが起こってる、という自覚はなかった。似たような不平不満なら、患者からも友人たちからも、山のように聞かされている。

「朝、イヤイヤ起き出さない人間なんている？」

「仕事中にぼんやりしない人なんているのかな？」

「大事な人によそよそしさを感じる日もあるでしょ」

「みんな、休暇のために生きてるんじゃないの？」

「これって、年を取ったら起こることだよね？」

私は少し前に30歳の誕生日を祝ったばかりだったけど、「え、こんな感じ？」と思った。子どもの頃からの「夢のリスト」の多くにはすでにチェックマークがついている――好きな街で暮らし、セラピーのクリニックを経営し、優しいパートナーもいる。それでも感じたのだ。私という存在に欠かせない何かが欠けている、と。それが失われたのか、最初からなかったのかはわからない。私は長年、恋人がいても一人ぼっちの気分だったけど、ようやく理想の人にめぐり合えた。彼女が私とまったく違っていたからだ。私は遠慮がちで冷静なタイプだけど、ロリーは情熱的で我が強い。たびたび意見をぶつけられるのも面白いと感じていた。私は幸せなはずだったし、少なくとも満足していいはずだった。それなのに、すっかり自分を見失って、孤独で、何の感情もわかない。何も感じないのだ。

その上、身体の問題も抱えていた。それはかなり深刻化して、無視できそうにない。頭に靄《もや》がかかったように、ひどくぼんやりするのだ。そのせいで言葉やフレーズを忘れてしまうばかりか、時には頭が真っ白になった。とんでもない事態だけれど、とくに患者のセラピーの最中に起こってしまった日には困り果てた。長年抱えてきた胃腸のトラブルにも悩まされ、絶えず落ち込むようになった。そんなある日、なんといきなり卒倒した。友達の家で思いきり気絶して、みんなを驚愕させてしまった。

そして今、この静かな環境で、オートミールのボウルを手に、ゆらゆらロッキングチェアに揺られていたら、ハッとした。私の人生はなんて虚《うつ》ろなものになってしまったんだろう、と。すっかり気力を失って、人生に絶望している。なかなかよくならない患者にイライラし、患者も自分もケアしきれない自分自身に腹を立て、なんとなくけだるくて、なんとなく不満。あらゆることに「何の意味があるの？」と首をかしげ、行き詰まっている。都会の慌ただしい暮らしの中では、家に帰っても、全力で何かをして、厄介な感情をごまかしていた。キッチンの掃除をし、犬の散歩をし、延々と次の計画を立てる。動いて、動いて、動きまくる。ちらっと見ただけなら、「行動型人間ってすごいね！」と私の働きぶりにほれぼれしたかもしれない。でも、ほんの少し目を凝らせば、私が根深い未解決の感情から目をそらしたくて、せっせと身体を動かしていることに気づいただろう。森の中で、子ども時代のトラウマがしつこく及ぼす影響についての本を読むこと以外、何もすることがなくなってはじめて、私は逃げ場を失った。その本は、私が長年抑え込んできた母親と家族に対するさまざまな感情をあぶり出した。まるで鏡をのぞき込んでいるみたいに。そこには私がいた。素っ裸で、気をまぎらすものもなく、目にしたものにひどく戸惑っている……。

さらに正直に、隅から隅まで自分自身を見つめてみると、気づかずにいられなかった。自分が抱える問題の多くが、母の苦しみととてもよく似ていることに。とくに、母と母の心身との関係をこれでもかと映し出していた。私は、母がさまざまに苦しむ姿を見てきた。日常的に膝《ひざ》や背中が痛み、たびたび心配や不安を訴える。もちろん、大きくなるにつれて、私はいろんな意味で母とは違う人間になった。まず、身体をよく動かした。運動と健康的な食生活を通して身体を大事にすることを、何より優先していた。20代の頃には、動物保護区の牛と仲よくなって、「動物を食べるなんてもう考えられない」とベジタリアンになったくらいだ。むろん私の食生活は、ハイパー加工された代替肉《フェイク・ミート》や完全菜食主義者《ビーガン》向けジャンクフードを軸に回っていた（ビーガン・フィリー・チーズステーキサンドが大のお気に入りだった）けど、少なくとも、身体に何を取り込むかを気にかけていた。アルコールに溺《おぼ》れがちなのは玉に瑕《きず》だったけれど、時には自分に厳しすぎて食べる楽しみを忘れるくらい食生活に気を遣っていた。

私はママとは違う――常々そう思っていたけれど、こうして感情的な問題、さらには肉体的な問題まで噴き出して、人生のあらゆる場面になだれ込みだすと、このままでいいのかそろそろ問い直すべきだ、と気がついた。そして、その気づきのせいで、熱いドロドロのオートミールに顔をうずめて泣きじゃくる羽目になった。この哀れでなんとも惨めな光景には、メッセージが込められていた。私がこんなふうに感情を爆発させるなんて、めったにないことだった。普段の自分とかけ離れているから、この魂のシグナルを見過ごせなかった。何かが私に「目を向けて！」と大声で叫んでいる。しかも、森の中には逃げ隠れする場所もない。ついに自分の苦しみ、痛み、トラウマ、ひいては本当の自分と向き合うときが来たのだ。

身体と心を雑に扱っていないか？

今の私はこの出来事を、魂の闇夜――どん底――と呼んでいる。どん底に落ちるのは、死ぬことと似ている。だから、中には文字通り、死の瀬戸際まで行ってしまう人もいる。言うまでもないが、死は再生のチャンスをくれるから、私は「何がまずいのか解明しよう」と決めて、また立ち上がった。あのつらい時間が光をもたらし、それまで封じ込めていた自分自身についての多くのことを明らかにしてくれた。突然、はっきりわかったのだ。変わらなくちゃいけない、と。この気づきが身体と心と魂の目覚めにつながって、ゆくゆくは世界的な活動に発展していくなんて、当時は夢にも思わなかった。

最初は、一番切実だと感じる問題――身体――に重点を置いた。自分を身体的に分析したのだ。どれほど病んでいるのか？　病《やまい》はどこに現れているのか？　再生の道が栄養と運動から始まることは、直感でわかった。そこで、「自己改革のチアリーダー」ことロリーに協力を求め、「いかに身体を雑に扱っているか」という問題に、ぶれずに真摯に取り組むサポートをしてもらった。私を毎朝ベッドからたたき出し、私の手にダンベルを押し込んで、一緒に1日に何度も、意識的に身体を動かす状況をつくってもらった。二人で栄養について詳しく調べてみたところ、「ヘルシーだ」とされている多くのことが実は疑わしいこともわかった。そうして、呼吸法《ブレスワーク》や瞑想を組み込んだモーニング・ルーティンにも――やはり毎日――取り組み始めた。最初は渋々やっていたから、休む日もあれば、泣いたり、筋肉痛になったり、落ち込んだり、やめてしまいそうになったりもしたけど、何ヵ月もかかって、習慣は何とか根を下ろした。そのうち私は、このモーニング・ルーティンを強く求めるようになり、心身共にかつてないほどハツラツとした自分を感じ始めた。

身体が癒え始めると、それまで当たり前だと思っていたたくさんの真実にも疑問がわいてきた。そこで、心の健康について、新しい考え方を学ぶことにした。心・身体・魂のつながりが断たれると、病気や調整不全として現れることがある、とわかった。遺伝子が運命ではないこと、それを変化させるには、思考パターンや思考グセを自覚しなくてはならないことも知った。思考のパターンやクセを形づくったのは、私たちが誰よりも愛し、私たちを誰よりも愛してくれた人たちだ。私が新たに知った、より広義なトラウマの定義は、（たとえ激しい虐待でなくても）子ども時代のストレスやつらい体験が身体の神経系に及ぼす、重大な精神的影響も考慮している。私自身も、子ども時代からの未解決のトラウマが、来る日も来る日も自分に影響を及ぼしていることに気がついた。

　学べば学ぶほど、学んだことを日々の選択に活かせるようになった。時間が経つうちに、私はそうした変化に順応し、変わり始めた。生理機能が癒え始めると、私はさらに学びを深め、さまざまな臨床経験で得た気づきを活かして、構築中の知識に組み込むようになった。そう、一人の人間――身体的な自己、心理的な自己、スピリチュアルな自己――の統合に関する知識を構築し始めたのだ。

　私は自分の内なる子ども《インナーチャイルド》と出会い、その子を育て直す方法を学び、自分を人質のようにしばりつけている「虐待者との絆《トラウマ・ボンド》」を掘り下げ、人との境界線の設け方を学ぶと、精神的に成熟した状態で世の中と関わり始めた。そんな状態になれるなんて、以前は思いもしなかった。私にとってそれは、まったく未知の状態だったからだ。こうした内面の取り組み《ワーク》が私の内側だけに留まらず、私という枠を超え、あらゆる人間関係、ひいてはコミュニティ全体に広がっていくことも理解できた。
この本には、心・身体・魂の健康についての、目からウロコが落ちるような知識が詰め込まれている。これは、「ホリスティック心理学」の基本的な考え方を示した本なのだ。

「ホリスティック心理学者」としてシェアしたいこと

今、私はみなさんに向けて、とめどない癒やしの場所からこの本を書いている。不安やパニックの症状はほとんど消えた。受け身な立場で世の中と関わることはなくなり、多くの気づきや思いやりに触れることができるようになった。大切な人たちとつながり、共に今この瞬間に在ることを感じ、私の旅に後ろ向きな人たちには、境界線を引くことができるようになった。大人になってから初めて、意識的な人生を送っている。こんな日が来るなんて、どん底に落ちたときにはわからなかった。1年経った頃にも、まだ見えなかった。今になってわかるのは、絶望のどん底を経験しなかったら、今こうして本を書くことはなかっただろうということ。

2018年に「The Holistic Psychologist（ホリスティック心理学者）」という活動を始めたのは、自分が発見した手段《ツール》をほかの人たちと分かち合いたい、と考えたからだ。分かち合う必要があった。自分の話をインスタグラムでシェアし始めたところ、トラウマや癒やし《ヒーリング》や感情面の打たれ強さ《レジリエンス》について語るコメントが、どっと届き始めた。「ホリスティック・ヒーリング」

に関する私のメッセージは、年齢や文化の壁を越え、集合意識に共鳴を起こしたのだ。今では800万人を超える人たちが、私のインスタグラムのアカウントをフォローし、#SelfHealers《セルフ・ヒーラーズ》（自らを癒やす人たち）というアイデンティティを手に入れている。そう、自分の心・身体・魂の健康に進んで取り組む人たちのことだ。このコミュニティをサポートすることが、私のライフワークになった。

「The Holistic Psychologist」の1周年を記念して、西海岸で「インナーチャイルドの瞑想」を企画した。コミュニティのサポートに感謝し、現実の世界でもつながる機会をつくり、共に歩む旅を一緒に祝うためだ。その何日か前に、Googleで「ヴェニス・ビーチ　ロケーション」と検索して、行き当たりばったりに集合場所を選んだ。インスタグラムで無料チケットを提供し、「みんなが興味を持ってくれますように」と祈った。すると2〜3時間のうちに、3000人もが申し込んでくれて、私は目をぱちくりさせた。

広大なヴェニス・ビーチのただ中で、熱い太陽に照らされて座っていたら、ジョギングする人たちや、南カリフォルニアのいろんな人たちが通り過ぎていった。私は、海岸に打ち寄せる波をじっと見つめた。つま先に触れる温かい砂や、海でびしょ濡れになった冷たい髪が、その時空間にいる身体を強烈に意識させてくれた。祈りのために両手を上げると、今この瞬間に生きていることを実感した。あの朝、私の周りにいた素晴らしい一人一人をあのビーチに連れてきた、さまざまな人生の道に思いを馳《は》せた。私は集まった大勢の人たちをさっと見渡すと、自分に注がれているとてつもない数の目に、一瞬圧倒された。注目の的になるのが、とにかく嫌いな人間だからだ。やがて、私は話し始めた。

「何かが、あなたをここに連れてきました。あなたの中の何かが、癒やされたいと心から願ってここにやってきたんです。最高の自分になりたい、と願って。これは本当に喜ばしいことです。どんな人にも、今の現実をつくっている子ども時代があります。そして今日、私たちは新しい未来をつくるために、過去を癒やすことを選びました。

あなたの一部は、これが真実だと知っています。その一部とは、あなたの直感です。直感はずっとそこにいました。ただ私たちが、直感の声に耳を傾けない、信頼しないクセを身につけてしまっただけです。今日ここへ来たことは、自分の中で壊れてしまったその信頼を修復する、一つのステップなんです」

この話をしているとき、輪の中にいる見知らぬ人と目が合った。彼女は私に微笑みかけると、「ありがとう」と言ってるみたいに胸に手を当てた。その瞬間に涙があふれ、私は泣きだしていた。ただしこの涙は、何年か前にオートミールの中にこぼした涙とは違う。これは愛の涙、受容の涙、喜びの涙。癒やしの涙だった。

私の人生が、この真実を証明している。目覚めは、宗教家や神秘主義者や詩人にだけ許された神秘体験なんかじゃない。「スピリチュアルな」人たちだけのものではないのだ。それは、変わりたい――癒えたい、成長したい、輝きたい――と心から願う、私たち一人一人のためのものだ。

あなたの意識が目覚めれば、どんなことだってできる。

はじめに

ホリスティック心理学の手引き

この本は、「ホリスティック心理学」という心・身体・魂の健康に対するアプローチがどれほど画期的かを証明している。これは、ネガティブなパターンを打ち破り、過去を癒やし、意識的な自己をつくることで日々の健康づくりにいそしむ、自分に力を与える《エンパワメント》活動だ。

ホリスティック心理学が心と身体と魂に目を向けているのは、身体と神経系のバランスを取り戻し、未解決の心の傷を癒やすためだ。このワークはあなたに、本来の自分自身に戻るパワーを与え、わくわくするような新しい物語を語ってくれる。「心身の症状はメッセージであって、何とかしなくてはいけない一生ものの診断なんかじゃない」と。この物語は、慢性的な痛みやストレス、疲労、不安、内臓の調整不全、神経系の失調といった症状の根本原因を教えてくれる。これらは、伝統的な西洋医学が長年はねつけ、無視してきた症状だ。なぜこんなに多くの人たちが途方に暮れ、孤独感や喪失感を抱いているのか、その理由も説明してくれる。ホリスティック心理学が提供する実用的な手段《ツール》があれば、新しい習慣を身につけ、他人の行動を理解し、自分の価値を自分以外の誰かや何かが決める、という考えを手放せる。毎日ワークに取り組めば、いずれ鏡をのぞき込んだときに、自分を見つめ返してくる人物の素晴らしさにハッとする日が訪れるだろう。

身体と心と魂のパワー＋科学的エビデンス

　こうしたホリスティックな方法――（頭《ブレイン》を使うワークと身体《ボディ》を使うワークを用いることによって）身体と、（自分の思考や過去の体験との関係を変えることによって）心と、（本当の自分やコミュニティとつながることによって）魂のパワーを活かすエクササイズ――は効果的だ。身体と心と魂はつながっているからだ。ホリスティックな方法が効果的なのは、後成遺伝学《エピジェネティクス》［訳注：DNAの塩基配列に変化がなくても、環境によって遺伝子の使われ方が後天的に変化する仕組み］の科学と、「人間は自分の心に、自覚しているよりはるかに大きな影響を及ぼしている」という現実の両方に根差しているからだ。癒《ヒーリング》やしとは、習慣やパターンを変えることで日々経験できる、意識的なプロセスなのだ。

　私たちの多くは、無意識の状態で生きている。何も考えず、自動運転のように世の中を渡っている。習慣となった無意識の行動は、自分の役にも立たず、本当の自分や自分の本当の願いを反映してもいない。ホリスティック心理学を実践すれば、「内なる誘導システム」と再びつながることができる。それは幼い頃に身につけ、条件づけされたパターンが、「つながりを断て」

と私たちに命じてきたシステムだ。ホリスティック心理学を学べば、直感の声に気づき、それを信頼できるようになる。親（本書ではまとめて「親」としているが、親もしくは親に相当する人）や仲間、教師、社会全体によって形づくられた「人格」を手放して、無意識の自分に意識をもたらせるようになる。

この本を読み進めるうちに、新しい枠組み――心・身体・魂を癒やす統合的なアプローチ――に出会うだろう。心に留めてほしいのは、「古いやり方を捨てろ」と言っているわけではないこと。従来型の心理療法《サイコセラピー》やその他の治療法に価値がない、と言いたいわけではないのだ。それどころか私は、（心理学や神経科学から、マインドフルネスやスピリチュアルな修行に至るまで）さまざまな手法のいくつもの要素を取り入れたアプローチを提案している。癒やしや健康に最も効果的で統合的な手法だと思えるものを育てていきたいからだ。認知行動療法（CBT）や精神分析のような従来型の手法から知識やひらめきを取り入れつつ、（これを書いている時点では）王道の心理学からまだ完全には受け入れられていないホリスティックな要素も組み込んでいる。ホリスティック心理学の活動は、自由、選択、究極的にはエンパワメントに根差している、と理解しておくことが大切だ。心に響くものも、響かないものもあるだろう。重要なのは、あなたに一番よく効く手法を使うこと。選ぶという行為自体が、自分の直感や本当の自分とさらに深くつながる助けになるだろう。

自分を癒やすこと――セルフ・ヒーリング――を学ぶのは、自分に力を与える行為《セルフ・エンパワメント》だ。セルフ・ヒーリングは可能なだけでなく、人間にとって現実的な行動だ。私たち一人一人はすこぶるユニークな存在だから、何が自分に一番効くかは、自分にしかわからないからだ。また、質のよい医療、とくに心のケアに手が届かない人が多すぎる、という問題もある。私たちは、どこに住んでいるか、どんな見た目か、どんな立場の人間かによって、何かを手に入れるのにひどい不公平が生じる世界で暮らしている。必要な医療を受けられる程度には恵まれている人たちでさえ、あらゆる医療が平等にできていない、という驚くべき事実を目の当たりにしている。それに、運よく頼りになる医療スタッフに出会えても、診察時間は限られている。この本は、あなたが毎日自分を癒やすワークに取り組めるよう、情報や書き込み式のエクササイズを盛り込んだ、一人で取り組める学習モデルを提供している。自分の過去を正しく理解し、それに耳を傾け、よく観察し、そこから学ぶことは、たしかな変化を生み出すプロセスだ。長く続く変化、それが真の変革を可能にする。

特効薬より効く日々の積み重ね《ワーク》

この本は、三つのパートに分かれている。

・**一つ目のパート**：意識的な自己、思考のパワー、ストレスや子ども時代のトラウマが身体のすべての組織に及ぼす影響、といったものをみなさんが自覚できるよう、その基盤を提供している。ここを読めば、身体の組織の調整不全のせいで、どれほど人が精神的、感情的に前に進めなくなるかも理解できるだろう。

・**二つ目のパート**：薄紙をはぐように、少しずつ「心」について学んでいく。顕在意識と潜在意識の働きを掘り下げ、親からの強力な条件づけがどのように私たちの世界をつくり、今日まで続く思考や行動のパターンを形成したのかを学ぶ。そのあと、心の中にもう少し深く潜って、自分のインナーチャイルドに会う。また、自分を守り、子ども時代に初めて経験した人間関係のパターンを繰り返させる、自我《エゴ》の物語を学ぶ。

・**三つ目のパート**：私がワークの核心だと考えている最後のパートでは、学んだ知識を使って、精神的に成熟する方法を学ぶ。精神的に成熟すれば、ほかの人たちと、本当のつながりを持つことができる。孤島のように、ぽつんと一人で生きている人間はいない。人は社会的な生き物だから、本当の自分をきちんと表現できてはじめて、大切な人たちと深くつながることができる。そのつながりが基盤となって、集合的な「私たち」、あるいは、自分より大きな何かとの調和《ワンネス》を感じることもできる。あなたが今、旅のどのあたりにいようと、道中で役立つ書き込み式のエクササイズやツールを詰め込んだつもりだ。

この変革を始めるにあたって、あなたに必要なものは、意識的な自己と、「深く掘り下げたい」という願い、そして、「変化はラクではなく、でこぼこ道の日もある」という理解だ。そこに手っ取り早い解決策はない。「特効薬がある」という幻想に慣れ親しんでいる多くの人にとっては、受け入れがたい事実だろう。最初に言っておこう。ワークには文字通り「努力《ワーク》」が必要だ。近道はないし、あなたの代わりにやってくれる人もいない。自分の癒やしに進んで取り組むなんて気恥ずかしいとか、恐ろしいとさえ感じる人もいるだろう。それでも、結局のところ、自分がどんな人間で、何ができるのかを学べば、自分に力を与え、変革することができる。それは私たちにできる、何より深遠な体験の一つなのだ。

私のワークのファンの中には、「あなたは、真実を心地よいブランケットにくるむように優しく伝えてくれる」と言う人もいる。ほめ言葉だととらえているけど、少しだけ現実的な話をしよう。心地よさが過ぎるのも、考えものなのだ。癒やしが、難なく訪れることはめったにない。苦痛や恐怖を伴うことだってある。癒やしとは、あなたの足を引っぱり、害を及ぼす物語を手放すことだから。あなたの一部を葬り去ることで、別の一部を再生させることだからだ。もちろん、誰も彼もが進歩したがっているわけではないし、それも悪くはない。アイデンティティが病気と結びついている人もいるし、心身共に健康な状態を怖がっている人もいる。心身共に健康な状態は未知のもので、未知のものは予想がつかないからだ。どうなるかはっきり見えていれば、安心できる。たとえその現実にうんざりしていても。人間の心は、慣れ親しんだものを求めるマシンだ。慣れ親しんだものは、安心をくれる。ただし、それも「イヤな気分はつかの間のもので、変革につきものだ」と学ぶまでの話だけれど。

この旅を始める準備ができたら、自分でわかるはずだ。そしてそのうち、旅を始めたことを悔やんで、やめたくなる日がやってくるだろう。そのときこそ投げ出さず、習慣になるまで続けることが大切だ。やがて習慣が自信になって、自信が変化になって、変化が変革に変わる。本当にやるべきこと《ワーク》は、「外」にあるものとは何ら関係がない。あなたの内にあるものと大いに関係している。それはあなたから生まれる。

最初の、驚くほど難しい第一歩は、今とは違って見える未来を想像し始めることだ。目を閉じてほしい。今生きている現実と違う現実を思い描けたら、前に進む準備ができている。まだそんな現実を思い描けなくても、あなたは一人じゃない。この心のブロックには理由があるのだ。私についてきてほしい。これは、あなたのために書いた本だ。私も同じだったから。

では、スタートを切ろう。

あなたを変えるのはあなたの選択

こんなシナリオには、おそらくみんな慣れっこだろう。今日こそ人生を変える！ と決意して、ジムに通い始める。加工食品を控え、ソーシャルメディアと距離を置き、厄介な元パートナーとも手を切った。今度こそ変わってみせる、と固く心に誓う。でも、そのうち——たぶん数時間後か数日後、いや数週間はもつかもしれないが——心理的な抵抗が生まれる。甘い炭酸飲料がないともたない、と身体がつぶやき始め、どうしてもジムに行く気力がわかず、元彼に「元気？」と短いメッセージを送らなくちゃいけない気がしてくる。心がもっともらしい物語をがなり立て、おなじみの人生にしばりつけようとする。「息抜きも大事」なんて言い訳つきで。身体も疲労感と倦怠感から、心に与《くみ》し始める。圧倒的なメッセージは、「おまえには無理」だ。

研究者兼臨床心理学者として働いた10年間に、患者が自分の気持ちを説明するのに、とにかくよく使っていた言葉は「行き詰まっている」だった。

どんな患者も「変わりたい」と願ってセラピーにやってくる。新しい習慣を身につけ、新しい行動を学び、自分を嫌うのをやめるすべを見つけることで「自分を変えたい」と願う人もいれば、親や配偶者や同僚との厄介な力関係を変えることで「周りを変えたい」と願う人もいた。多くの人は、内的な変化と外的な変化のどちらも求めていた（し、必要としていた）。これまで、裕福な人も貧しい人も、恐ろしく活発でパワフルな人も、刑務所にいる人や社会で孤立している人も治療してきた。どんな立場の人も例外なく、「行き詰まっている」と感じていた。悪い習慣や害になる行動や、結果が予想できる厄介なパターンにはまり込んで抜け出せないのだ、と。そして、そのせいで孤独感や疎外感を覚え、希望をなくしていた。ほぼ全員が、「行き詰まり」が他人の目にどう映るのかを心配し、周りからどう見られているのかを気に病んでいた。そして、ほとんどの人が、「変わろうとしても変われないのは深い心の傷や『無価値感』のせいだ」という根深い思い込みを抱えていた。そう、「無価値」［訳注：米国精神医学会の「精神疾患の診断・統計マニュアル（DSM－5）」によると、無価値観は鬱病の症状とされている］という言葉を、多くの人が使っていた。

もう少し自分をよくわかっている患者は、自分の問題行動を特定し、変化への明確な道筋をイメージできる。それでも、ほとんどの人は、知識を行動に移すという第一歩が踏み出せない。抜け出す方法が見えている彼らは、それなのに好ましくない行動パターンに戻ってしまう自分を「恥ずかしい」と口にした。わかっているのに、行動できないことを恥じて、私のクリニックを訪れたのだ。

とはいえ、私の助けやサポートも効果は限られている。週に50分のセラピーはたいてい、有意義な変化を起こすには足りないようだ。メリーゴーラウンドのような堂々めぐりに苛立って、セラピーをやめてしまう人もいた。多くの人はセラピーで効果を得るものの、好転するまでに恐ろしく時間がかかった。診療中《セッション》には大きな進歩があっても、翌週にはまた、おなじみの問題が詰まったエピソードを抱えて戻ってくるのだ。多くの患者がセラピーでは驚くほどの気づきを口にし、自分の足を引っぱっているパターンの全容を理解できるのだけど、セラピールームを出て実生活に戻ると、慣れ親しんだものに引き寄せられ、抵抗できなくなってしまう。過去を振り返って、問題に気づくことはできても、その気づきを今の人生に活かす力がついていないのだ。これとよく似たパターンは、深い変容体験をした人たち——集中的な精神修養《リトリート》や、幻覚を起こすアマゾンの薬草「アヤワスカ」の儀式に参加した人たち——にも見られた。彼らは時間が経つと、好ましくないかつての行動に逆戻りしていた。そもそもその行動のために、答えを求めて旅に出たというのに。一見、がらりと変容したように見えた体験のあとにも前に進めなかったことで、多くの患者は追い詰められていた。「私のどこがいけないの?」「どうして僕は変われないんだろう?」と。

気づいたのは、セラピーや、(アヤワスカの儀式のような) 特異な変容体験は、癒やしへの道をある程度まで歩ませてくれるにすぎないこと。本当の意味で変化を起こしたいなら、毎日新しい選択をするワークに取り組まなくてはならない。心の健康を手に入れたいなら、自分の癒やしに、毎日積極的に取り組むことから始めなくてはならないのだ。

周りを見回せば見回すほど、セラピールームだけでなく私の仲間うちでも、同じように苛立っている人たちを目にするようになった。彼らの多くは、不眠症や鬱病や不安症の薬を飲んでいた。中には正式にそう診断されていない人もいたけれど、気分障害をごまかすかのように一見問題なさげな行動に走っていた。桁外れな業績を上げる、ひっきりなしに旅行する、ソーシャルメディアに没頭する……。彼らはオールAを取るタイプの人たちで、課題は締め切りの何週間も前に片づけて、マラソンに出場したかと思うと、ストレスフルな仕事に就いて、プレッシャーまみれの環境でもしっかり活躍していた。多くの点で、私もその一人だった。

心のケアに関しては、従来のやり方には限界があることを私は身をもって知っていた。20代でセラピーを受け始めた頃は、母の深刻な心臓病に対処しながら、自分も絶えずパニック発作に悩まされていた。抗不安薬に助けられながらも、倦怠感や孤独感、疲労感を抱え、若者なのに気分は中年だった。私は心理学者で、ほかの人が心の世界を理解する助けにならなくてはいけないのに、相変わらず自分のこともよくわからず、自分に手を差し伸べることすらできないのだった。

「感情回避型」家庭で育った私の場合

私はフィラデルフィアの典型的な中流家庭に生まれた。父は9時〜5時の安定した仕事に就き、母は専業主婦だった。家族で毎朝7時に朝食を取り、毎夕5時30分に夕食を取る。家訓は「家族がすべて」。外から見たら、まさにその通りだったと思う。絵に描いたように、まともで幸せな中流家庭。真相はよく見えないけれど、いかにもアメリカ的な理想のお家《うち》だった。

実際には、病んだ家庭だった。姉は子どもの頃、命に関わるほどの大病をし、母は母でありもしない痛みに苦しんで何日も寝込むほどだった。母の病気について家族がオープンに話すことは一度もなかったけれど、私は気づいていた。母が苦しんでいることに。母が病気だと知っていた。痛みのせいで「心ここにあらず」なことも、ぼんやりしていつだって不安なことも。そんなストレスだらけの環境で、私の感情の世界は、当然ながら置いてけぼりにされた。

私は3番目に生まれた末っ子——いわゆる「うれしいハプニング」——だった。きょうだいたちはずっと年上で（兄は私が生まれた頃には、もう選挙権があった）、何かを一緒に経験したことはほとんどない。読者の多くがご存じのように、同じ家に生まれたからといって、同じ子ども時代を過ごすことは決してない。両親は私のことを「神様のような子どもだった」とよくジョークを飛ばしていた。よく眠り、問題を起こさず、おおよそトラブルとは無縁。私は元気いっぱいの活発な子どもで、忙しく動き回っていた。相当早い時期に学んだのは、私がいるせいで増える負担を減らす方法があることだ。それは、「得意だ」と感じるあらゆる分野で、なるべく完璧を目指すこと。

母は、感情を表に出す人ではなかった。べたべたした家族じゃなかったから、スキンシップもまれだった。私の記憶では、子ども時代、「あなたたちを愛している」という感覚に包まれたことはあまりない。実際、誰かがはっきりそう口にするのを聞いた最初の記憶は、20代前半の頃。母が心臓の手術を受ける直前だった。誤解しないでほしい。両親から深く愛されていることは、心の奥ではわかっていた。のちに知ったのは、母の両親が冷淡で、突き放すような愛情の示し方をしていたこと。母自身が傷ついた子どもで、ほしくてたまらない愛情を示してもらった経験がないから、深く愛している子どもたちに、愛情を示すことができなかったのだ。

うちの家族はおおむね、不快なことはひたすら無視する「感情回避」の状態で暮らしていた。私が感情をあらわにし始め（要するに「神様のような子ども」のふりをやめて）、まだティーンエイジャーとも言えない年頃で夜遊びを始め、赤い目をしてろれつがまわらない状態でふらふら帰宅しても、誰も何も言わなかった。こうした感情の回避は、誰かの抑圧された感情がふつふつ煮え立って、本人を圧倒してドカン！　と爆発するまで続いた。一度母が私の日記を読んで、飲酒の証拠を見つけてヒステリーを起こしたときがそれだった。物を投げ散らかして、大声で泣き叫んだ。「私を殺す気でしょ！　心臓発作を起こして、今すぐ死んでやる！」

ホリスティック心理学を生み出すまで

子どもの頃は、「私はみんなと違う」と感じることが多かった。そして、物心つく頃には、人がなぜそんな行動を取るのか、理解したくてたまらなくなった。そういうわけで、当然ながら心理学者を志した。人を助けたかっただけでなく、理解したかったのだ。研究結果を指さして、こう言ってみたかった。「ほらね！　だから、あなたはそうなのよ！　だから、私はこうなのよ！」と。その興味に従ってコーネル大学で心理学を学び、その後、ニューヨークのニュースクール・フォー・ソーシャル・リサーチ〔訳注：ニュースクール大学の前身〕で臨床心理学の博士課程に進んだ。博士課程は、心理学研究者としての科学的な姿勢と、臨床心理士としての実践的な姿勢を求める「科学者－実践者モデル」に基づいているので、研究しながらセラピーも提供する必要があった。そこで、セラピーのさまざまなアプローチの情報をスポンジのように熱心に吸収した。患者を確実に助けられる方法で治療したかったからだ。人々を理解し、癒やしたい、と願っていた。

博士課程では、認知行動療法（ＣＢＴ）を学んだ。これは標準的なセラピーの手法で、目的を明確に設定して行う、きちんと定められたやり方だ。ＣＢＴのセッションでは、患者は「鬱病」「人混みの中での不安」「結婚生活のトラブル」といった一つの問題に焦点を置くことが多い。この治療の目的は、患者が行動の根底にある誤った思考パターンを特定するのを助けることだ。このプロセスによって、常に抱えていた厄介な感情から解放される人もいる。

CBTのモデルは、思考は感情に、最終的には行動に影響を及ぼす、という前提に基づいている。思考との関係を変えれば、身体中にみなぎって私たちにある種の行動を取るよう促す感情の流れも変わる――これが本書のワークの土台になっている。CBTはよく、サイコセラピーの「絶対的な基準」と呼ばれる。反復性や再現性の高い仕組みや様式が臨床検査にもってこいだからだ。ただし、私はCBTを学んで、人間の思考のパワーについての貴重な教訓を得たものの、現実世界で活かすにはちょっぴり柔軟性に欠ける気がしている。結局のところ、患者の治療においては、制約が多い気がするし、目の前にいる個性的な一人一人には合わないように感じることもある。

大学院の研究では、とくに「対人関係療法」に興味を持った。これは、患者とセラピストのつながりを、患者の人生で人間関係を改善するきっかけに使う、かなり制約の少ない治療法だ。ほとんどの人は、人生のどこかの地点で――相手が家族であれ、パートナーであれ、友達や同僚であれ――人間関係の厄介な力学を経験する。だから、セラピストと新しく健全な力学を経験できれば、深い癒やしになるのだ。その人が人間関係で見せる姿は、その人の健康全般を象徴し、たいてい人生で見せる姿を表している。これは、本書を通して探求していくテーマだ。

ホリスティック心理学の枠組みには、次のような理解が組み込まれている――私たちの人間関係は、幼少期に親と結んだつながりをモデルにしている。これが「条件づけ」と呼ばれる行動のモデル化で、第2章でさらに詳しくお話しする予定だ。

私はトレーニング期間を通して、「心理力動的アプローチ」を学んだ。これは、「人は自分の中に宿る力に動かされる」と提唱する心の理論だ。こうしたモデル——たいてい、長椅子に横たわる患者とパイプを吹かす精神分析医、というお決まりの場面を連想させる手法だった——を「ニューヨーク精神分析学会（New York Psychoanalytic Society & Institute）」と「フィラデルフィア精神分析研究所（Philadelphia School of Psychoanalysis）」で勉強した。そこで、潜在意識の影響力について学んだ。潜在意識とは、心に深く埋め込まれた意識で、記憶を司り、衝動や自然にわき起こる直感や意欲の源でもある。セラピストとして開業すると、潜在意識の役割について、さらに深く理解することになった。絶えず目についたのは、どの患者も人生で改めなくてはならないこと——たとえば、アルコールや薬物で気をまぎらわせていること、恋愛でやたらと腹を立てていること、家族といるとつい子どもっぽい行動に戻ってしまうこと——に気づきながら、毎回、潜在意識のパターンをそのまま反映したエピソードを抱えて、セラピールームに戻ってくることだ。私自身も同じことをしていた。この気づきは、ホリスティック心理学の考え方を構築し、進化させる上で役立った。

こうして新しい療法を学ぶ一方で、私は「物質（アルコールや薬物）使用者の回復」という分野で研究と仕事を始めた。通院患者と入院患者の治療グループを管理し、物質乱用の問題を抱える患者が、周囲に回復プロセスを支えてもらえるよう、対人スキルを養うプログラムをサポートしていた。これは、物質使用を抑えるのに苦労している人たちの実体験を把握する助けになった。最終的に、この経験から次のような結論を導くことができたのだ――依存症はアルコール、薬物、ギャンブル、セックスといった特定の物質や体験に留まらない。人間の感情も、繰り返すうちに中毒になりやすい。感情の依存症がとりわけ強くなるのは、トラウマに対処する手段として、ある感情の状態を習慣的に求めたり避けたりしているときだ。依存症の研究が教えてくれたのは、身体と心の切っても切れない関係と、神経系が心の健康に果たす重要な役割だ。このテーマについては、のちの章で詳しくお話ししたい。

博士課程修了《ポスドク》後の仕事のさまざまな局面で、私は心理学以外の要素を心理学の実践に組み込もうとしていた。たとえば、「マインドフルネス」は自らを省み、自分自身を知るとてつもないチャンスをくれる、と実感していた。これをテーマにリサーチを行って発表したあと[1]、博士論文に向けて「瞑想の実践や、依存行動に対する瞑想の効果を研究させてほしい」と指導教官を説得しようとしたけれど、却下された。教官は、マインドフルネスが治療に役立つとは考えていなかったからだ。ちょっとしたブームにすぎず、研究の価値などない、と考えていた。

今振り返れば、私の前に道が開かれつつあったことがわかる。私の内なるガイドが、ホリスティックなヒーリングの方法を編み出すのに必要なすべてを提示しようとしていた。私はまず、それまでに学んだあらゆる療法のさまざまな要素を組み込んだクリニックを開業した。そうして統合的なアプローチでセラピーを行っていたのだが、数年後にはもどかしく感じ始めた。患者はいくぶん気づきを得てはいたものの、変化は遅々たるものだったのだ。彼らが自信をなくしそうなのがわかったし、私も自信を失いかけていた。

そこで、周りを見回した。初めて見るかのようにじっくりと。すると、心の治療にやってきたはずの患者が一人残らず、ひそかに身体の症状も抱えていることがわかった。学校を出てからずいぶん経っていたけど、ふつふつと新たな疑問がわいてきた。

「なぜこんなに多くの患者が、過敏性腸症候群（ＩＢＳ）から便秘まで、消化器の問題を抱えているんだろう？」

「なぜ自己免疫疾患を抱える割合が、こんなにも高いんだろう？」

「なぜ私たちはみんな、四六時中パニックになったり、不安を感じたりしているんだろう？」

はっきり言えるのは、学校で主流派のトレーニングを受けていなかったら、自分の道を見つけられなかったこと。「ホリスティック心理学」を生み出すのに、学校で学んだそれは多くのことを活用させてもらった。それでも、心と身体と魂のつながりに気づけば気づくほど、従来型のトレーニングの限界もはっきりと見えてきた。

心理学と精神医学だけでは足りない！

——目を閉じて、レモンを思い浮かべてみよう。つややかな黄色い皮をイメージし、両手でつかんでみよう。その曲線を感じてほしい。鼻に押しつけてみよう。爽やかな香りが鼻孔をくすぐるのを想像しよう。では、くし形に切るところを思い描いてほしい。果肉にスパッとナイフを入れたときに、レモンの汁が飛び散る様子を観察しよう。楕円形の種が見えるはずだ。次に、一切れ口に入れてみよう。触れたときに、唇がチクッとするかもしれない。すっぱい味を、涼しげな柑橘系の爽やかさを味わおう。唇がキュッとすぼんだり、口の中が唾液でいっぱいになったりしている？　レモンのことを考えただけで、あらゆる感覚反応が引き起こされるだろう。たった今、この本を持ったまま、心と身体のつながりを体験したのではないだろうか。

この視覚化《ビジュアライゼーション》のエクササイズは簡単だけど、心と身体がどのようにつながっているのかがわかる効果的な方法だ。残念ながら、西洋医学は、心と身体は別個の存在だ、という考えにとらわれている。臨床医は（心理学か精神医学で）心の治療をするか、（医療のほかの知識で）身体の治療をするかで、心身の治療を同時に行うことはまれだ。根拠なく心と身体を切り離していることで、医療が持つ癒やしの力が発揮されていないばかりか、時には治療の過程で患者の病気をさらに悪化させてしまう。一方、先住民や東洋の文化は、何千年にもわたって、心と身体と魂／スピリット[2]——自分自身より崇高な存在の感覚[3]——のつながりを十分に理解し、尊重してきた。彼らは古くから、たしかな導きをくれる祖先とつながるために、儀式を通して

「自己」と触れ合い、「一人の人間は、相互につながり合ういくつもの部分からできている」という内なる「英知」に支えられて生きてきた。

主流派の西洋医学は長年、こうしたつながりを「非科学的」と見なしてきた。17世紀に、「心身二元論」[45]――文字通り、心と身体は別物だという概念――がフランスの哲学者、ルネ・デカルトによって生み出された。この分離は、400年経った今も続いている。私たちはいまだに心を、身体とは別個のものとして扱っている。心の病にかかったら、診てくれる医師も、カルテも、行き着く病院も1種類にしぼられる。症状が「身体的」なものと見なされると、治療のプロセスはまったく違った形を取る。19世紀にテクノロジーが進歩すると、ヒト生物学の知識が増え、環境内のウィルスや細菌が人間にどんな悪さをするのかも明らかになり、医療は介入の分野になった。何らかの症状が現れると、医師が（たとえば手術で）取り除くか、（未知や既知の副作用を伴う処方薬で）治療するかで管理する。身体の声を聞く代わりに――詰まるところ、症状は身体が本人とコミュニケーションを取る手段なのに――私たちは、症状を黙らせようとする。そして、症状を抑える過程で、新たな害に苦しむことも多い。「全人的なアプローチ」で治療するという考えは、「症状管理のアプローチ」によって締め出しを食らい、依存という悪循環を生んでいる。私はこれを「バンドエイド・モデル」と呼んでいる。何らかの症状が出るたびに、個々の症状に対処するばかりで、根底にある原因には決して目を向けない。

精神医学はかつて自らを「精神や魂の科学（もしくは研究）」と呼んだ。今日では、精神医学の焦点は、圧倒的に生物学的なものになった。子ども時代のトラウマについて尋ねられ、栄養やライフスタイルの指導をされるより、家族の心の病歴を問われ、抗鬱剤を処方されることのほうがずっと多いはずだ。米国精神医学会が作成した「ＤＳＭ－５」の手順に従っているからだ。このマニュアルには、診断の手段としてさまざまな症状が列挙され、ほとんどの場合、環境的／後天的なものではなく、遺伝的／先天的な「疾患」だと診断される。原因が遺伝的なものだと言われたら、人は当然、病気を自分の一部だと考えてしまう。「診断結果＝自分」だと思ったら、「変わろう」とか「根本原因を探ろう」という意欲は薄れる。貼られたラベルに自分を重ねて、「これが私なんだ」と考えてしまう。

20世紀に入ったあたりから、私たちは遺伝子が原因だという診断――遺伝子決定論――を信じるようになった。この考えのもとでは、遺伝子（とその後の健康）は生まれた時点で決定ずみということになる。たまたま当たりの、もしくは外れのＤＮＡを引き継いだせいで、ある種の病気を受け継いだり免れたりする「運命」なのだ。遺伝子決定論は家庭環境やトラウマ、習慣、その他環境内のあらゆる要素を無視している。そんな状況では、誰も自分の健康に積極的に取り組まないだろう。取り組むわけがない。あらかじめ決まっているなら、ＤＮＡ以外の要素に目を向ける必要はないからだ。でも、科学が身体や、身体と環境との相互作用について（栄養から制度的人種差別に至るまで、無数の形で相互作用していることを）学べば学ぶほど、話はさらに複雑になる。私たちはプログラムされた遺伝子が発現しただけの存在ではない。自分でかじ取りできたりできなかったりする驚くほど多様な相互作用の産物なのだ。「遺伝子は運命だ」という物語の先を知れば、自分の健康に責任が持てるようになる。かつて人々がどれほど「選択できない」状態に置かれていたかを知れば、長く続く本物の変化を起こす力がわいてくるだろう。

私はこの「選択できない状態」をトレーニングでじかに学んだ。「精神疾患は遺伝によるもの」と教わったのだ。一人一人がDNAに埋め込まれた運命を受け継いでいるのだから、自分にできることはほとんどない、と。私の仕事は、不眠症、体重の増加や減少、怒り、苛立ち、悲しみといった症状を分類して、診断を下すこと。そして、セラピーを通して支えになる関係を築き、治療に努める。それでも足りない場合は、患者に向精神剤を処方してくれる精神科医を紹介する――これらが選択肢だった。「心の病」とされているものに、身体が果たしている役割を議論することはなかったし、「ヒーリング」や「心身の健康《ウェルネス》」という言葉を使うよう勧められたこともなかった。身体のパワーを使って心を癒やす、という考え方は「反科学論」と片づけられた。いいや、それどころか、「ニューエイジのたわごと」扱いされていた。

「自分の心身の健康のために何ができるだろう?」と問いかけなければ、人は無力になって、誰かや何かに依存するようになる。私たちが日々学んでいるメッセージはこれだ――「私たちは身体の気まぐれに振り回される存在だ。だから、安心できる唯一の方法は、健康を臨床医の手に委ねることだ。臨床医は特効薬で体調を改善してくれるし、すべての答えを持ち、私たちを救ってくれる」。ところが、現実には、病気は重くなる一方だ。現状に疑問を抱き始めたとき、私はこう理解するに至った。

「私たちが変われないのは、人間の存在にまつわるすべての真実を聞かされていないからだ」

遺伝子は「選べる」

今この瞬間に、目覚めが起きている。もう「欠陥遺伝子」が運命だ、なんて話を受け入れる必要はない。新しい科学は「受け継いだ遺伝子は不変のものではない。遺伝子は、子宮内にいた胎児の頃から生涯を終えるまでずっと、環境の影響を受け続ける」と告げている。後成遺伝学《エピジェネティクス》の画期的な発見が、人間がいかに変われるかについて、新しい物語を語っている。

私たちはもちろん遺伝子を受け継いでいるけれど、トランプのカードと同じで、どの手札を使いたいのか、ある程度は選べる。睡眠、栄養、人間関係、身体の動かし方は自分で選べるが、そんなすべてが遺伝子の発現〔訳注：遺伝子が持つ遺伝情報が具体的に現れること〕を変化させるのだ。

生物学者のブルース・リプトンは何年も前から、エピジェネティクスの役割にまつわる真実を伝え、その影響力を「新たな生物学」と呼んでいる[6]。それと同時に、リプトンは遺伝子決定論を「生物学の真実を著しく歪めている」と強く批判してきた。実は、（子宮内で私たちを取り囲む羊水や、子ども時代に親から聞かされる言葉、さらには吸い込む空気や、取り込む化学物質に至るまで）あらゆるものが遺伝子に影響を及ぼし、一部の遺伝子のスイッチをオンにしたりオフにしたりしている。誰もが生まれたときから遺伝子コードを備えているが、遺伝子の発現や抑制は環境に左右される。要するに、人生の経験が人を細胞レベルで変えるのだ。

エピジェネティクスの科学[7]のおかげで、世の中は病気を管理するモデルから、日々の環境が健康に影響を及ぼすことを認める、新たな枠組みへと移行しつつある。その結果、「自分の健康や幸福に積極的に関与できる」というまったく新しい視点が生まれた。これは、身体の健康にも、糖尿病やがんのような病気にかかるリスクにも関与できるし、心や感情の健康にも関与できるという意味だ。後成的な要素[8]は、精神的な疾患の発症に大きな役割を果たしている。それは、双子の一人が統合失調症や双極性障害のような重い精神疾患を患い、もう一人は患っていない一卵性双生児の研究で証明されている。（早くは子宮内で始まる）ストレスと、のちに発症する心の病とのつながりの研究も、環境がどれほど深く――最も強力な臓器である「脳」を含む――身体のすべての部分に影響を及ぼしているのかを示している。たとえば、依存症とトラウマの専門家であるガボール・マテ博士は、感情的なストレスが脳の構造に残す深い痕跡《こんせき》について詳しく記している。それが、よくある身体的・精神的な病気を引き起こしている、と。

「遺伝で運命が決まるわけではない」という考えは、個人的に本当だと感じている。以前は「家族が病気だから、私も病気になる運命だ」と信じていた。けれど、後成的な視点が、自分の身体に対する認識を変える手段をくれた。たしかに、ある傾向を家族から受け継いだのかもしれないが、だからといって、家族と同じ道をたどると決まっているわけではない。

研究によると、エピジェネティクスの影響は世代を超える。祖先の人生の経験が彼らのDNAを形づくり、ひいては私たちのDNAも形づくっている。つまり、自分の人生は自分と共に終わるのではなく、受け継がれる。よいものも悪いものも、トラウマも喜びも。実験室のマウスの研究では、過酷な食餌制限やストレスにさらされたマウスは心臓や代謝に変化が生じただけでなく、その子どもや、子どもの子ども……と子孫にも同じ変化が起こった。これが人間にも当てはまる、というデータがある[9,10]。研究によると、（現在も続いている「制度的人種差別」の被害者を含む）トラウマを生き延びた人の子どもたちは、親とよく似た健康問題を抱え、多くの病気の罹患率も高いことが判明している。

受け継いだ遺伝子が前の世代の経験に悪影響を受けていたら、その悪循環をどうやって断ち切ればいいのだろう？　環境要因の中には、自分にはどうしようもないものもある。子ども時代の環境は選べないし、ましてや曾祖父母の子ども時代の環境なんてどうしようもないだろう。でも、多くの要因は自分で何とかできる。子どもの頃に受けられなかったケアを自分に与えることはできるし、安心できるつながりや、安心感を生み出す能力を、自分に与えるすべを学ぶこともできる。食べ物や運動する頻度、意識の状態、表現する思考や信念を変えることもできる。リプトン博士は言った。「これこそがまったく新しい生物学だ。新しい生物学は、私たちを『人生の被害者』の立場から引き剝《は》がし、『人生の創造主』である事実へと導いてくれる」[11]

私たちは、ただ遺伝子を配線した存在ではない。それを理解すれば、薬や手術といった介入によって誤った配線をただ「修理する」、伝統的な決定論的アプローチをますます不適切に感じるだろう。人は自分の身体と心を癒やし、心身の健康を自分でつくることができるし、つくるべきなのだ。

心が身体を操る「プラシーボ効果」

エピジェネティクスについて学べば学ぶほど、癒やしや変革についての文献を詳しく調べるようになった。そして、信念の力や「プラシーボ効果」についても学んだ。プラシーボ効果とは、(砂糖でできた錠剤のような)不活性物質が病気の症状を改善する力を説明する言葉だ。私は生まれてこのかた、病気が自然寛解した話や、医療介入なしには治りそうにない消耗性疾患を克服した人たちの話に心を奪われている。とはいえ、そういう話はたいてい突拍子もないものに聞こえるし、科学的に信用できる話というより、奇跡のように思われた。

心は体内に、測定可能な現実の変化を起こせる。プラシーボ効果は、主流派の科学がそんな事実を認めた一例だ。顕著なプラシーボ効果が、パーキンソン病[12]から過敏性腸症候群[13]に至るまでさまざまな病気で立証されている。鬱病の研究でもとくに強い効果が認められており[14]、抗鬱剤を処方されたつもりが実は砂糖の錠剤を飲んだ被験者が、おおむね「気分が改善した」と報告している。とはいえ、プラシーボ効果を体験するために、わざわざ病気になる必要はない。グラスゴー大学のある研究[15]では、研究者が15人のランナーに「ドーピング薬を投与しました」と告げてから、競走してもらったところ、生理食塩水を注射しただけなのに、記録が大きく伸びていた。

身体は回復するつもりになると、「ヒーリング・プロセスを開始せよ」というメッセージを送る。すると、ホルモン、免疫細胞が分泌する物質、さらには神経化学物質がどっと放出される。プラシーボ効果が証明しているのは、「体調がよくなる」「気分がよくなる」と信じると、そうなることが多いということ。これは、暗示をかけるだけで身体に影響を及ぼせる、心のパワーを証明している。

ただし、このパワーは逆にも働く。それは「ノシーボ効果」[16,17]と呼ばれる、プラシーボ効果の「邪悪な双子」だ。ノシーボ効果が発生するのは、思考がプラスにではなくマイナスに働いた場合だ。この効果を詳しく調べるために、砂糖の錠剤を飲ませただけなのに、研究者が被験者に「この薬にはひどい副作用があります」と伝えることがある。強い薬を飲んだと思い込んで、多くの人は本当に言われた通りの副作用を経験し始める。

ノシーボ効果の危険性を示す、よく知られた極端な事例[18]がある。それは1970年代に研究所の外で起こった。ある医師が食道がんと診断された患者に、「余命3ヵ月です」とうっかり告げてしまった。そして、数週間後に亡くなった男性を検死解剖したところ、誤診だったとわかった。食道にがんの形跡がまったくなかったのだ。断言することはできないが、男性は死ぬと思い込んだせいで亡くなったように見える。主治医はのちに、インタビューでこう語っている。「私は彼ががんだと思いました。彼自身もそう思っていましたし、周りのみんなもそう思っていました。ある意味、私が希望を奪ってしまったのでしょうか？」[19]

もう一つ、2007年に確認されたノシーボ効果の事例を紹介しよう[20]。抗鬱剤の臨床試験に参加していた26歳の男性が、薬物の過剰摂取で病院に担ぎ込まれた。恋人とけんかした直後に、試験のために処方されていた錠剤を29粒も飲んだのだ。病院に着いたとき、血圧が危険なほど低下し、死の一歩手前にまで落ち込んで、若者は汗をかき、ガタガタ震え、呼吸も速くなっていた。医師たちが容態を何とか安定させて調べたところ、体内に薬剤の痕跡は一切なかった。臨床試験の担当医が病院に到着したことで、その若者がプラシーボ群の被験者だとわかった。つまり、彼が飲んだのは化学反応を起こさない不活性の錠剤だったのだ。どうやら過剰摂取したのは、自身のネガティブな思考と願望だったようだ。

ホリスティック心理学と毎日のワーク

心と身体の健康がつながり合っていると理解し、私は考え方を一変させた。何かを選択するたびに、自分の心の健康（もしくは不健康）に積極的に関与していると学んだことで、自分で全身を癒やせる可能性について、なるべく多くを学び、研究し続ける意欲がわいた。

たとえば、精神神経免疫学という新しい分野のおかげで、脳の慢性炎症が拡散的な影響を及ぼすことを学んだ。また、多くの偉大な思想家たちのおかげで、栄養の役割や、栄養が腸内エコシステムに与える影響に目を向けることもできた。腸内エコシステムは、脳に直接語りかけている。それから、「多重迷走神経理論《ポリヴェーガル》」という新しい科学と、神経系が心身の健康に果たす役割に夢中になった（こうしたすべてについては、のちの章でお話しする）。今私たちが学んでいることは、本当に驚くべきことだ。私たちは今、大きな変化のただ中にいる。何が自分を病気にし、何が健康にするのか、その理解が大きく変わりつつあるのだ。

私は、すべての本と研究論文から顔を上げたときに気がついた。この知識が、私の健康に私が果たす役割に対する私の視点を形成してくれる、と。私は、王道の心理学から学んだすべてを心身の癒やし《ヒーリング》に関する新しい研究と融合させたい、と考えた。そして、その視点から、「ホリスティック心理学」の考え方を構築した。ホリスティック心理学は、基本的に、人間のあらゆる面（心、身体、魂）に対処するためのものだ。ホリスティック心理学の基本的な考え方は、次の通りだ。

1. **ヒーリングは毎日の行為だ。**人は「どこかへ行く」ことで癒やされたりしない。癒やされるためには、内側に向かわなくてはならないのだ。つまり、毎日ひたむきに「ワーク」に取り組む必要がある。あなたは自分のヒーリングの責任者なので、癒やしのプロセスに積極的に関わる必要がある。どれだけ活動するかが、どれだけ癒やされるかに直結している。コツコツと小さな選択を続けることが、大きな変革につながる。

2. **自分にはどうしようもないこともたくさんあるが、自分でかじ取りできることもある。**ホリスティック心理学が選択のパワーを活用するのは、選択が癒やしを実現するからだ。

3. **ホリスティックな手段は、とても実践的で親しみやすい。ただし、変化には、圧倒されるような気持ちになるだろう。**潜在意識の主な役割はあなたの安全を守ることなので、変化におびえる気持ちが生じる。人は変化のたびにさまざまな不快感を抱いては、「慣れ親しんだものに引き寄せられる」という経験をする。行きつ戻りつの抵抗に遭いながらも、日々コツコツと小さな選択を続けることが、変化を保つ力になる。

4. **自分の心の健康に責任を持つのは怖いことかもしれないが、驚くほど力をくれる。**これは今、集合的に起こっている明らかな変化だ。米国では、多くの人が国の医療制度の不公平や制約に苛立ちを募らせている。あなたも「何かもっと自分に役立つものがある」と、直感的にわかっているのではないだろうか。そうでなければ、この本を手に取るはずがない。今から新しい科学を紹介し、なぜ古いモデルがもう通用しないのか、多くの理由を説明していく。そして、心の健康の新しいモデルを活用するための手引き《ロードマップ》をお渡ししたいと思う。

ホリスティック心理学の哲学や手法を多くの人に伝えるたびに、どっと寄せられる感謝の声や、レジリエンスや癒やしにまつわる物語に、いつも胸がいっぱいになる。世界中の人たちの途方もない強さや内なる力を知るたびに、何度涙をぬぐったかわからない。

中でも、大変な変身ぶりに驚かされた事例を一つ、ご紹介しよう。

「1日一つの小さな約束」で変わったアリーの場合

アリー・ベイズリーという女性と知り合ったのは、かなり前のことだ。アリーは、「自己破壊《セルフ・サボタージュ》」について私が書いた多くのエピソードを読んで、「私のことだ」と感じた。とくに、外からの評価を求めるところや、前向きな新しい習慣を続けられないところが自分にそっくりだ、と。何より、「私の心の奥底の傷は他人につけられたものではなく、私が直感的自己（本当の自分）を裏切ることでつけたものだ」と深く理解したことで、自分の人生がはっきりと見えてきた。「私をひどく苦しめていた暗がりに、誰かが初めて、さっと光を当ててくれたみたいだった」と、アリーはのちに記している。

これはアリーにとっての「魂の闇夜」と言うべき、つらい時期だった。多発性硬化症（ＭＳ）の治療で投与された薬のすさまじい副作用を何とか乗り越えたばかりで、まだ喉が腫れていた。一日中母親のソファの上で、意識をもうろうとさせながら、クイズ番組『ザ・プライス・イズ・ライト』を観ていた。医師たちには「仕事に復帰できるほどには、回復しないでしょう」と言われた。「何が起こっているのか、教えてくれる人はいなかった。主治医も、神経科医も、製薬会社も。私がどんなふうに回復するのか、誰も知らなかったのだ。いや、もしかしたら、回復するかどうかさえも」と、アリーは書いている。深く落ち込み、ソファにしばりつけられた生活にもうんざりしていた。変わりたくて仕方なかったけれど、慢性疾患を抱えたままどう健康的に生きればいいのか――そんな夢がかなうのかどうかさえ――見えなかった。ＭＳを患っていても合併症なしに暮らしている人もいれば、歩けなくなったり、神経学的な障害に苦しんだりする人もいる。自分がそのどちらになるのか、まったくわからないのだ。実際、両親はアリーを車椅子が使えるマンションに移すことを検討し始めていた。治療の選択肢は限られているし、今後の見通しも暗い以上、歩けなくなることも想定されたからだ。

結果にこれほど幅があるのに、どうすれば症状を管理できるのか、さらには、どうすれば軽くできるのか、アドバイスしてくれる人はいなかった。子ども時代の体験のせいで鬱病やトラウマに苦しんだことについて尋ねてくれる人もいなければ、アリーが自身のヒーリングにどんな形で関与できそうか、聞いてくれる人もいなかった。それらは、主流派の医学が使うケアのボキャブラリーにはない言葉だからだ。アリーは自分で調べなくてはならなかった。

この最悪の時期に、なんとなくインスタグラムを見ていたアリーは、「自分への裏切り」についての私の投稿に出会った。自分への信頼を取り戻すことで自分への裏切りを癒やす方法を知り、「私も一歩踏み出したい」と感じた。そこで、健康になるために、毎日一つ小さな約束をし、それを守ることに決めた。約束は小さければ小さいほど、続けられれば続けられるほどいい。そういうわけで、「毎朝コーヒーを飲む前に、コップ1杯の水を飲む」と自分に約束した。最初は、バカバカしいと思った。「コップ1杯の水で、どうやって人生を変えるわけ?」。それでも、朝6時45分に水を飲むようスマホにリマインダーをセットし、律儀にそれを繰り返した。

1週間が経つと、ほかの変化も加えたくなる衝動がわいてきたけど、毎日水を飲むという進歩に専念した。水を飲んだあとは一息ついて、一人で喜び、約束を守り続けている自分をどんなに誇りに思っているか、しみじみ考えた。そして、「すごい! いい感じじゃない?」と自分に語りかけた。

30日後、アリーは「日記」をモーニング・ルーティンに加えた。私が「未来の自分日記」と呼んでいる、書き込み式のエクササイズを始めたのだ(やり方はhttps://theholisticpsychologist.

com/future-self-journaling/で、無料で入手できる)。これは、私が自分の癒やしのためにつくったエクササイズで、実践すると、脳内に意識的に新しい神経経路をつくることができる。その経路は、望ましい思考や感情や行動を生み出してくれる。

「未来の自分日記」を始める前、アリーは日記を書いても絶対に続けられなかった。けれど、1杯の水を飲むというすでに習慣になった行動と組み合わせることで、自分との新しい約束を守ることができた。日記をつけ始めるとすぐ、アリーは気がついた。今の自分より未来の自分に優しくしたほうが安心感が高まる、と。だから、書くときも優しくアプローチした。自分自身について優しい言葉で書けば書くほど、絶えず頭の中を駆けめぐっているネガティブな独り言に気づくようになった。自分を信じられるようになればなるほど、そのおしゃべりは静かになり、生活のあらゆる場面で自分をケアし、自分を愛する行動を取れるようになっていった。

次に起こったことを、アリーは「生まれ変わり」と呼んでいる。テリー・ワールス博士の研究と、博士の名を冠したMSの症状を改善する「栄養とライフスタイルのプログラム」を発見したのだ。そのプログラムに従って、アリーは、人との境界線を設け始めた。毎日、瞑想とヨガと日記を実践し始め、それまでとはまったく違った形で周りと関わり始めた。もちろん、毎日コップ1杯の水を飲む習慣は続けている。そう、1日も欠かさずに。「今日の私はこの14年間で一番、自分の内側でくつろいでいる」と、彼女はブログに書いた。「ずっと抱いていた夢に、また火がつきました」と。

今アリーのMSは、1年以上にわたって寛解状態にある。以前はソファにしばりつけられていたのに、今や2階まで歩いていけるどころか、サイクリングやランニングまで始めた。この二つは、「MSがあるから一生無理だ」とあきらめていたことだ。

アリーの話は、選択のパワーを教えてくれる。たとえ厳しい診断結果を突きつけられても、自分の内側には現実を改善するパワーがある、と彼女は学んだ。健康と幸福は自分で選べる、と受け入れること――これは、あなたが旅を続ける中で、何よりもまず心に留めておいてほしい重要なポイントだ。

Work 自分が行き詰まっているかどうかを確認する

時間を取って、行き詰まりに関する下記の質問をじっくり検討し、そうした分野でなぜ行き詰まりを感じているのか、理由もしっかり掘り下げよう。もしかしたら、あなたが陥っている自分のためにならない思考、感情、行動のパターンを明らかにできるかもしれない。日記のエクササイズの一つとして、取り組むのもお勧めだ。

1. 新しい選択をしたり、新しい習慣を身につけたりしようとしても、必ずいつもの選択や習慣に戻ってしまうなど、自分自身との約束を守れないことがよくあるか？

2. 出来事に感情的に反応したり、自制心を失ったり、あとで自分の行動を恥ずかしく思ったりすることがよくあるか？

3. 自分自身や他人や今この瞬間から心が離れたり気が散ったり、過去や未来について考え込んだり、「心ここにあらず」の状態になることがよくあるか？

4. 心の中の批判的な思考に圧倒されたり傷ついたりして、自分の身体的・感情的・精神的欲求になかなか気づけないことがよくあるか？

5. 人間関係において、自分の望み、欲求、信念、感情を表現するのに苦労しているか？

6. ストレスや何らかの（もしくは、あらゆる）感情に圧倒されたり、対処できなかったりすることがよくあるか？

7. 日常生活において、過去の経験やパターンを繰り返してしまうことがよくあるか？

今の質問に一つ以上「はい」と答えた人は、過去の経験や条件づけのせいで、行き詰まりを感じている可能性が高い。「変化なんて無理だ」と思っているかもしれないが、そんなことはない、と私が保証しよう。変化を起こす第一歩は、過去や現在の現実とは違う、未来を思い描く練習を始めることだ。

未来の自分日記

「未来の自分日記」は、潜在意識の自動運転――過去をひたすら繰り返させる、条件づけされた日々の習慣――から抜け出すことを目指す、毎日の練習だ。常に次のような活動に取り組むことで、前に進むことができる。

・自分がどのように過去の条件づけにしばられて（行き詰まって）いるかを観察する。
・変わるために、毎日意図を設定する。
・日々、未来を変える新しい選択ができるよう、実行しやすい小さなステップを設ける。
・心理的抵抗があるのは当然だと受け入れて、日々の選択に力を与える。

この新しい毎日の練習を始めるなら、ノートが必要だ。日記をカスタマイズしたり、おしゃれにしたい人もいるだろう。あるいは、この選択をした自分をほめる小さなお祝いをしたい人もいるかもしれない。少し時間を取って、この新しい習慣をどう活かすのか意図を設定し、自分との約束を毎日守ることで何が得られるのかよく考えてみるのもお勧めだ。

ということで、先ほど掘り下げた分野で変化を起こすために、毎日自分と小さな約束をし、それを守る準備ができた。あなたが私やアリーや、自分に対する裏切りに苦しんでいる多くの人たちとよく似ているなら、一人じゃないと知ってほしい。あなたは今、世界中の何百万人もの人たちが参加する活動に加わろうとしている。それは、毎日自分との小さな約束を果たす練習をすることだ。

Chapter 2

意識と「自分」を切り離す

ジェシカの最初のセッションのときに思った。「この人とは友達になれそう」。ほぼ同い年で、私の行きつけの店で働いていて、ファッションは「カッコいいヒッピーの友達」という雰囲気。温かくて、感じがよくて、場を盛り上げてくれるタイプのようだ。

ジェシカは以前にもセラピーを試したけれど、しっくりこなかった。今回また受けてみたのは、ちまたに蔓延《まんえん》している「行き詰まり感」を覚えたからだ。焦って検索していたときに、心理学の専門誌『サイコロジー・トゥデイ』のウェブサイトで私を見つけた。最初はこのセッションを、1週間の愚痴を言うのに使っていた。私がうんうんと相づちを打つからだ。そういうわけで、私にはほとんど何も求めてこなかった。ただ話をする安全な空間がほしいだけ。仕事のこと、日々のストレス、うっとうしい同居人たち、それから、常に何かが欠けているような感覚について。

ところがセッションを繰り返すうちに、大らかなヒッピーの仮面は剝がれ、ジェシカが慢性的な不安を抱えて、他人の機嫌を取らなくちゃ、と感じていることが見えてきた。そんなすべてが「成績優秀な完璧主義者」という形で現れている。そして、不安な気持ちや「こうなったらどうしよう？」という思いを麻痺《まひ》させたくて、羽目を外して遊んでいる。ワインを飲み、マリファナをふかし、ちょっぴりドラッグをやって騒ぐのは、リラックスして、「内なる批評家」を黙らせたいからだ。でも、何をしようと、何を達成しようと、一度も満足できなかった。

「くるくる変わる自分」に戸惑うジェシカの場合

そんなとき、ジェシカはある男性と出会った。彼女が日々感じていた不安や不満は今、すべてその新しいパートナーに投影されている。

「本当に彼のことが好きなのかな？　それとも、ただ都合がいいだけの関係？」「彼と一緒に住むべき？　それとも別れるべきかな？」。極端な考えから別の極端な考えへと、堂々めぐりを繰り返している。そのうち関係が節目を迎え、結婚も視野に入ってくると、ジェシカはますます感情的になった。毎週毎週、パートナーとの同じ話が繰り返される。激しい口論になって、ののしったりドアをバタン！　と閉めたり。自分がどんなふうに感情をあらわにしたのか、そして、あとからどんなふうに落ち込んで恥ずかしくなったのかを語るのだ。イヤな感情を麻痺させようとつい深酒したところ、お酒のせいでますます感情が高ぶり、またしても、ののしってキレて終わるという悪循環に陥った。このパターンにはまり込んでぐるぐる行き詰まっているせいで、ジェシカもパートナーもひどく苦しんでいる。恥のスパイラルと感情まかせの反応が常態化しておなじみになり、二人の関係のたしかな一部となってしまっている。

毎週ジェシカが自分の行動について語るたびに、翌週にはいい結果を出せるよう、彼女が始められそうな対策を一緒に探した。感情をかき立てるのにアルコールが一役買っていることに気づいたジェシカは、対策の一つが飲酒を抑制してくれそうだ、と判断した。それなのに翌週、何の変化も起こせずにセラピーに戻ってくると、約束を果たせなかった自分を軽んじる発言をした。「いつも通りよ。私は『やる』と言ったことを続けられたためしがないの」

週1のセラピー・セッションを始めて2年が経った頃、ジェシカがひどくイライラして、腹立たしげに言った。「セラピーはお休みしたほうがよさそうね。ここに来たって、同じことを繰り返してるだけだもの」。こんな苛立ちを耳にするのは初めてじゃない。一人で失望するのも十分つらいのに、失敗と思《おぼ》しきものをそばで見ている人がいるなんて、さらにつらいはずだ。患者が私（やほかのセラピスト）を、「とがめるような目を向ける親みたい」と感じ始めるのもよくわかる。

問題は、ジェシカが前に進めていないことだ。彼女は、感情まかせに反応する悪循環にはまって――行き詰まって――いるのだ。頭に浮かぶ考えはすべて、本当の自分《コア・セルフ》が伝えてくる信念やメッセージだと勘違いしている。ジェシカが何も決められないのは、考えが極端（彼を愛してる）から極端（彼が大嫌い）へと振れるたびに、何の疑問も節度もなく、思いに全面的に従っているからだ。

真実を言おう。本当の自分としっかりつながっている人なんてほとんどいない。でも、他人には、幾重にも重ねた自分への裏切りの向こう側にいる「本当の自分《コア・セルフ》」を見てほしい、と願っている。ジェシカと同じように、誰もが自分を向上させたいのだけれど、その試みがうまくいかないのは、自分の心と身体を理解していないからだ。みんな、望み通りの変化を起こす方法を知る、現実的な手段《ツール》を持っていない。自分が自分にできていないことを、他人にしてほしいと期待してはいけない。

「あなた＝あなたの思考」ではない

癒やしに対する私の全人的なアプローチを耳にすると、多くの人が飛びついて「自分のインナーチャイルドと会って、『育て直し』のプロセスを始めて、エゴのワークに取り組んで、トラウマを取り除きたい」と考える。手っ取り早い解決策を求める姿は、いろんな意味で西洋文化を象徴しているけれど、それは「こんな傷を抱えて生きるしんどさを終わらせたい」という、もっともな願いから来ている。ただし、そうした深いところに到達するためには、まず自分の内なる世界を観察する力をつけなくてはならない。あまり魅力的な話に聞こえないかもしれないが、基本的なことだ。あとのすべてのことは、あなたの自覚を呼び覚ませば、おのずと起こってくるだろう。

私はまったく思いがけない形で「意識」という概念に出会った。当時は絶望していた。私は20代で、ニューヨークシティで初めての独り暮らしをしていた。不安をやわらげるために大量の投薬治療を受け、つきまとう心身の不調を抑えたくてありとあらゆるサプリメントや魔法の薬を注文していた。博士課程中の収入（のなさ）を補おうとマンハッタンの中心部で研究の仕事をしていたのだが、襲ってくるパニック発作をかわしたくて、昼休みによく散歩していた。あるとき、エンパイア・ステート・ビルの近くにある、聖ミカエル大天使教会にふと足を向けた。ロマネスク様式の美しいレンガ造りの教会だ。外に腰を下ろして、息を吸っては吐き、「神様、これを乗り越える力をください」と一心に願った。

ある日、学校へ行く途中に――皮肉なことに、またしてもパニック発作をかわす散歩をしたところ――それまで一度も気づかなかった建物の前に立っていた。それはルービン美術館という東洋の諸宗教の美術や織物を展示している場所で、こんな標示板が出ていた。「われわれは日々を思い出すのではない。瞬間、瞬間を思い出すのだ」。この短いフレーズの何かが、私の心をつかんだ。

家に帰って早速ググってみたら、20世紀のイタリアの詩人、チェーザレ・パヴェーゼの言葉だとわかった。この言葉が私を、「今この瞬間のパワー」について書かれた膨大な文献へと導いてくれた。すっかり興味を引かれ、ウサギの巣穴にでもはまり込んだみたいに研究にのめり込んだ。ある探求が次の探求につながって、最終的に「意識」という概念にたどり着いたのだ[21]。これは、誰もが知っている言葉だ。医学用語の場合は、「目が覚めている」という意味だ。でも、私たちが使う場合は、もっとずっと広大な何かを意味している。それは「開かれた理解」とでも言うべき状態のことで、私たちに自分自身や周りの存在を観察する力をくれるばかりか、選択に力を与えてくれる。

額《ひたい》に触れてみてほしい。頭蓋骨の最前部の、あなたの指のちょうど裏側にあるのが前頭前皮質で、顕在意識の居場所だ。ここで私たちは未来の計画を立て、高度な推論をし、複雑な並行作業《マルチタスク》をこなしている。顕在意識は過去の重荷にしばられておらず、前向きに考えるので建設的だ。この顕在意識が、人間をほかの動物と違った存在にしている。人間以外の動物は間違いなく今この瞬間を生きているが、人間のように、自分の思考について思考する、いわゆる「メタ認知」と呼ばれる能力を持ってはいないようだ。

顕在意識が私たちを人間にしてくれているのに、ほとんどの人は内なる世界にどっぷり浸り、あまりに無意識で、眠ってさえいるから、心の中を絶えず駆けめぐっているシナリオがあることに気づいていていない。そして、そのシナリオが本当の自分（自己）だと信じている。でも、そのおしゃべりは、ただの思考だ。私たちは一日中、思考しているのだ。
あなたはここでふと読むのをやめて、こう思っているかもしれない。「思考なんてしていない」。でも、みんなしている。朝パッと目を開けた瞬間から、夜目を閉じる瞬間までずっと。絶えず、しかも長期間にわたって思考し続けているから、していることに気づいてすらいない。夢を見ているときも、無意識の状態でも、思考している。そして、そんな思考に「自分」というレッテルを貼っているかもしれないけれど、それはあなたではない。あなたはその思考の思考者であって、思考そのものではないのだ。

思考は、脳内の神経細胞《ニューロン》の発火によって起こる電気化学反応だ。思考は役に立つものだ。思考のおかげで問題を解決できるし、何かをつくり出し、つながりを築くこともできる。とはいえ、思考に頼りすぎる、という問題も起こる。たとえば、「サルの心」の状態に陥ると――最初に仏陀が説明した通り――思考が止まらなくなる。いくつもの思考がごちゃ混ぜになって、一息つくことも、思考を分析する余裕もなくなってしまう。

さて、ジェシカに話を戻そう。ある日はネガティブに、翌日にはポジティブになる、どっちつかずな態度はまさに、サルの心の産物だった。あるときは「こんな素晴らしい男性にめぐり合えたなんて本当にラッキー！」と考えて、心からそう信じている。心底そう思っているから、それが行動にも現れる（恋人の家に引っ越し、結婚を承諾した）。ところが、別の日には「どこか遠くへ行ってくれないかな」なんて考える。その思考を信じてけんかをふっかけ、乱暴にドアを閉めて、物を投げつける。そんなシーソーのような浮き沈みに、自分で自分が信じられなくなって、ドラッグやアルコールで感覚を麻痺させ始める。意識的な自己からますます遠ざかるために。

ジェシカが前に進めなかったのは、思考する心のせいで感情的に反応する状態から抜け出せなかったから。直感を使っていないから、自分の望みがはっきりとつかめなかったのだ。

私たちはみんな直感力を持っている。直感力とは、持って生まれた無意識の知恵に対する心理学やスピリチュアルな世界の概念だ。それは人類と共に進化してきた本能的な感覚で、人類史を通して私たちの生存を助けてきた力だけれど、その声は今なお私たちに語りかけている。暗い裏通りを一人で歩いていると鳥肌が立つ感覚や、誰かに出会ったとき、とくに怪しむ理由もないのに腹の奥底に感じる不信感、特別な人だとわかっている相手に会うと、背筋がゾクゾクする感じ。これらは、直感的自己が魂から、生理機能を通してあなたに語りかけている声だ。通常子どもの頃は、このスピリチュアルな自己認識と共鳴し合っているから、強い直感力を持っている。でも、大きくなるにつれて、他人の影響を受け始め、自分の直感から離れ始めて、第六感はあいまいになる。失われたのではなく、埋もれただけなのだが。

顕在意識の自己と潜在意識の自己

自分自身を見ることができるのは、意識を立てている場合だけだ。自分自身を理解するプロセスを通して、突如として、これまで隠れていたさまざまな力が明らかになるだろう。そうした力が常に働いて、あなたを形づくり、操り、引き戻している。自分自身のことをしっかりと理解しなければ、身体によいものを食べたり、お酒をやめたり、パートナーを大切にしたり、どんな形にしろ自分自身を向上させることはできない。よい変化を遂げるために何をする必要があるのか直感的にわかっているのに、なぜやらないのだろう？　それは分別の問題ではない。あなたが多かれ少なかれ、自動的な行動パターンを繰り返すことにしばられているからだ。

こういう状況には、おそらくなじみがあるはずだ。毎日同じ時間に仕事に向かうから、朝のルーティンは、ほぼ頭に刻まれている。シャワーを浴び、歯を磨き、コーヒーを淹れ、朝食を取り、服を着替え、職場まで車を走らせる。こうした動作をするのに意識的に考える必要がないのは、それが毎日の行動で、心が自動運転の状態だからだ。あなたは職場へ行くのに、「どうやって行くんだっけ？」と考えたことがある？

自動運転のときは、心の原始的な部分——潜在意識——が反応を司っている。驚いたことに、潜在意識は、自分がこれまでにした経験を一つ残らずたくわえている。ただし潜在意識は、事実やデータを保存する当たり障りのない貯蔵庫ではなく、感情的で、刺激に反応し、分別に欠ける。毎日のあらゆる瞬間に、この潜在意識が、私たちが世の中をどう見るかを形づくっている。（おおむね自動的な）行動のほとんどをかじ取りしている。自分が十分に意識を立てていないときは必ず、潜在意識が「私」になろうとせっせと働いているのだ。どのように考え、話し、反応するか——すべてを潜在意識が司っている。この潜在意識は、子ども時代に「条件づけ」と呼ばれるプロセスを通して植えつけられた思考、パターン、信念（思い込み）によって整えられてきたものだ。

自動運転による行動も、条件づけの結果だ。ほとんどの人は、潜在意識のプログラミングにしばられている。一部の脳スキャンの結果によると、「人は1日の5パーセントしか意識的な状態で活動していない」[22]。それ以外の時間は、潜在意識の自動運転状態なのだ。つまり、積極的な選択をしているのは、日々のほんのわずかな時間だけで、残りの時間は潜在意識に牛耳られていることになる。

変化を嫌う「ホメオスタシスの衝動」

潜在意識の圧倒的な影響力のせいで、私たちはなかなか変われない。人間は進化の観点から見て、変化するようにつくられていないのだ。自動運転から勇んで抜け出そうとすると、心身からの抵抗に遭うだろう。この反応には名前がついている——「ホメオスタシス（生体恒常性）の衝動」である。ホメオスタシスの衝動は、呼吸や体温から心拍に至るまで生理機能を調整している。すべては潜在意識のレベルで行われているから、私たちが積極的に引き起こしているものは一つもない。すべて自動的に行われているのだ。ホメオスタシスの衝動の目標は、心身のバランスを取ること。調整に異常があれば、アンバランスな状態が心の問題を引き起こし、自分を裏切るような行動につながることもある。

潜在意識は、安全地帯にいるのが大好きだ。一番安全な場所とは、当然ながら、すでに行ったことがある場所だ。いつもの結果が出る、と予想がつくからだ。私たちが繰り返し戻る習慣や行動は、潜在意識にとっての初期設定《デフォルト・モード》になっていく。脳は実際、ほとんどの時間を自動運転でラクに進むことを好む。何が起こるかわかっているとき、一番エネルギーを節約できるからだ。だから習慣や日課に安心感を覚え、ルーティンを邪魔されると不安を感じて疲労困憊する。問題は、条件づけされたルーティンに従うことで、ルーティンから抜け出せなくなってしまうことだ。

慣れ親しんだものに引き寄せられることで、古《いにしえ》の祖先たちは、野生動物や食糧難や恐ろしい敵、といったさまざまな脅威から安全に守られていた。私たちを生かしてくれる――食べ物や住まいをくれる――行動はすべて、本人が進んで選択しなくても、ホメオスタシスの衝動によって好まれ、繰り返された。今日の（あくまでも先進国の観点から言えばだけど）わりあい快適な世界にいても、私たちの心身は、なじみのないことや少しでも不快なことをもれなく「脅威だ」と見なし、反応する状態から進化していない。また、黒人や先住民や有色人種の人たち（B

IPOC）は、たとえ先進国に住んでいても、毎日のように抑圧的な制度からの脅威にさらされている、という現実がある。そういうわけで、私たちの多くは、こうした本能に基づいた反応のせいで、習慣を変えようとすると力を奪われる、という悪循環に陥っている。それが進化の過程で磨かれた身体の反応だと理解せず、変われない自分を恥ずかしく思っている。人間の生理機能をわかっていないだけなのに。

プログラミングから外れた選択をすると、潜在意識が必ず心理的な抵抗を起こし、慣れ親しんだ場所に引き戻そうとする。心理的な抵抗は、心身の不快感として現れる。たとえば、「あとでやればいいや」「こんなことする必要ないよね」のような堂々めぐりの思考という形を取る場合もあれば、動揺、不安、もしくは単にしっくりこない感覚、といった身体的な症状として現れることもある。これらは「その変更案の新しい部分は心地よくない」という潜在意識の声なのだ。

注意の筋トレで起こる「神経可塑性プロセス」

結婚式が近づくにつれて、ジェシカはどんどん不安になり、式のこまごまとした計画を立てることで何とか気をまぎらしていた。準備に入れ込んでモンスター化する、いわゆる「困った花嫁」ではなかったけれど、「感情をうまく抑えられない」と漏らし、人生の大切な日が重荷になっているように見えた。私たちはコツコツとセラピーを続け、ジェシカが自分のパワーを使って意識をしっかり見つめ、意識を呼び覚ませるよう取り組んでいた。そんなある日、セラピーを始めて何年も経つというのに、私は初めて、ジェシカの衝撃的な喪失体験を知った。セッションで彼女が言ったのだ。「結婚式で父と娘のダンスができないと思うと、最近落ち込んでいるの」

ジェシカが20代前半の頃、彼女の人生のよりどころで、周りの人たちからもとても慕われていた父親が、突然亡くなった。こうした悲劇に打ちのめされない人はいないけど、ジェシカが5年もの間、私に父親の死について頑《かたく》なに漏らさなかったことからも、どれだけ深く気持ちを抑えてきたかがわかる。掘り下げてみる価値はありそうだ。もしかしたら未解決の感情がパートナーへの怒りや日々のストレスとなって、毎日繰り返し噴き出しているのかもしれない。ジェシカは、悲しみに真正面から向き合ったことがなかった。感情があまりに大きくて、怖くて対処できず、生きるために、その感情をしまい込んだ。そして、ループにはまって抜け出せなくなった。身体もそのループに慣れて、深い感情に向き合うよりも避けるほうが心地よくなってしまったのだ。

私はジェシカに言った。「お父さんのことが今まで話題に上らなかったのは不自然だよね」と。そして、「どうしてこんなに大事な、心の傷になるような出来事を、話さなかったんだと思う？」と尋ねた。ジェシカは、父親の話をしていなかったことに驚き、父親を失った影響については、

「よくわからない」と言った。それほど深く、悲しみを埋めてしまったのだ。

結婚式の準備を始めると、父親のことがよく話題に上るようになった。彼がいるはずの場所がぽっかり空いていることで、ジェシカも否定し続けることができなくなったのだ。父親が自分の人生にとって、どれほど大きな存在なのかを。それでも、彼の死にまつわる感情を表に出すことはなかった。相変わらず冷静に、淡々と父親の話をしている。結婚式が近づくにつれて、父親の話題はいっそう増えていった。それと歩調を合わせるように、セラピーではジェシカが自覚できるよう取り組んだ――過去の悲しみがさまざまな形で、今の物の見方に影響を及ぼしているのだ、と。やがて、ジェシカは気がついた。ずっと無視してきた父親の死の苦しみから目をそらすために、目の前のストレスとひたすら格闘していることに。

私たちは、そうした自動的な反応を断ち切るために、「自覚する力を育むことが大切だ」と話し合った。ウェディングケーキや席順をめぐるよくある過剰反応に陥る前に、ジェシカの注意が今この瞬間に戻るよう取り組んだ。どうすれば呼吸のワークや瞑想の練習を最大限に活かせるのかを探った。ジェシカに何よりも効いたのは、身体を動かすこと、とくにヨガだった。多くの人にとって、身体を動かすことは、意識の鍵となる「注意の筋肉」を鍛えるのに効果的だ。ヨガはトップダウンの――脳が設定した意図に身体が従う――練習になるとされている。呼吸を導き、身体に負荷をかけながら、注意を集中させることで、心を今この瞬間に落ち着かせる、とてもパワフルな手段になるのだ。ジェシカはヨガに励んでいるうちに注意をかじ取りできるようになり、反応する前に一息置くことができるようになった。おかげで、今自分に何が起こっているのか、意識してしっかり見る余裕ができた。ジェシカはその後、この意識の基盤から変化を起こしていくことになる。

ヨガはジェシカに大きな変革をもたらしたので、彼女はインストラクターになるための講習を受けることにした。講習では、厳しいプログラムに従うため、すっかりクセになっていたつい感情的になってしまう状態と何度も向き合わざるを得なかった。自分を観察する余裕ができて、難しいポーズにチャレンジするときにわいてくる強烈な感情を受け入れられるようになると、セラピーもうまくいき始めた。ヨガに没頭すればするほど、今この瞬間を生きられるようになった。自動運転モードから抜け出して、ある感情から次の感情へとただ飛び移るのではなく、おぼろげに現れる自分自身に目を向けられるようになった。今この瞬間にいればいるほど、一息ついて、自分の思考や行動をありのままに――かじ取りできる一過性の状態として――見ることができるようになったのだ。注意の筋肉の助けで、自分の思考に対する自覚を高めることができた。さらに、自分の思考を観察するつらさに耐える方法を学び、打たれ強さや自分に力を与える感覚も身についた。これがきっかけとなって、ジェシカの内面は大きく変化していった。

ヨガに励めば励むほど、意識はますます高まっていった。実のところ、そのときジェシカの脳は、文字通り、物理的に変化していたのだ。注意の筋肉を育てると、「神経可塑性《かそせい》」というプロセスが起こる。神経可塑性とは、過去50年間に知られるようになった概念だ。人間の脳が生涯を通して、構造的にも生理学的にも変化し続けることが研究で明らかにされたのだ（かつては、変化の可能性は20代で止まる、と信じられていた）。脳は驚くほどに自らを再編成する能力を持ち、ニューロン同士の新しいつながりを育てることができる。研究によると、注意を今この瞬間に集中させるヨガや瞑想のような習慣は、脳の再構築にめざましい効果を発揮する。新しい神経経路がつくられるとき、人は普段のパターンから解放されて、意識的な状態でさらに積極的に生きられるようになる。実際、脳の機能ＭＲＩ（ｆＭＲＩ）検査でそれが確認されている[23]。継続的な意識の訓練で、実際に前頭葉――自覚に関わる部位――が密になるという明確な証拠が示されたのだ。心の中に思いやりを育むことを重視するほかのタイプの瞑想（もしくは、ただ目を閉じて大切な人のことを考える、などの行為）も、脳の感情中枢である「辺《へん》縁系《えんけい》」という部位を強化してくれる。こうした取り組《ワーク》みはすべて、脳の配線を変え、普段の思考パターンを壊して、潜在意識が司る自動運転から私たちを目覚めさせてくれる。この意識の基盤から、思考や信念や人間関係の条件づけされたパターンを観察できるようになる。こうして真摯に自分を理解すれば、変化と、究極的には癒やしに向かう道筋が示されるだろう。

「思い込みのパワーで若返る?」ハーバード大学の研究

1979年、ハーバード大学の心理学者、エレン・ランガーは、ボストン地区の老人ホームから高齢男性を集め、二つのグループに分けて、ニュー・ハンプシャー州の男子修道院で1週間過ごしてもらった。思い込みのパワーとそれが加齢に及ぼす影響を調べる、画期的な研究に参加してもらうためだ[24]。一つ目のグループは、「一晩で時計が20年戻ったかのように生活してください」と告げられた。実際に20年若返った自分として生きるよう求めたのだ。

二つ目のグループは、時間軸こそ現在のままだったが、過去の思い出に浸るよう求められた。

一つ目のグループが暮らす修道院では、すべてを研究用にしつらえて、被験者が若い自分に戻れるようサポートした。家具は20世紀半ばに人気を博した「ミッドセンチュリー・モダン」。『ライフ』誌や『サタデー・イブニング・ポスト』誌のバックナンバーが、居住空間のあちこちに置かれた。男性たちは白黒テレビでかつての人気番組『エド・サリバン・ショー』を観て、ヴィンテージラジオに耳を傾け、『或る殺人』のような1950年代の映画を鑑賞した。そして、過去の出来事――アメリカ初の人工衛星の打ち上げ、フィデル・カストロのキューバ革命、冷戦の緊張感が高まることへの不安――について議論するよう促された。鏡はすべて撤去され、代わりに彼らの20年前の写真が貼られた。

研究は1週間だけだったが、被験者の変化は驚くべきものだった。どちらのグループも、身体、認知、感情といったあらゆる面で大きく改善したことがわかったのだ。全員が前より身体が柔らかくなって猫背が改善した。また、多くの人が指の関節炎にかかっていたのに、指を前よりすばやく動かせるようになり、見た目も健康的になった。研究のことを知らない人たちに研究前の写真と、1週間を過ごした後の写真を比較してもらったところ、研究後に撮られた写真は、研究前の写真の少なくとも2年前のものだ、と評価された。

変化は身体面にとどまらず、とくに若返って生活をした人たちに著しかった。一つ目のグループの63パーセントが、1週間後の知能検査で明らかなスコアの上昇を示した。もう一方のグループは、44パーセントだった。一つ目のグループの全員が、食べ物の風味を味わう力から聴力や視力に至るまで、五感のすべてがもれなく向上していた。

今この研究を紹介しているのは、思考の驚くべきパワーを伝えるためだ。思考のパワーは、私たちにさまざまな形で影響を及ぼせる。変化に抵抗しがちな高齢者に、これほどめざましい変化が起こったことは、同じような変革があなたの人生にも起こり得る証拠だ。

今この瞬間に関係のないネガティブな思考にとらわれるのではなく――研究によると、思考の70パーセントは、今この瞬間に関係のないネガティブなものだ[25]――たとえば、危険を感じているときの身体の感覚に目を向けてみてほしい。つまり、意識を立ててほしいのだ。たとえば、母親とビデオ通話するときは、肩やあごの筋肉に力が入って、身構えていないだろうか？

慣れない環境に足を踏み入れたときは、身体の感覚を遮断したり、逆に過敏になりすぎたりして、自分の殻に閉じこもっていないだろうか？　偏りのない目で見てほしい。ただ観察してみよう。やるべきことは、自分自身について学ぶこと。一人で過ごし、じっと座って、自分の直感にしっかり耳を傾けて、自分のすべて――とくに、一番隠しておきたい最悪の部分――を観察する方法を学ぼう。

自分のすべての思考を信じるのではなく、「私は思考そのものではなく、思考の思考者だ」と理解すれば、とてつもなく自由になれる。心は強力なツールなので、「本当の自分と自分の思考は別物だ」と自覚していなければ、日常生活の手綱を思考に委ねてしまう結果になるだろう。

このワークを始めるなら、安全で協力的な環境に身を置こう。好ましくない環境で意識を立てるのは、とくに最初は難しいだろう。ガードを緩めて挑戦し、自分を解き放ってもいい場所に身を置いてほしい。物理的に危険な環境、とくに今、抑圧的な制度のもとで暮らしている人にとっては、一番安全な場所は、自分の内側で過ごす短い静かな瞬間かもしれないけれど。

ではそろそろ、その意識にアクセスできる、いくつかのエクササイズに取り組もう。毎日数分間、こうしたきっかけを活用すると役に立つだろう。なぜかって？　変化を起こすためには、日課にして続ける必要があるからだ。自分自身との小さな約束を、癒やしの旅の間、毎日守る練習をするのだ。この練習を始めると、イヤな気分になることも多々あるだろう。心が「ちょっと待って！　これは心地よくない！　いつものプログラム通りに動きたい！」と叫んでいるからだ。これは動揺という形で現れるかもしれない。そういうときは動揺がおさまるまで呼吸法《ブレスワーク》を実践し、その現象を責めないこと。不快感があまりにも強い場合は、きちんと立ち止まろう。そして何より大切なのは、自身の限界に気づいた自分に感謝することだ。そしてもちろん、しっかり休んで、翌日また練習に戻れることを知っておこう。

覚えておいてほしい。最初はぎこちなくて、バカバカしい気分になるかもしれないけれど、続けること。意識を立てるこのエクササイズは、その後のワークの基盤をつくってくれる。

Work 意識を立てる

1. 1日に1～2分、そのとき何をしていようと、その動作に集中し、その動作の中に100パーセント存在する練習をしよう。お皿を洗っているとき、洗濯物をたたんでいるとき、お風呂に入っているときでも構わない。1日の中で、歩みを止めて雲を見上げる、ほんの一瞬時間を取って仕事場のにおいをかいでみる、ということでも構わない。その瞬間に自分が経験しているすべてに目を向ける、という意識的な選択をしよう。「私は、今この瞬間にいる」と自分に言ってみよう。あなたの心は、「心理的抵抗」を示し続けるかもしれない。条件づけが吹っ飛んで、心がただ観察されているからだ。ありとあらゆる思考が頭に浮かんでくるかもしれないけれど、大丈夫。それをただ観察する練習をしよう。

2. 今この瞬間と深くつながろう。五感のおかげで、私たちはサルの心を手放して、今この瞬間と深くつながることができる。たとえば、皿洗いの間にこのエクササイズをするなら、両手についた洗剤を感じよう。手の中で洗剤がどんなふうに泡立っているかを見よう。流し台にあるお皿のなめらかさを感じよう。空気のにおいをかごう。すると、心に「そこから出ろ」と命じられることなく、今この瞬間にい続けられるだろう。練習を重ねるうちに、このエクササイズをますます心地よく感じるようになる。

3. これを1～2分練習したあと、自分が自分にこの時間を与えたことを認めよう。すると、心と身体が今どんな気分かを理解し、「ワーク」のために時間を取った自分に感謝できるだろう。

4. このエクササイズを、少なくとも1日に1回は繰り返そう。心地よくなるにつれて、この練習を繰り返す時間を、うまく見つけられるようになる。

未来の自分日記

意識を立てる

さて、私も今みなさんの旅に加わるにあたって、「未来の自分日記」のひな型をシェアしたいと思う。これは、私が日常生活で新しい習慣を身につけるために、毎日活用していたものだ。私は旅の最初の頃に、「毎日一つ、意識にまつわる新しい経験をする」という小さな約束を守る練習を始めた。毎日ノートに下記のような言葉を書いて、「変わる」という意志を忘れないようにしていた。おかげで1日を通してコツコツと新しい選択をし、徐々に新しい習慣を身につけることができた。次の文例を、ぜひこのプロセスに役立ててほしい（あるいは、自分でよく似た文章を作成しよう）。

- **今日私は、**自分自身と、自分の1日のパターンを意識する**練習をします。**
- **私は、**人生に変化を生み出すチャンスに**感謝しています。**
- **今日私は、**選択するときは必ず意識を立てて、目覚めています。
- **この分野が改善されたので、私は、**自分自身と自分のパターンをしっかり自覚で**きています。**
- **今日私は、**自分の注意を今この瞬間に戻す**ときに、この練習をします。**

ここからの目標は、毎日この新しい選択の練習をすること。私は、自分が設定した意図を忘れないように、1日に何度か、ランダムにスマホにリマインダーをセットしていた。（そう、テクノロジーが味方になってくれることもある）。リマインダーが鳴るたびに、自分をチェックし、自分の注意がどこにあるのかを確認した。すると即座に、自分の注意が今この瞬間にないことがわかる。そう、まったく。自分が心の中で、過去のストレスまみれの経験を蒸し返すのが好きなことに気がついた。過去を追体験していないときは、未来にストレスをもたらしそうな、さまざまな災難を心配していた。変化を生み出す意識のパワーは、どこにも見当たらないのだった。

Chapter 3

トラウマの新理論とは？

クリスティンに出会ったのは、私が癒やしの旅についてソーシャルメディアで伝え始めたばかりの頃だ。アリーと同じように、クリスティンも私の投稿――「自分への裏切り」という概念についてや、自分の本当の望みや欲求を否定し続けると破壊的な行為や自傷行為につながる、という話――を読んでくれた。

クリスティンは「『自己啓発中毒』なんです」とあっさり認めた。健康に関する流行りもので、試さなかったものは一つもないという。本を買い、セミナーへ行き、世界のいろんな場所で開催される1週間のワークショップにも参加してみたけれど、結果は同じだった。そう、がっかりしただけ。何を試しても、結局は振り出しに戻っている。最初はその練習なり体験なりに全力で取り組むのだけど、数週間後には迷子になっている。退屈だ、心地よくない、もうやーめた、という感じ。

クリスティンが言う一番の問題は、薄っぺらな話に聞こえたけれど、本人は真剣に悩んでいた——自分のおなかが嫌いなのだ。「おなかのぽっちゃり」とクリスティンが呼ぶそれは、思春期の頃から悩みのタネだった。肥満だったことは一度もないのに、いつだって「おなかが出てる」と感じている。そこだけが自分のものじゃない異質な何かのようだ。健康にいい食事について調べ始めて気づいたのは、その日食べたものを思い出せないことがたびたびあること。時には、食べている最中でさえ、食べていることを忘れる。「夜、意識がもうろうとしたまま、焼き型に入ったブラウニーを切らずに丸ごと平らげてしまったことが何度かあるの」と説明してくれた。ハッとわれに返って気づいたのは、無意識に食べてしまったせいで、味も香りもほとんど覚えていないことだ。

性的虐待の「コーピング」に苦しむクリスティンの場合

この手の体験は、「解離状態」を経験している人に特有のものだ。解離状態とは、絶え間ないストレスや苦しみに対処するために、環境から心身を切り離す対処《コーピング》メカニズムのことだ。つまり、身体はそこにあるけど、心はどこかへ消えている。これは、顕在意識が対応するには大きすぎる、危険すぎる、と感じる出来事や状況への防御反応なのだ。解離は、子ども時代のトラウマを抱えて生きる人たちに、とてもよく見られるストレス反応だ。「解離」という用語をつくった精神科医のピエール・ジャネは、「自己からの『分離』」と表現している[26]。私は患者に、

『宇宙船』に乗って旅立つ感覚です」と説明している。心の世界で、自分が身体から分離する、という意味だ。クリスティンの食にまつわる解離は、食べることとは無関係な何かから逃れようとしている印だ、と私は考えた。

クリスティンは徐々に、過去の話を始めた。そして気づいたのは、家族が信頼し、支え合えるような環境をくれなかったこと。母親はよく彼女をいじめ、きょうだいたちにも加勢させた。安心・安全な家庭環境ではなかったから、クリスティンは自分を痛めつける恐ろしい秘密を打ち明けられなかった。実は9歳のとき、家族の親しい友人だった40代の男性から、性的虐待を受け始めたのだ。

男性は行為を口止めした上に、「誰かに話したら、君が大変な目に遭うんだよ」と言いくるめた——性犯罪者がよく使う手口だ。虐待は何年も続いた。家族は、男性から明らかに気に入られていることで、クリスティンをからかうことさえあった。「彼のお気に入りだもんね」と母親はよく言っていた。きょうだいたちは、男性がクリスティンにプレゼントをしたり、一人だけお出かけに連れていったりするたびに、「おまえは取り入るのがうまい」と腹を立てた。

クリスティンは直感的に「間違ったことが起きている」とわかっていたけど、直感にフタをして、加害者を信じるようになった。そして、離脱することで——身体は虐待に耐えながらも、心はその場から離れることで——対処した。繰り返し直感とのつながりを断つことで、最終的に学んだのは、「自分は当てにならないけど、ほかの人の考えや信念や意見は頼りになる」ということだった。

解離行動は、彼女のお決まりのコーピング［訳注：ストレスに対処するための行動］になった。つまり、大人になってからは、不快な感情がわくと、今この瞬間から離れるようになったのだ。成人してからのこのパターンに目を向けたことで、クリスティンは理解するに至った。これは子ども時代からの学習行動なのだ。心が対処するために、今この瞬間から離れていたのだった。

誰もが「無自覚のトラウマ」を抱えている

トラウマとは、メンタルヘルスの専門家の大半が理解している通り、ひどい虐待や育児放棄《ネグレクト》のような悲惨な出来事の結果だ。そうした出来事は人生を一変させ、その人の世界を「前《ビフォー》」と「後《アフター》」に引き裂くだろう。クリスティンの性的虐待がそうだったように。米国疾病予防管理センター（CDC）は、「逆境的小児期体験（ACE）テスト」という指標を提供している[27]。これは、メンタルヘルスの専門家が、患者の人生のトラウマの程度をはかるのに使われる。ACEの質問票には、子ども時代のさまざまなトラウマにまつわる10個の問いが並んでいる。身体的虐待、言葉による虐待、性的虐待、そうした虐待を目撃した、収監された家族がいた、などの経験を尋ねる問いだ。10個の質問のどれに「はい」と答えても、1点とカウントされる。研究によると、スコアが高ければ高いほど、薬物やアルコールといった物質乱用や自殺、さらには慢性疾患にかかるリスクが高まるなど、人生にネガティブな結果をもたらす可能性が高くなる。ACEの枠組みが重要なのは、子ども時代に被ったトラウマが長く心身に痕跡を残すことを明確に示しているからだ。ACEは、子ども時代に起こったことが――とくに極めてネガティブな経験の場合は――生涯消えないことを示している。

ACEを受けたところ、私のスコアは1点だった（世界的に見て、70パーセント近くの人が少なくとも1点を獲得している[28]）。その結果は、トレーニング期間に受け取ったのと同じメッセージをくれた。つまり、「トラウマ」という言葉は、クリスティンのような壮絶な虐待を受けた人にだけ当てはまる、というもの。私自身も、子ども時代がトラウマチックなものだった、と考えたことはなかった。ごく「普通の」家庭で育ったつもりだからだ。父は一生懸命働き、毎晩同じ時間に帰ってきた。食べ物に困ったことは一度もないし、両親はお酒を飲まず、離婚もしていなかった。激しい言葉の虐待や、身体的虐待を受けたこともない。

それなのに、私には子ども時代の記憶がほとんどなかった。人生の節目となりそうな出来事――ファーストキスや、高校の卒業記念パーティーや、クリスマスなど――についても、頭の中が真っ白だった。それに、人の顔を認識できなくて苦労した。家族同士がよく似ている、というのもよくわからなかった（赤ん坊が親の「生き写し」だと思ったこともない。私にとって、赤ちゃんは……赤ちゃんだから）。実話の再現ドラマを観ていても、インタビューされている本人と、再現シーンの俳優との見分けがつかなかった。

それがおかしなことだと気づいたのは、「頭の中が真っ白だ」と他人に話したときだ。相手は共通の思い出を忘れている私にイライラしたり、覚えていて当然の古い知り合いを忘れている私をからかったりした。中には、信じてくれない人もいた。「ウソに決まってる！ 忘れられるわけないでしょ？」。仲間の間では、すっかりギャグになってしまった。「ニコールは記憶力がなさすぎる！」と。

ただし、感情はよく覚えていた、と補足すべきだろう。過去の「感情記憶」や印象は残っているのに、具体的な体験と結びつかないのだ。今も感じられるのは、6歳の頃、ベッドに横たわって、自分の世界を壊しかねない出来事のリストをぐるぐる思い浮かべていたときの気分だ。両親が死んでしまうかも、誰かが家に押し入ってくるかも、家族みんなで焼け死んでしまうかも……と不安のリストは延々と続いた。この不安な状態は、家族が不安に駆られてよく口にしていた「いつも何かしら起こるよね」という言葉に対する私なりの表現であり、今も残る感情記憶だ。その「何かしら」とは、カンカンに怒った近所の人だったり、支払期限を過ぎた請求書だったり、吹雪だったり、家族同士のけんかだったりした。その何かしらが家族の誰かに起こると、結局全員に起こるのだ。私たちは怒りと不安の連鎖でつながっていた。

そうやって恐れに満ちた状態で必死で暮らしていた家族と違って、私は一見、まるで動じなかった。家族から「超然としたやつ」と呼ばれる、のんびり流れのままに生きている、大らかで落ち着いた子どもだった。私を悩ませるものは何一つないように見えていたけど、超然とした態度は、心がストレスから身を守るコーピングだった。自分自身を切り離して距離を置き、さっと「宇宙船」に乗り込んでいただけ。宇宙船に乗って自分自身から解離して、はるか遠くをさまよっていたから、結果的に、子ども時代の記憶がほとんどなくて、20代の頃のこともあまり覚えていないのだ。ただし、周りで何が起こっていても心ここにあらずだったからといって、身体が覚えていないわけではない。

トラウマの専門家で『身体はトラウマを記録する——脳・心・体のつながりと回復のための手法』（紀伊國屋書店）という画期的な本を書いたベッセル・ヴァン・デア・コーク博士は、解離を「知っていながら知らずにいる」プロセスだ、と説明し、トラウマを抱え、解離する人たちのことを「記憶がなさすぎるのに記憶しすぎている」と語っている[29]。トラウマは体内に留まり、拡散される。これについては次の章でさらに詳しくお話ししたいと思う。トラウマのとくに深刻な影響は、神経系の「闘争・逃走反応」［訳注：恐怖や危険に直面した生物が、闘うか逃げるかの準備を整える生理学的反応］に現れるだろう。

さらに年を重ねて、クリスティンのような人たちに何年もセラピーを行ってはじめて気づいたことがある。それは、子ども時代にトラウマを経験した人たちには、共通の特徴があることだ。多くの人が自分だけの「宇宙船」をつくることで対処し、生涯にわたって解離して物事と距離を置き、ほとんど記憶がない、というパターンに陥っている。それに気づくと、いくつか疑問がわいてきた。それまで自分が理解していた通り、私の身に「トラウマチック」なことが一度も起こらなかったのなら、私はなぜ子ども時代のことをほとんど覚えていないのだろう？　なぜ自分自身とつながり、自分の感情をケアするのにこんなに苦労しているのだろう？　なぜ私はずっと自分自身を裏切っていたのだろう？　なぜ子ども時代の経験がまったく違うのに、クリスティンと私は、同じトラウマ反応を示しているのだろう？

このときは知る由もなかった。自分もある種の精神的なトラウマに苦しみ、クリスティンと同じように、日常生活でトラウマの影響を受けていたなんて。

トラウマの定義を広げる

私は、ACEテストでさまざまな点数を取る人たちを治療してきた。「完璧な」家庭で育ち、トラウマのスコアが0点の人もいれば、10点近く取る人たちもいる。彼らは私たちの多くには想像もつかない、ましてや生き延びることなどできそうもない壮絶な体験をした人たちだ。

彼らの経歴はそれぞれ大きく異なっていたけれど、よく似たシナリオに基づいて行動していた。多くの人が、目標に向かって健全な努力をする「機能的完璧主義者」か、がむしゃらに頑張る人、もしくは、さまざまな物質や行動の依存症になっていた。顕著に見られたのは、不安、鬱病、自信のなさ、自尊心の低さ、そして「人からこう見られたい」というこだわりの強さだ。

厄介な人間関係のパターンを抱え、もちろん「行き詰まり」状態にある人も目についた――植えつけられた行動パターンにはまり込んで、前に進めないのだ。そうしたパターンは、ある物語を語っている。それは、子ども時代のトラウマがどれほど幅をきかせるのかをまざまざと示す物語だ。

実は、自分の人生を壊したいくつかの瞬間を（いや、たった一つの瞬間でさえ）指摘できない人が多いのだ。たいていの人は、自分の子ども時代の何かが害をなしていた、なんて認められない。だからといって、トラウマが存在しなかったわけではない。人生で何のトラウマも経験したことがない、という人にお目にかかったためしがないからだ。私は、トラウマの解釈を広げるべきだと考えている。圧倒されるようなさまざまな体験や、神経科医のロバート・スケアが定義したように、「比較的無力な状態のときに起こる」ネガティブな人生の出来事をすべて含むべきではないかと思うのだ[30]。

ＡＣＥの枠組みは役に立つけれど、トラウマのすべてを網羅しているわけではない。ある種の感情的・精神的なトラウマ――多くの人が経験してきた、自分の本当の欲求を常に否定し、抑えつけたことでできた心の傷――については考慮していない。また、ＡＣＥの評価は、驚いたことに、外部環境（社会全体）が無数の形で私たちにトラウマを与える可能性すら考えていない。ＡＣＥテストには、あからさまな人種差別についての問いが一つもないのだ。人種に基づくトラウマである差別や虐待についても、ましてや、社会のインフラの中によりさりげなく、より広範囲にわたって、より害になる形で宿っている偏見や偏見に基づく憎悪についても、一切触れていない。非協力的であからさまに脅迫的な世界——教育制度、刑務所制度、医療制度、職場——で生活するのは、常にトラウマ状態で生きているようなものだ。社会の隅に追いやられた集団（とくにＢＩＰＯＣ）は、構造的な抑圧や人種差別的な法律、偏った枠組みの中で何とか人生のかじ取りをしている。彼らは、スケアのトラウマの定義にある「比較的無力な状態」に置かれている可能性がある。

要するに、トラウマチックな体験がわかりやすいものだとは限らないのだ。自分がトラウマをどう認識したかは、実際のトラウマに負けないくらい重要だ。とくに、無力で大人に依存している子どもの場合は。トラウマが生じるのは、愛されたくて自分自身を裏切り続けたときだ。「自分には価値がない」「受け入れてもらえない」と感じるような扱いを受け続けた結果、本当の自分とのつながりを断たれてしまったときだ。トラウマは、「生き延びるためには、本当の自分を裏切らなくてはならない」という根本的な思い込みをつくる。

子ども時代の条件づけ

親や祖父母など子どもを養育する人の役割とは、ガイド役を務めることだ。愛情に満ちた親子関係は、子どもが人生の旅に出て環境が大きく変わり、浮き沈みを経験したときに、戻ってこられる安全な基地を提供する。ガイドは物事を客観的に判断し、子どもがありのままの自分でいるのを許してくれる。目覚めと英知の状態から見守り、行動してくれるので、子どもは誰にも介入されずに自分の行動の結果を体験し、自信を養う基盤をつくれる。ガイドは賢い先生のような存在だ、と考えてほしい。賢い先生は自分が提供した基盤を信頼し、「生徒は人生の荒波を乗り越えられる」と信じている。だから生徒も、自分を信じられるようになる。それは子どもが、苦しみや喪失感、怒り、悲しみといった人生につきものの感情を回避できる、という意味ではない。子どもがつらいときに、ガイドが提供した安心感とレジリエンスの基地に立ち戻れる、という意味だ。

親が自分の未解決のトラウマを癒やすどころか、自覚もしていなかったら、人生を意識的にかじ取りできないし、ましてや、ほかの誰かの信頼できるガイド役を務めることはできない。親が自分の未解決のトラウマを子どもに投影するのは、とてもよくある現象だ。たとえ子ども思いの親でも、無意識の傷に影響されて動くと、子どもを導くどころか、支配したり、細かく指図したり、自分の意向に従わせようと無理強いするかもしれない。中には、よかれと思ってそうしている場合もある。親は、意識していようがいまいが、自分が味わっている苦しみを、子どもが経験しなくてすむよう安全に守りたい、と考えている。そしてその過程で、子どもの望みや欲求を否定してしまうかもしれない。意図的に行動しているように見えるときでも、表からは見えない根深い苦しみから反応している場合がよくあるのだ。多くの人は、子ども時代の未解決の苦しみのせいで、感情の手綱をうまく握れない親に育てられた。彼らは自分の苦しみを子どもにじかに投影しては、「泣くな」と強く求めたり、自分の胸の奥の苦しみをそれとなく刺激されては、感情をあらわにした子どもを突き放したりしていたはずだ。心理療法士《サイコセラピスト》で『親といるとなぜか苦しい――「親という呪い」から自由になる方法』（東洋経済新報社）という本を書いた、リンジー・C・ギブソンは述べている。子ども時代に心のつながりが不足すると、「真の安心があるはずの場所に、ぽっかりと穴があいたままになる。人に目を向けてもらえない孤独感は、身体に負ったけがに相当するほどの根本的な痛みなのだ」[31]。この孤独感は大人になっても続き、感情を回避したり、人と関わるのをやめたり、相手を侮辱したり、といったパターンを繰り返すことになる。

トラウマがどのように複数の世代にまたがるのか、少し理解してもらえただろうか？　それは親から次世代へ、次世代からその次世代へ、そのまた次世代から私たちへと受け継がれた。このプロセスの中心にあるのが、「条件づけ」という概念だ。思い込みや行動が無意識のうちに次の世代に刷り込まれるのだ。幼い子どもと過ごした経験があれば、子どもが他人の行動のまねをすることを知っているだろう。お手本が友達でも、クラスメートでも、漫画のキャラクターでも、子どもは目にした通りのことをする。これが条件づけの仕組みだ。人は、ほかの人――とくに最も親密な親――が手本を示したことを学ぶのだ。幼い頃の愛着《アタッチメント》が、潜在意識の信念の土台をつくる。私たちは、人間関係とはどのようなものかを、一番身近な人たちを見て学ぶ。自分の身体をどう感じるべきかを、親が自身の身体をどう感じているかを観察して学ぶ。自分をケアすることを優先すべきかどうかも。お金の使い方や世界観、自分や他人や世界に対する信念も学ぶ。私たちはそうした信念をほかの無数のメッセージと共に、潜在意識にたくわえている。

人は常に親の導きを期待し、親をお手本にしている。親が現実とどう向き合っているかが、私たちが現実とどう向き合っていくのかを示している。彼らの物の見方や人とのつき合い方を受け継ぎ、彼らの信念や習慣やコーピングさえ引き継いでいる。

本書の「ワーク」は、自分を意識的に見る方法を学ぶと同時に、大切な人たちや、自分とその人たちとのつながりを意識的に観察するためのものだ。私は、「子ども時代の未解決のトラウマがある」という結論に達するまでに長い時間がかかった。長い間、認めたくなかったのだ。「あなたの子ども時代は完璧じゃなかった」と誰かに言われたら、必死で闘っていただろう。過去を美化していただけでなく、文化に深く根づいた「家族」というものを守りたかったのだ。すべてがバラ色だったわけじゃない、と公に認めるなんて、罰当たりもいいところだ。うちはハッピーなイタリア系大家族だった！　よくもそうじゃなかったなんて言えるね？……。

何年も私は抵抗し続けた。自分の現実を長く否定してきたせいで、視点を変えて、子ども時代の傷を通して過去を見ることができるようになるまでに、ずいぶん苦労した。自分の欲求を長年はねつけてきたせいで、その存在に気づきもしなかった。ほとんどの人がそうであるように、私も習慣の多くを子ども時代に身につけ、それを繰り返し、それを抱えて人生を歩んでいた。多くの人は、立ち止まって考えたりしないだろう。「これが本当に私なの？」と。子ども時代と同じやり方でクリスマスを祝い、別の過ごし方をするなんて想像したこともない、という人がどれくらいいる？　人生のいくつの要素が自分で選んだもので、いくつが受け継いだものなのだろう？

　自分の傷を明らかにするのは、癒やしの旅の大切な第一歩だけれど、たいていラクな一歩ではない。この取り組みは、心の奥にため込んだ苦しみや悲しみ、怒りさえ掘り起こしてしまうから。それらは、少なくとも表向きはきちんと暮らし、前に進めるよう、あなたが長年抑え込んできたものだ。このワークを深く掘り下げたいなら、心に留めておいてほしい。時には古傷がパカッと開いて、感情があふれ出すこともあるが、それは子ども時代の傷を癒やすプロセスの一部なのだ、と。覚えておいてほしい。これも「観察する」瞬間の一つに数えられる。何が出てこようと、自分や大切な人たちに優しくする練習を始めてほしい。親が子ども時代のあなたをどう扱ったかは、あなたが何者なのかを映し出してはいない。もしくは、彼らが何者なのかさえ示していない。あなたが彼らの、未解決のトラウマを映し出す必要などないのだ。

トラウマをつくる親の6タイプ

今からご紹介するのは、子ども時代のトラウマを理解するための新しい枠組みだ。この枠組みは、私がクリニックや「セルフ・ヒーラーズ」のコミュニティでよく見かける関係性をもとにつくった、いくつかのタイプで構成されている。ただし、決して厳密な分類ではない。あなたは、ある関係性に自分を重ねるかもしれないし、複数のタイプに共感するかもしれない。自分を一つの枠にはめ込む必要はないのだ。ただ、あなたの最も親密な人間関係と、これまで経験してきた条件づけについて考える一助にしてほしい。癒やしへの第一歩は、自覚することだから。

タイプ1――あなたの現実を否定する親

現実を否定する、典型的な事例をご紹介しよう。子どもがある親戚のそばで居心地の悪い思いをして母親に伝えたところ、こんな反応が返ってきた。「あら、親切にしてくれただけじゃないの。礼儀正しくしなさいよ」。（これの極端な事例が、クリスティンと彼女を虐待していた男性に対する家族の見方だった）。

親が子どもの現実を否定すると、知らず知らずのうちに「自分の『直感』を無視しなさい」と、子どもに教えることになる。自分が自分を信じられなくなるにつれて、直感の声はますます遠のき、どんどん聞こえづらくなる。その結果、直感力が失われ、心に葛藤が生まれる。「自分の判断は当てにならない」と学び、他人に頼って現実をつくるようになる。

子どもの現実を否定する行為は、さりげない形を取ることもある。子どもが親に「クラスの子たちが、お弁当を一緒に食べてくれない」と打ち明けたとしよう。それは子どもにとって、途方もなくつらいことだ。「仲間から認められたい」という思いは成長の重要な要素なのに、拒絶された気分になるからだ。それを親が悪気なく、こんなふうに片づけることがある。「心配するな。そのうち新しい仲間ができるよ。大したことじゃない。だんだんうまくいくようになるから。まだ初日じゃないか！」。親自身が未解決の感情を抱えている場合は、子どもが感情的になるとイヤな気分になって、さらりと受け流そうとする。子どもの体験が、親の（たいてい無意識な）よく似たつらい記憶のスイッチを押したせいで、親はつい子どもに、わいてきた感情を抑えたり無視したりするよう求めてしまう。問題は、子どもは当然の感情を抱いて「なぐさめて支えてほしい」と期待しているのに、親に「大したことじゃない」といなされたこと。同じような経験を繰り返すうちに、子どもは「現実に対する自分の認識も、それにまつわる感情的な経験も信頼できない」と学んでしまう。

子どもの現実は、親や家族が客観的な事実をはねつけた場合にも否定される。以前の患者に、仕事に支障がないから見過ごされがちな「高機能アルコール依存症」の父親を持つ人がいた。父親は仕事をし、家族を経済的に支えていたけど、家に帰った途端にプシュッとビールの栓を抜くと、一晩中飲んでいた。敵意をにじませて怒鳴りだすか、酔いつぶれてしまうまでずっと。私の患者は父親の行動に気づいて意見できる年齢だったけれど、母親は息子の不安を退け、「今日は仕事が大変だったのよ」と夫の行動を正当化した。こうした現実の否定は、学習行動だ。手本を示した母親は、家族の一人が薬物を使用している現実を否定する家庭で育った。私の患者も徐々に母親の見方を受け入れ、「父さんはキツい仕事をしているから」と自分に言い聞かせるようになった。秘密のカーテンをほんの少し持ち上げて、夜ごとに父親が酒を飲み、空瓶がずらりと並んでいる現実を認めてはじめて、彼は父親の行動を、あるがままに見ることができるようになった。

タイプ2――あなたに目も耳も向けてくれない親

こんな諺《ことわざ》を耳にしたことがあるだろう。「子どもに目を向けるのはいいが、耳を傾けてやる必要はない」。古い世代の子育てにまつわる考えが凝縮された言葉だが、この考え方は、「子どもに必要なのは、食べ物や住まいなど基本的なものだけ」という理解に基づいている。資源不足は、旧世代の多くの人たちの現実だった。たくさんの人が、生きるか死ぬかの状態だったのだ。当時の大人は子育ての成功を、「生き延びるための基本的欲求を満たすこと」と定義しており、感情面での欲求を満たす気力も関心も残されていなかった。この「生き延びるため」の子育ての影響は、「トラウマの遺伝」という形で受け継がれ、私たちはその長期的な影響を受けながら暮らしている。

子ども時代に「見てもらえない」「聞いてもらえない」ことは、親から精神的に疎外された気分を味わう体験だ。これには深刻なネグレクトも含まれるが、たいていの場合、もう少しさりげない形で行われる。自分の感情でいっぱいいっぱいの親や、慢性的なストレスで気が散っている親もいる。あるいは、完全に心を閉ざし、子どもが感情を表現しても、耳を傾けたり支えたりできない親、もしくは、自動運転状態で次々と用事をこなし、気もそぞろで、目の前の子どもにしっかり目を向けられない親もいる。これでは子どもと心を通わせることはできない。親が「心ここにあらず」だからだ。

耳を傾けてもらえないのはつらい。無視されると心がざわつく。「愛されるためには、本当の自分を隠さなくちゃいけない」と学ぶなんてとんでもないことだ。人から認められること、それは人間の最も深い欲求の一つだ。子ども時代に思いや考えを「聞いて」もらえなかったら、心は「はねつけられた」と感じる。子ども時代に自分を表現したのに「見て」もらえなかったら、魂は「ないがしろにされた」と感じるだろう。「認めてもらえないこと」が、自分の好みや進むべき道がまだわからない段階で、誰かによって将来が選ばれ、決められている、という形を取ることもある。そんな経験を重ねるうちに、人は自分の気持ちを信頼したり、自分の本能的な欲求に従ったりするすべを学べなくなる。

今この本を読んでいる子育て中の人たちは、心に留めておいてほしい。子どもたちは直感や本当の自分《コア・セルフ》とつながることにかけては、私たちより優れている。大人は、とめどない思考にまみれ、あっけなく迷子になってしまう。しかし子どもたちはまだ直感力が極めて強く、彼らの世界は流動的で、今なお構築中だ。子どもたちが探求できる安全で開かれた場を提供すれば、あなたも自分自身や、一人一人が持つ可能性について学べるだろう。そうした可能性は、本当の自分を自由に表現すれば開かれる。

タイプ3 ―― あなたを通して人生を味わう、あなたを型にはめる親

このタイプの親は、一般的には「ステージ・ママ」「ステージ・パパ」として知られている。名声や業績や注目に対する自身の欲求を満たすために、子どもを女優や歌手にしようと躍起になって後押しする人たちのことだ。このタイプは芸能界（や不当なことに母親）を連想させることが多いが、こうした行動はステージに限ったものではない。

ステージ・ママやステージ・パパをけなすのは簡単だ。ポップカルチャーにおいて彼らは、あからさまな虐待者として描かれることが多いからだ。たいていの場合、子どもの成功を後押しする行動は、親としての自然な本能（プライド）に基づいている。残念ながら、わが子の成功を後押しする動機が未解決なトラウマの場合は、プライドが事態を悪化させる。子どもを通して人生を全うする親は、「私は『出来損ない』だ」「僕には何かが足りない」のような根深くてつらい思い込みを抱えており、その「核となる信念／思い込み《コア・ビリーフ》」を子どもに投影することが

多い。たとえば、ある父親はバスケの選手になりたかったけれど、大学のチームに入る前に脚を骨折してしまった。あるいは、ある母親は医師になりたかったけど、その道が閉ざされていたから看護師になった。その結果、子どもは「成功しろ」という息が詰まるほどのプレッシャーを感じ、親を喜ばせるために、本当の自分の一部を捨ててしまう。けれど、別の人間の成功を通して自分の正当性を立証しようとしても、最終的に親の側は落胆する羽目になる。また、子どもの側も、別の人間の満たされない欲求を満たすために、自分の欲求をおろそかにしたことで、大きな憤りを覚える。本来の自分の欲求を否定すれば必ず、憤りがわいてくるものなのだ。

こうして自己を喪失した影響は、大人になってからさまざまな形で現れる。深刻な優柔不断や先延ばし、もしくは「成功したい」という異常なまでの欲求として現れるのを、私はたびたび目にしてきた。誤解のないように言っておこう。ステージ・ママやステージ・パパが、何らかの目的を持って活動している場合もある（お金もうけのために子どもをステージに上げる、とたたかれがちなハリウッドの親たちを連想するだろう）。でも、多くの場合、親は「子どもの人生をよくしたい」と心底願って行動している。子どもを型にはめる行動は、実にさまざまな形を取るが、親が自身の望みや欲求、願望を絶えず子どもに投影している場合に起こる。「あの子と遊んじゃダメ」と吹き込んだり、学校でどの科目を頑張るべきかを指図したりするのもその一例だ。「あなたはいつか最高のママになるわ」とささやくような、さりげない形を取ることもある。完全に無意識なプロセスで行われることも多いので、親たちはおそらく、それが問題行動かもしれないなんて夢にも思っていない。それどころか、多くの親は、愛情ゆえの行為だと考えている（そして、本人にとっては、おおむねその通りだ）。時折、（弁護士や医師など）昔から好ましいとされる職業に就いている人たちが、悲惨な結果に見舞われることもある[32]。合わない仕事に苦しんで、お酒に逃げたり大量の砂糖を摂ったり、メンタルヘルスに問題を抱えたり、極端な場合は、自死してしまうこともある[33][34]。

タイプ4 ―― 境界線のお手本を示さない親

境界線とは、その人の限界を明確に定めるものだ。子どもたちは、本能で境界線を理解している。境界線に反応し、自分の境界線をはっきりと示し、他人がどう反応しようが、最後まで境界線を守ることができる（よちよち歩きの子どもを観察すると、イヤなものに対しては、本能的に「イヤだ」と首を左右に振っているのがわかる）。

ところが、大人の中には境界線をほとんど持たず、持っている境界線を保つのにも苦労している人がいる。私たちの多くは、自身の境界線をどう使い、どう保つのかを十分わかっていない親に育てられた。そういう親は、適切な境界線のお手本を示すことができない。

セラピーでたびたび耳にするのは、子ども時代に親に日記を読まれた、という話だ。そうしてプライベートな空間に侵入した挙げ句、子どもを叱って恥をかかせたり、日記の内容を理由に罰を与えたりする（私も経験ずみだ）。こうした経験は子どもに「愛する人なら境界線を越えても構わないし、実際に越えるものだ」と教えている。たびたび境界線を踏み越えられると、子どもはそれを「『親密さ』や『愛情』の印だ」と思い込み、将来のパートナーシップにおいてもそうした行為を許すようになる。あるいは、まったく逆の行動に走って、プライベートな情報をひた隠しにし、守るようになるかもしれない。

もう一つ、よくある境界線を越える行為は、片方の親がもう一方の親の愚痴を子どもにこぼすことだ。何人かの患者が「子どもの頃に、（不倫やお金の問題など）親同士のプライベートな話を聞かされた」と話していた。子どもは友達ではない、と理解できていない親は、子どもに感情を癒やしてもらおうとする。その場合、子どもはプライベートな情報に圧倒され、もう一人の大切な親についてのネガティブな話を耳にしたことで葛藤を抱える。

タイプ5 ── 見た目にこだわりすぎる親

ご存じのように、「外から認められたい」という欲求は、大人になってもなくならない。それどころか、「好かれたい」「評価されたい」という強い欲求は生涯消えないだろう。子育て中の人が、この欲求をさまざまな形で子どもに投影することがある。中には、あからさまなものもある。たとえば、「ちょっと太りすぎじゃない？」と子どもに言ったり、わが子が常に「見栄えがいい」ことにこだわったりするのだ。子どもの髪型のようなささいなことを気にかけすぎるのも、その一例だ。その場合、子どもはあっという間に、自分の見た目には「好ましい」

部分とそうではない部分があることを学ぶ。こうして、「愛されるかどうかは外見次第だ」という生涯にわたる思い込みが植えつけられる。

同じような刷り込みが起こるのは、親が自身の見た目にひどくこだわって、過度なダイエットをしたり、身だしなみに極端に気を配ったり、無理な運動をしたり……といったお手本を示している場合だ。ある種の食べ物を「悪い」「太る」と見なす、友人や家族や有名人の体形やルックスを批評する、といった形を取ることもある。ただし、子どもに直接何かを言う必要はない。ご存じのように、誰かのコア・ビリーフがあまりに見た目重視な場合、子どもはそれに気づいてスポンジのように吸収するからだ。

そうした刷り込みがさらに大規模に観測されるのは、親が家の内と外とでふるまいを変えている場合だ。そうしたふるまいは子どもに、「人間は『ニセの自分』を持っても構わない」という視点を植えつける。一つ例を挙げよう。家の中では絶えず言い争い、怒鳴り合っている家族が、人前に出た途端に、仮面（マスク）を着けて、愛想のいい、あるいは、少なくとも丁寧な言葉遣いや態度を見せる。すると、子どもはすばやく学ぶだろう。生き延び、愛されるためには、どこにいるかによって――お手本で示された通りに――態度を変えなくてはならない、と。

タイプ6――感情をコントロールできない親

感情のコントロールとはプロセスである。感情を経験し、（ドラッグやアルコールやスマホや食べ物で気をまぎらわすのではなく）その感覚が身体を通過するのを許し、（「私は今怒っている」「僕は悲しい」のように）感情を特定し、それがやがて消えていくまで気持ちを落ち着かせていくプロセスだ。感情の手綱を握る練習をすれば、人生でさまざまなストレスに見舞われても落ち着いて、穏やかなままでいられるし、生理機能も基本《ベース》ラインに戻せる。

ほとんどの人は、自分の感情を特定できず、当然、コントロールもできない親に育てられた。それどころか親たちは、感情に打ちのめされたり、一度にいくつもの激しい感情を味わったりすると、どうすればいいのかわからなくなっていた。中には、強烈な感情のエネルギーを外に向け、叫んだり、ドアをバタンと閉めたり、物を投げたり、猛烈な勢いで出ていってしまう親もいる。あるいは、感情を内に向け、自分の殻に閉じこもる――たとえば、押し黙ったり、誰かを無視したりする――ような親もいる。無視という行動を取るのはたいてい、親が感情に圧倒された結果、心の距離を取り、子どもへの愛情を引っ込めてしまうときだ。ある体験にまつわる感情の手綱を握れずに、親が子どもと関わるのをやめて、子どもを締め出してしまうのだ。

「セルフ・ヒーラーズ」のメンバーの多くは、この話がよくわかるという。中には、親が「無視」を罰に使う現象に、自分の体験を重ね合わせる人もいる。私たちのヒーリング・サークルでは、人々が、子どもと関わらなくなった親の話をしていた。自分に話しかけるのをやめた親、ほかの家族を使って自分を拒絶した親。愛する人が感情のマネジメントをする代わりに、子どもと関わるのをやめた場合、感情のコントロールがまったくできていない状態が、私たちのお手本だ。だから、自分で感情面のレジリエンスを高められるような、コーピングスキルを身につけていない人が多いのだ。

トラウマに対処する「コーピング理論」

「おまえはブタよ！　白人の落ちこぼれ！　家族の恥よ！」。私は母にそうひどく怒鳴られたことがある。

あの恐ろしい瞬間は、長年感情を抑え込んできた母が、珍しく爆発した事件の一つだ。事が起こったのは、姉の結婚式のあとだ。私は花嫁の主介添人《メイド・オブ・オナー》を務め、大学の三人の親友を披露宴に招くことを許された。その親友の一人がたまたま、当時ひそかにつき合っていたケイティだった。

誰も、友人たちですら、ケイティと私がデートしていることを知らなかった。もちろん、二人とも恥ずかしいことだなんて思っていなかったけど、私にとっては初めての同性の恋人で、世間に公表する必要があるとは思えなかったし、ましてや一度も深い話をしたことのない家族に打ち明けるつもりはなかった。披露宴の朝、私は友人たちとお酒をたくさん飲み始めた。「父と娘のダンス」を見ながら、自分がグスグス泣きじゃくっていたことを覚えている。これはきっと友人たちにも家族にも、奇妙に見えたはずだ。私は結婚式の伝統なんてどうでもいい、というタイプだから。けれど私の心は、深い喪失感にさいなまれていた。私はパパにこのダンスをプレゼントしてあげられない。伝統的な結婚式を挙げることすら絶対にない！　その晩はさらに落ち込んで、私はどんどん悲しくなって、ますます自分の殻に閉じこもっていった。

ケイティも酔っ払って、私のよそよそしい態度に気を悪くしていた。「踊ろう」と誘ってくるたびにすげなく断わっていたら、キスしようとしてきたので、「やめて」と目配せしたところ、腹を立ててダッと駆け出した。そのあと一悶着あったせいで、披露宴会場にいた全員に、私たちがそういう関係だとバレてしまった。

私は現実から目をそらしていたから、「うまく切り抜けられた」と信じていた。その晩も翌日も、誰もケイティの話をしなかったから。

1ヵ月ほど経ったある日のこと。ニューヨーク州北部のコーネル大学に戻っていたら、母がアポなしで突然現れた。あの日、母は父を乗せて車を飛ばし、4時間以上かけてフィラデルフィアからやってきた。私が玄関に出ると、部屋に飛び込んできて、先ほどのひどい言葉を浴びせた。アパートから追い出そうとしたけれど、母は怒鳴り続けた。あまりの大声に隣の人が出てきて、助けが必要かどうか確かめていた。私は母を建物の外へ連れ出し、父が乗っている車に押し込んだ。父はただうつむいて座り、何も言わなかった。私は不意を突かれてあ然としていた。母があんなに感情をあらわにしたのは、初めてではなかったにしろ相当珍しかったから、大爆発に父も私も動揺してしまった。

数ヵ月後の夏休みに実家に戻ったところ、母は、私がいないかのようにふるまった。私が幽霊で目に見えないから、するりとすり抜けられるかのように。廊下ですれ違うと、頭を上げたまま、私の向こう側に視線を向けて通り過ぎた。父は母のだんまりに調子を合わせていたけれど、話しかけてはくれた。このとき、子ども時代のトラウマをはっきりと自覚した。私は何の価値もない人間で、愛されていない。存在すらしていない。ひどく恐れていることが現実化して、なんだかホッとしている自分がいた。生まれてこのかた、私はずっとこんな事態のために訓練を積んできたのだ。私の「宇宙船」が作動していた。

感情を見せない状態は何週間も続いた。そんなある日、母が出し抜けに、また私に話しかけてきた。そして、私との間に何事もなかったかのようにふるまった。私の性的指向《セクシュアリティ》について改めて話し合ったことはないけど、その後の私の恋人たちを、母は全面的に受け入れた。それ以外の行動を取ったことなど、過去に一度もなかったみたいに。それどころか、あのやりとりについて一度も話をしたことはない。母の身体が、長年抑え込んできたありとあらゆる感情を一斉に噴出させたせいで、巨大で破壊的な感情の大爆発が起こってしまった。最終的に騒ぎが収まった頃には、母は自分があんな反応をしたことが信じられない様子だった。あんなふうに感情を表現することができたなんて。

大人になったばかりの頃は、誰かとつき合ったり別れたりしていたけれど、感情的に反応したかと思えば感情の引きこもりになる、いわゆる「押し引き」の関係に陥っていた。私は心の距離を取れる、あまり心を開かずにすむような関係を選ぶことが多かった。それでいて、「つながりたい」という感情的な欲求や深い願いが満たされない状態が続くと、感情的になって頻繁に電話やメールをし、かんしゃくを起こしては、けんかをふっかけた。そして、ようやく強く求めていた感情的な反応が返ってくると、今度は圧倒されて距離を置き、連絡を取るのをやめる。子どもの頃に学んだ通り、幽霊になるのだ。当然二人はうまくいかなくなるけれど、相手のせいにしていた。今にして思えば、本当は、私が条件づけされたパターンにはまり込んでいただけ。それが私のコーピングであり、心の葛藤に対処し、手綱を握る手段だったのだ。

1984年、ストレスと感情を研究していた二人の革新的な心理学者――カリフォルニア大学バークレー校の教授だった故リチャード・ラザルスと、カリフォルニア大学サンフランシスコ校の教授だったスーザン・フォークマン――が「コーピング理論」を提唱した。二人はコーピングを「その人の資源《リソース》を超える外的・内的な要求に対処するための、絶えず変化する認知行動上の努力」と定義していた[35]。つまり、コーピングとは、ストレスが生み出す心身の強い不安に対処するために学習された戦略のことだ。

ラザルスとフォークマンは、「適切なコーピング」と「不適切なコーピング」について説明している。適切なコーピングとは、真正面から問題に取り組む、ネガティブな思考を変えるなど、安心感を取り戻すために取る行動をいう。ここでの鍵になるのは、積極的になること。適切なコーピングには努力と、意識的に不快感を認識することが求められるのだ。ただし、適切なコーピングは、手本を示されたり、使い方を教わったりしない限り、なかなか使えないだろう。

不適切なコーピングは、たいてい親を通して学習される。不適切なコーピングを行えば、不快感から一瞬気をまぎらわしたり救われたりするし（たとえば飲酒によって。私が姉の結婚式でそうだったように）、感情的な反応を避けたりもできる（解離しているときの私がそうだったように）。でも、こうして苦痛をやわらげているうちに、本当の自分からさらに遠ざかってしまう。

人がある環境にどう対処するかは、その環境よりむしろ、ストレスに対してどんなコーピングを条件づけされているかに関係している。たとえば、二人の人間（ソニアとミシェル）がストレスフルで成果主義のまったく同じ仕事をしているとしよう。ソニアは、ストレスを適切なコーピングで解消している。定期的にジムに通ってストレスを発散したり、親友に電話して支えてもらったりしているのだ。ところが、同じストレスと闘っているミシェルは、お酒で意識をもうろうとさせ、現実逃避をしている。その瞬間は気分がよくなっても、翌朝目覚めたときには頭がぼんやりして、うつろでみじめな気分になっている。ストレスも恥の意識もいっそうふくらんで、不適切なコーピングによる悪循環が続いてしまう。

私はクリニックで、不適切なコーピングを数多く目にしてきた。最もよく見かけるのは、次のようなものだ。

・**他人の機嫌を取ること**：相手の要求を満たせば、ストレスは（一時的に）消える。
・**怒り／激怒**：感情を他人にぶちまければ、ストレスは解消される。
・**解離**：ストレスフルな出来事の間は、「身体を離れて」いるから、トラウマを「体験」しなくてすむ。性的な面では、あまり興味のない相手とセックスしてしまうことも、解離の一つに数えられる。あるいは、パートナーを性的に満足させるために尽くして、自分自身の喜びには気づかない、注意を向けていないというケースもある。

こうしたコーピングを行うと、過去のトラウマを繰り返したり追体験したりせずにすみ、目の前の苦しみを先送りできる。ただし、自分の身体的、感情的、精神的な望みや欲求を十分に満たす助けにはならない。欲求が満たされない状態が続くと、苦しみや分離は悪化する。自分を守るつもりが、自分への裏切りにつながっていくのだ。私たちはこのループに、簡単にはまり込んでしまう。未解決のトラウマに不適切なコーピングを行い、自分を否定し続ける――という悪循環のせいで、苦しみが心身で生き続け、それが原因で病気になることもある。

変化のポテンシャルを高める二つのステップ

私たちはみんな、未解決のトラウマを抱えている。すでにお話ししたように、心に何が刻み込まれるかを決めるのは、出来事そのものの過酷さよりも、それに対する自分の反応だ。打たれ強さ《レジリエンス》は、条件づけを通して学習される。幼い頃に親から手本を示してもらえないと、一生学べないかもしれない。ただし、トラウマを解決する「ワーク」に取り組めば、レジリエンスを高められる。それどころか、その経験が大きな変革のきっかけになるだろう。

「セルフ・ヒーラーズ」のコミュニティでトラウマに関する情報をシェアすると、多くのフィードバックが届く。みんなから「誰もがトラウマを抱えている、という意味ですか?」「どうすればわが子にトラウマを与えずにすみますか?」などと質問される。では、答えを言おう。トラウマは人生の一部だから、避けられない。あなたがこの世で最初に経験したこと――誕生――だってトラウマだった。もしかしたら、あなただけでなく母親にとっても。とはいえ、トラウマを経験したからといって、人生で苦労や病気に見舞われる、と運命づけられているわけではない。幼い頃の人生を形づくっていたパターンをわざわざ繰り返さなくてもいいのだ。「ワーク」に取り組めば、私たちは変われる。前に進めるし、癒やされる。

トラウマは普遍的なものかもしれないけれど、個人的なものでもあり、その人全体――神経系、免疫反応、生理機能のあらゆる領域――に影響を及ぼしている。一人一人違った形で。心身を癒やす第一歩は、自分が何に対処しているかを知ること。そう、未解決のトラウマを明らかにすることだ。第二のステップは、そのトラウマの長期的な影響と、自分が学習したコーピングが、いかに自分を行き詰まらせているのかを理解することだ。

Work 子ども時代の傷を明らかにする

自分の子ども時代の傷や抑え込んだ感情に気づくために、親のタイプ別に作成した次のひな型を使って、じっくり考え、書く時間を取ろう。あなたの心に響く経験だけに反応すること。未解決のトラウマを抱えている人の多くは、私自身もそうだが、あまり記憶を持っていないので、問いの中には答えるのが難しいものもあるだろう。頭に浮かんだどんなことも、掘り下げてみよう。

タイプ1 ―― あなたの現実を否定する親

子どもの頃に、親に考えや感情や経験を伝えにいったところ、否定するような反応をされたときのことを思い出そう。たとえば、「そんなことあるはずがない」「大したことじゃないだろ」「忘れてしまいなさい」のような反応をされたかもしれない。少し時間を取って、子どもの頃の自分自身とつながって、親からそんな反応をされたときに感じた気分を掘り下げてみよう。振り返るきっかけとして、この日記のひな型を使って自由に書いてほしい。

子どもの頃、親が……………………とき、

私は……………………感じた。

タイプ2 —— あなたに目も耳も向けてくれない親

子どもの頃、親に認められたかったけど、相手が気もそぞろだったり、忙しかったり、何らかの理由で認めてもらえない、と感じたときのことを思い出そう。少し時間を取って、「見てもらえない」「聞いてもらえない」と感じた当時の状況を書き出そう。そして、関心を得るために、自分がどんな努力をしたかを思い出して書こう。「親を楽しませる」行動を取ったり、「感情をあらわに」したり、殻に閉じこもったりしただろうか？　振り返るきっかけとして、このひな型を使って自由に書いてほしい。

子どもの頃、親が……………………とき、

私は……………………感じた。

それに対処するために、私は……………………。

タイプ3 —— あなたを通して人生を味わう、あなたを型にはめる親

子どもの頃に、自分が何者か（あるいは、何者でないか）について、メッセージを受け取ったときのことを覚えているだろうか？　親から「おまえはお母さんに似て、とても神経質だな」「家族に自慢に思ってもらいたいなら、オールAを取らなくちゃね」などと言われたことはない？　あなたはその目標に、親と同じだけの情熱を持ち、全力で取り組んだだろうか？　それとも、親を喜ばせたいから、「やってるふり」をしている気分だった？

少し時間を取って、子どもの頃に自分自身について受け取ったさまざまなメッセージを書き出そう。また、親があからさまに、あるいは、それとなく表現した願いからさまざまな影響を受けたことを書き出そう。振り返るきっかけとして、このひな型を使って好みのノートやスマホのメモに、自由に書いてほしい。

・私は自分自身について、子どもの頃、次のようなメッセージを受け取った。
・私は子どもの頃、親が、私について次のように願っていることを知っていた。

タイプ4 ── 境界線のお手本を示さない親

少し時間を取って、境界線をめぐる子ども時代の経験や、境界線を侵されたときのこと、さらには、親が手本を示したさまざまな境界線（や境界線のなさ）について、思い出そう。振り返るきっかけとして、次の質問をもとに自由に書いてほしい。

・子どもの頃、あなたは遠慮なく「イヤだ」と言っていただろうか？　それとも、親から、一定のふるまい方を指図されていた？

・子どもの頃、親は、人間関係において、時間やエネルギーや資源《リソース》に明確な境界線を設けていたか？

・子どもの頃、親は、あなたのプライバシーを尊重していたか？　それとも、侵害していたか？　プライバシーの侵害には、日記を読む、電話に聞き耳を立てる、その他こっそり詮索《せんさく》するような行動が含まれる。

・子どもの頃、親は、自身がそこに加わらずに、あなたが出会った人たちと会話したり、交流したり、何かを経験することを許していたか？

タイプ5 ── 見た目にこだわりすぎる親

子どもの頃、私たちの多くは自分の見た目について、直接的、間接的にメッセージを受け取っていた。親からは、見た目のある要素について、直接批評されていたかもしれない。たとえば、「髪は下ろしておくべきよ」「太ももが太くなってきたね」「お代わりするのはやめておいたら？」「そんな服を着なければ、もっと素敵に見えるのに」など。時にはそういう発言が、ほかの人たちに向けられることもあっただろう。親が誰かの見た目についてコメントし、ある要素をほめて、別の要素をけなしていたかもしれない。親自身が外見に注意を払い、習慣的に行っていたことも、何が好ましくて何がそうでないのかという思い込みや価値観のお手本を示していた。子ども時代を振り返るきっかけとして、次の質問をもとに自由に書いてほしい。

・子どもの頃、見た目に関して、あなたが受け取ったメッセージはどのようなものだろう？

タイプ6 ── 感情をコントロールできない親

心の健康の最も重要な要素の一つは、自分の感情をいかにコントロールし、処理するかだ。子ども時代に、人は親がどのように感情を表現するのか（もしくは、しないのか）を見ることや、自分が感情を表現したときに親がどのように反応するのかを通して、感情のコントロールを学ぶ。少し時間を取って、子ども時代に感情がどのように扱われていたかを思い返してみよう。振り返るきっかけとして、次の質問をもとに自由に書いてほしい。

・子どもの頃、親は、（怒りや悲しみのような）強い感情を抱いたとき、どのように反応していたか？　たとえば、ドアを乱暴に閉めたり、感情を爆発させたり、叫んだり、誰かを「無視」したりしていただろうか？
・子どもの頃、親は、特定のコーピングを持っていたか？　たとえば、買い物に行って浪費したり、アルコールや薬物などを使用したり、ある（もしくは、すべての）感情を徹底的に回避したりしていただろうか？

・子どもの頃、親は、強い感情を抱いたとき、あなたや周りの人たちとどんなコミュニケーションを取っていただろう？　たとえば、相手を罵倒《ばとう》したり、責めたり、恥をかかせたり、無視したりしていただろうか？

・子どもの頃、強い感情を抱いたあと、親は、時間を取って何が起こったかを説明したり、起こったことに対する感情をあなたが処理できるよう手を貸したりしてくれただろうか？

・子どもの頃、私は感情全般について、あるいは、とくに私の感情について、次のようなメッセージを受け取った。

Chapter 4

トラウマが身体を乱す

私の限界は、少なくとも身体的には、気絶した——意識を失った——日に訪れた。

もう何年にもわたって、神経系が生理的にアンバランスな状態に陥る「調整不全」の症状が現れていた。症状がひどくなるたびに、もぐらたたきゲームのように、それぞれの問題を個別に解決しようとしていた。たとえば、「解離」は性格の問題だと考えて、「なんて忘れっぽいんだろう！」と思っていた。「不安」は遺伝子とそのときの状況のせいだ、と自分に言い聞かせていた。「ニューヨークシティで独り暮らしをしてるし、ママが病気だから」と。そういうわけで、つらい時期を乗り越えるために、精神科で薬をもらっていた。「頭痛」も遺伝だし、「頭がぼんやりする」のは働きすぎのせいだ。ひどい「便秘」の理由はよくわからないけど、またしても母と姉によく似た症状があると知って、深く考えるのをやめた。代わりに、便通にいいというビールやプルーンジュースをごくごく飲んで、市販薬を山ほど飲んだ。どれもこれも別個の治療法を持つ別個の問題で、何のつながりもない、と思っていたからだ。

「注意を払え！」という身体の叫び

ちょうどその頃、ニューヨークシティからフィラデルフィアに引っ越した。「フィラデルフィア精神分析研究所」で、博士課程修了後《ポスドク》の精神力学の研究に取り組むためだ。前より実家に近くなったので、何年も離れていた家族とわりあい頻繁に会うようになった。それと同時に、精神分析医のもとに週1か時には週2で通って、サイコセラピーの研究を補ったり、長らく忘れていた子ども時代のトラウマのかさぶたをいじったりし始めた。セラピーのおかげで、うちの家族の関係性がどれほどいびつなものだったのか、理解できるようになった。家族が家族以外の人たちを「異質なものと見なしていた」ことや、世間には必死で調和と結束の顔を見せながら、実は恐れと不安のフィードバックループの中で暮らしていたこと。気づいたのは、母が心からの思いやりや愛情を示すのが下手だったことだ。それは欠乏――物質的な欠乏だけでなく、感情的・精神的な欠乏――からきていて、母を育てた人たちが原因だった。彼らは一度も愛情を示したことがなかった。どうやら私の防御メカニズム――よそよそしさ、完璧主義、感情の麻痺――は、根深い苦しみを抱えた母から受け継いだもので、トラウマに対する条件反応だった。

この気づきは容赦ない事実で心がざわざわしたけれど、気持ちの持っていき場もなくて、勢いロリーとのゴタゴタを求めた。けんかをふっかけては彼女を追い払い、本当に出ていかれると震え上がった。思えばこれは、長年ほかの恋人たちと繰り返してきたパターンだった。よそよそしくふるまっては、距離が離れすぎると必ずパニックに陥る、という悪循環の繰り返し。そうして間もなく、気を失うようになった。

初めて倒れたのは、幼なじみのアマンダのマンションで、引っ越し祝いのパーティーが開かれたとき。（なぜ子ども時代の友人の家で起こったのか、今ならわかる）。暑い夏の日だった。アマンダのマンションにはプールがあって、本人はみんなに見てほしくてわくわくしていた。ところが、プールサイドを歩いていると、気分が悪くなってきた。太陽がカッと首の後ろに照りつけて、汗が出てきた。突然頭がくらくらして、空がくるくる回っているように見えた。「こら、ニコール。しっかりして」そう思ったのを覚えている。

目を開けると、ロリーとアマンダが心配そうに見下ろしていた。

「大丈夫？」とロリーが言い、救急救命士の訓練を受けたアマンダが、認知状態をチェックした。コンクリートで頭を強打したのを見て、脳しんとうを心配したのだ。私は「大丈夫」と言い張った。強いめまいがして、少し吐き気もしていたけど。

この転倒で、「そういうことか！」と気づくべきだったけれど、そうはならなかった。突発的な事故だと考えて、いつものように不安定でよそよそしい私のまま、仕事に戻った。そのうち、認知に関するほかの問題に気づくことが、どんどん増えていった。当時の私は、しっくりくる言葉が見つからずに困ることがよくあった。そしてあるときなど、セラピーの最中に、それまで何の話をしていたのかまったくわからなくなった。数分間にわたって沈黙し、患者に平謝りに謝った。

そしてその後、また気を失った。その年のクリスマス休暇は、ロリーと一緒にうちの家族とかなりの時間を過ごしていた。みんなで牡蠣《かき》の殻をむくナイフを買いに出かけたときのこと。ホームセンターに入るとめまいがして、「店の照明が強すぎる。なんて暑いんだろう」と思ったことを覚えている。

またしても、心配そうな人たちの顔を見上げる羽目になった。

明らかに、私の神経系が何か深刻な問題を抱えている。このときばかりは、身体が「注意を払え！」と大声で叫んでいたから、私はついにその通りにした。

トラウマとストレスと病気のつながり

精神的な症状を訴えて私のオフィスにやってくる患者はもれなく、さまざまな病気の原因となる基礎疾患を抱えている——と言っても過言ではない。未解決のトラウマは、その人の存在そのものに編み込まれているのだ。

ＡＣＥからもわかるように、トラウマは鬱病や不安をはじめ、心臓発作やがん、肥満、脳卒中に至るまでさまざまな心身の問題をつくりやすい。研究は明確に示している。未解決のトラウマを抱えた人たちは、病気になりやすく、早死にしやすい。
トラウマが身体に及ぼす影響は実にさまざまで複雑だが、身体の機能不全は、つまるところ、ある共通点にたどり着く。ストレスだ。ストレスとは、単なる心の状態ではない。ホメオスタシス――身体、感情、精神のバランスを保つ働き――に「もっと働け」と促す体内の状態のことだ。脳が「障害物や脅威を乗り越えるだけの資源《リソース》がない」と感じると、生理的なストレス反応が生じる（未解決のトラウマの場合は、たいていそうなる）。依存症とストレスの専門家で、『身体が「ノー」と言うとき――抑圧された感情の代価』（日本教文社）をはじめ、多くの本を書いたガボール・マテ博士はこれを「ストレスと病気のつながり」と呼んでいる[36]。

私たちがストレスを感じると、身体は、ホメオスタシスを保っていた――健康でバランスの取れた幸せな場所にいた――リソースに、「守ってくれ」と求める。ストレスは避けようがない（避けようとすれば、ストレスを感じるだろう！）。たとえば、標準的なストレスは人生の一部だ。誕生、死、結婚、別れ、失業……どれもこれも人生経験の一つだろう。ストレスに適応するために、コーピングを身につければ、心理的・生理的な基本状態に戻ることができる。たとえば、周りにサポートを求めたり、自分をなだめる方法を学んだりして、たびたび行き詰まる神経系がホメオスタシスに戻れるよう支えることはできる。こうして、基本的なバランスが崩れたあとにまた元に戻るプロセスは、「動的適応性《アロスタシス》」と呼ばれる。アロスタシスのおかげで、人は生物としての回復力を高めることができる。

身体のストレス反応は、「闘争・逃走メカニズム」と呼ばれることが多いので、みなさんもよくご存じだろう。闘うことと逃げることは、ストレスに対する身体の本能的・自動的な反応のうちの二つだ（三つ目は「凍りつき」。これについては、のちほど詳しくお話しする）。現実であれ頭の中であれ、恐ろしいことに遭遇すると、脳の恐怖の中枢である扁桃体《へんとうたい》が活性化する。いったん活性化すると、扁桃体は身体全体に「攻撃されている」というメッセージを送り、身体のさまざまな組織に、生き延びるために必要なリソースを動員するよう促す。

標準的なストレスは私たちが成長し、適応する助けになるけれど、慢性的なストレス――しつこく続くストレス――は人間をクタクタにし、身体のあらゆる組織に害を及ぼす。常にストレスを感じてホメオスタシスに戻れない場合――適切なコーピングを学んだり身につけたりしていない、ストレスが強烈すぎて対処しきれない、といった場合――身体はある組織を過剰に活性化させ、別の組織を抑えつけてしまう。慢性的なストレスを抱えると、副腎がコルチゾールやアドレナリンなどのストレスホルモンを、絶えず放出するようになる。

免疫系と胃腸のトラブルは心が起こす？

また、ストレスは、身体の免疫系を活性化させ、過剰に警戒するよう駆り立てるので、「トラブルになるかも」と感じただけで、身体が反応するような態勢をつくってしまう。免疫系は、子宮内にいた胎児の頃から生涯にわたって、私たちの行動や習慣から学んでいる。だから、「常におびえた状態で暮らしている」というシグナルを受け取ると、全身に炎症を起こす化学物質を繰り返し送るようになる。こうした化学物質が着火剤となって、身体のバランスがうまく取れない平衡失調や機能不全のさまざまな症状を引き起こし、自己免疫疾患や慢性痛、さらには心臓病やがんなど、さまざまな病気のリスクを高める[37]。

サイトカイン——細胞間の情報伝達を調整する分子——は、そうした炎症性化学物質の一つだ。サイトカインは、けがや有害な侵入者に遭遇すると、反応するよう免疫系を刺激する。病気のときに誰もが経験する炎症症状——発熱、発汗、発赤、痛み——は、サイトカインが原因で起こる。だから、サイトカインが過剰反応して身体を「猛攻撃」したら、致命的な結果をもたらしかねない。

免疫系が、サイトカインのような炎症性化学物質の使い道をしょっちゅう間違えていたら、本当の病気に対応する身体の能力が低下してしまう。同時に、炎症が全身に及んで、脳にも悪影響を及ぼしかねない。ストレスやトラウマが免疫系や脳に与える影響は重大なので、科学者たちは「精神神経免疫学」という心身のつながりを調べる新たな分野を立ち上げた。脳の炎症は、鬱病や不安から明らかな精神病に至るまで、さまざまな心理的機能不全や精神疾患で確認されている。

こうした深刻な結果をもたらす可能性を思えば、過剰な闘争・逃走反応に対処することはとても重要だ。闘争・逃走反応にはまり込んで抜け出せなくなると、免疫系は全身の炎症反応を活性化させ続ける。ベッセル・ヴァン・デア・コーク博士は『身体はトラウマを記録する――脳・心・体のつながりと回復のための手法』の中で述べている。「トラウマが解決されない限り、身体が自らを守るために分泌するストレスホルモンが体内を循環し続ける」[38,39,40,41]と。また、身体はトラウマによる「内なる混乱を抑制」したり、活性化された闘争・逃走反応を抑えたりするのに、過剰なエネルギーを注がなくてはならないので、ますます調整不全の状態に追い込まれる。それが何度も繰り返されるという、生理的な悪循環に陥ってしまうのだ。

ストレスは、胃腸をはじめとした身体の全組織に影響を及ぼしている。不安を感じている人たちが胃腸の問題をよく訴えるのは、決して偶然ではない。ストレスを感じたりおびえたり不安を抱えたりしていると、身体は食べ物をうまく消化できなくなって、長く抱えすぎる――便秘になる――か、早く手放しすぎる――過敏性腸症候群（ＩＢＳ）や下痢を起こす――のだ。ストレスは食べ物の選択や、腸内フローラ（腸内微生物叢《びせいぶつそう》）の構成にも影響を及ぼしている。腸内フローラは脳と絶えず連絡を取り合っている（これについては、第5章で詳しくお話ししたい）。腸がうまく働かないと、身体は必要な栄養素を摂取できなくなる。食べた物をすばやく分解できなかったり、処理し始める前に排出してしまったりするからだ。消化器系がしっかり機能していないと、身体のあらゆる領域が病気にかかりやすくなる。

ストレスと病気のつながりは、抑圧されている人たちをとくに苦しめている[42]。抑圧的な環境は個人に絶え間ないトラウマ状態を強いるため、慢性的なストレス反応を延々と引き起こしてしまう。圧制と身体的疾患・精神的苦痛に悩む割合の高さとのつながりが実証されているのは、何ら不思議なことではない。研究によると、BIPOCは鬱病や不安を抱える割合が高く、高血圧、動脈硬化、腰痛、がんになりやすい。ある深刻な調査結果がある[43]。この調査では、黒人の女性グループが日常生活で受けている差別の程度を調べたあと、6年間にわたって追跡調査を行った。すると、差別をより多く報告した人たちのほうが、そうではなかった人たちよりも乳がんにかかるリスクが高かった。私たちは、構造的な抑圧の幅広い影響について、まだ理解し始めたばかりだ。幸い、こうした差別の後遺症を調査した文献は増えている。結局のところ、すべての研究が、この事実を確認している――人種差別、偏見、偏見に基づく憎悪は身体の細胞に入り込み、身体を根本的、破壊的に変え、それが世代を超えて受け継がれる。人種差別の影響は、血肉となって残るのだ。

迷走神経が迷走？「ポリヴェーガル理論」入門

ここまで見てきたように、未解決のトラウマは、不適切なコーピングと相まって、身体に生理的な影響を及ぼしている。ストレスは、あなたの現実を変えるのだ。あなたの宇宙に、ストレスが影響を及ぼしていない部分など一つもない。刈ったばかりの草のにおいが、不意にあなたを子ども時代のトラウマの中に放り込むかもしれない。見知らぬ誰かの顔に、わけもなく身構えたり怖くなったりするかもしれない。子どもの頃に観たホームコメディのテーマソングが流れた途端に、胃がむかむかしだすかもしれない。アメリカ在住のＢＩＰＯＣなら、通りを歩いたり、ニュースで自分によく似た誰かが毎日のように暴力を受けている姿を観たりしただけで、トラウマ反応が起こるかもしれない。中には、一度も安心したことがない、という人もいる。空が今にも落ちてくるんじゃないか、といつもおびえているのだ。

フィラデルフィアに引っ越して数年後に、ひどいパニック発作で失神するようになった頃は、自分がストレスを抱えていることはわかっていても、「なぜ気を失うんだろう？」と困惑していた。身体がこれほど強烈に反応するほどの、恐ろしいストレスが見当たらなかったからだ。差し迫った脅威もないのに、私の身体はなぜこんなに激しく反応しているのだろう？

のちに、精神科医のスティーヴン・ポージェス博士の「ポリヴェーガル（多重迷走神経）理論」を研究し始めると、トラウマと身体のストレス反応にまつわる画期的な知識を得ることができた。そして、なぜいきなり自分が倒れるようになったのかもわかった。ポリヴェーガル理論のおかげで理解できたのだ。トラウマが体内に宿って、私の世界を形づくり続けている、と。

「ポリヴェーガル」という言葉は、脳と腸をつなぐ「迷走神経」を指している。迷走神経は多くの知覚線維に枝分かれし、身体の残りの部分――脳幹から心臓、肺、生殖器、その他すべての領域――へと広がり、主要なすべての臓器を脳につないでいる。この神経がどこを走り、どんな機能を持つかを知れば、なぜストレスを感じると身体がこんなにすばやく反応するのかがわかる。なぜ昔の恋人に出くわすと心臓がドキドキするのか？　なぜパニックになると息切れするのか？　そして、なぜ私は突然倒れ（意識を失い）始めたのか？

人がホメオスタシスの状態にあるとき、迷走神経は「中立のブレーキ」の役目を果たし、その人を穏やかに大らかに保ち、かなり社交的にしてくれる。一方、迷走神経が活性化して防衛の態勢に入ると、直ちに闘争・逃走反応が現れる。

副交感神経優位の「社会的関与モード」

私が治療する人の大半は、ほとんどいつも闘争・逃走モードで生きている。このストレス反応は、いわゆる「自律神経系」の自動機能だ。自律神経系とは、心拍、呼吸、消化といった不随意機能を調整する神経系の一部だ。

自律神経系は、身体のリソースの適切な配分を司り、常にヒントを求めて環境を見渡している。ここでは用心すべきだろうか？　これは危険な状況だろうか？　この人は敵か味方か？

自分はどんな脅威にも対応できるよう、十分な水分と食料を摂取しているか？　自律神経系は「ニューロセプション」――いわゆる「第六感」――を使っている。ニューロセプションは、私たちのあずかり知らないところで働き、環境を評価しては、人や場所や物事を「安全」か「危険」かに振り分けている。

自律神経系が状況を安全だと判断すると、迷走神経は身体に「リラックスしろ」と伝える。すると、副交感神経系――いわゆる「休息と消化」のシステム――が作動する。迷走神経が心臓に「落ち着いて」と合図を送り、消化機能はかいがいしく働き、栄養素を身体に適切に分配する。肺はふくらんで、さらに酸素を取り込む。この穏やかな状態のとき、人は「社会的関与」のモードに入る。つまり、安心・安全な気分で、他人とたやすくつながれる状態になるのだ。

社会的関与モードに入ると、人はさらに魅力的で友好的な雰囲気を醸し出す。笑顔は心からのものに見えるし（迷走神経は顔の筋肉とつながっている）、声も耳に心地よく響く友好的なものになる（迷走神経は喉頭ともつながっている）。聴力が向上するのは、迷走神経が中耳の筋肉とつながっており、筋肉が広がって穏やかな人間の声がよく聞こえるようになるからだ。唾液腺さえ活性化され、周りの世界とつながるための最も強力な道具――口――の動きを滑らかにしてくれる。

こうして受容力が高まり、副交感神経が働いている状態のときは、リソースは脳のより高度な実行機能に割り当てられる。たとえば、将来の計画を立てる、自身のモチベーションを上げる、問題を解決する、感情をコントロールする、といった事柄だ。生き延びるのに必死な状態ではないから、自由に本当の自分になることができる。それは、遊び、喜び、思いやり、愛、といった状態だ。私はそれを「学習脳」の状態、と呼んでいる——柔軟で、オープンで、穏やかで、平和で、好奇心が強い。どれもこれも、子どもの神経や行動が大きく成長するのに欠かせない状態だ。人は間違えるからこそ、そこから学べる。倒れるからこそ起き上がることができるのだ。

交感神経優位の「闘争・逃走モード」

危険を感じると、身体は交感神経によって活性化され、闘争・逃走反応の源である「活性化モード」に入る。東洋医学では活動時に優位になる交感神経を「陽」、休息時に優位になる副交感神経を「陰」ととらえている。

活性化モードでは、逃走神経が交感神経にSOSを送って心臓をさらに激しく速く脈打たせ、副腎のストレス反応を活性化させることで、コルチゾール値を上昇させ、体温を上げて汗をかかせる。

こうした警戒状態のとき、人は文字通り、別の世界を体験する。痛みに影響されることはなくなり、耳はより大きくて苦痛を覚えるような音にだけ集中し、嗅覚は微妙な違いをとらえなくなる。そして活性化モードのとき、人は見た目も変わる。どんどん目が死んでいき、眉間にしわを寄せて肩を丸め、防御の姿勢を取る。声色も不自然な、クタクタに疲れたようなトーンに変わる。中耳の筋肉が閉じて、高周波や低周波の音（いわゆる捕食者の音）しかとらえなくなる。すべての情報が「潜在的な脅威」というレンズを通して入ってくるのだ。ごく普通の顔が敵意を帯びて見え、おびえた顔には怒りがにじんでいるように見えるし、人懐っこい顔も怪しげに見えてくる。身体が戦闘への準備を万端に整えているのだ。これは進化の観点から見れば必要なことで、私たちが祖先から受け継いだものだ。野生動物や飢えや戦争、といった脅威に絶えず備えていなくてはならなかった時代に身についた、生まれながらの適応反応だ。実際にそのレベルの脅威に直面しているなら、どれもこれも役に立つし、身を守ってくれるだろう。ところが、日常のありふれた試練の中でも、それと同じ緊迫した反応が起こってしまう。たとえば、上司からメールが届いたときや、課題の提出期限が来たのにパソコンが壊れてしまったときなどに。

慢性的なストレスによる健康問題に加えて、過剰な交感神経の反応システム（いわゆる「迷走神経緊張の低下」）に苦しんでいる人たちは、厄介な問題をいろいろと報告してくる。最もよく見られる感情や人間関係のパターンは、次のようなものだ。

・感情面のレジリエンスが不足している。

・有意義なつながりが築けない。
・集中できない。
・将来の計画を立てるなど、高度な認知作業が苦手だ。
・満足の遅延［訳注：将来の大きな報酬のために目の前の小さな報酬を我慢すること。その能力をはかる「マシュマロ実験」が有名］ができない。

人は100パーセント無意識に闘争・逃走モードに入ることを、心に留めておくことが大切だ。脅威に対する身体の反応は、本能的で無意識なもので、自分で選択しているわけではないのだ。だから、攻撃されていると思い込んで暴言を吐く人を責めてはいけない。運動すると大汗をかいてしまう人を、責めてはいけないように。

凍りつき解離する「不動化モード」

ストレス反応で最もよく知られているのは「闘争」と「逃走」の二つだけれど、これらが攻撃に遭ったときの身体についてすべてを語っているわけではない。ポージェス博士が1990年代に、ポリヴェーガル理論に関する伝説的な研究論文で指摘したように、三つ目のモードがあるのだ。「不動化」もしくは「凍りつき」だ。

迷走神経には二つの経路がある。社会的活性化や社会的関与のモードは、一つ目の経路が司っている。この経路は有髄神経だ――つまり、髄鞘《ずいしょう》と呼ばれる絶縁性の脂質の層で覆われ、すばやく反応し、すばやく解除することができる。でも、二つ目の経路は無髄神経なので、反応が遅く、解除もゆっくりで、より原始的だ。実のところ、私たちはこの二つ目の経路を祖先の類人猿だけでなく、爬虫類とも共有している。

二つ目の経路が活性化されると、私たちは動かなくなる。全身がシャットダウンし、心拍や代謝のペースが落ちる。腸は完全にゆるんでしまうか、きつく閉じてしまう。呼吸が止まるかもしれないし、意識を失うかもしれない。こうしたことが起こるのは、身体が「生き延びる望みがない」と感じたときだ。ポリヴェーガル理論に詳しいセラピストのジャスティン・スンセリは、「不動化モード」を見事に説明している。「クマを見たら、『可動化モード』が活性化されるでしょう。身体が、『走れ、逃げろ』という態勢になるからです。でも、クマがすでに目の前にいたら、身体はあきらめて死んだふりをするでしょう」

これが「解離モード」だ。このモードに入った人は、心理的に身体を離れる。多くの人は私のように、一見そこにいて、他人とやりとりしているように見えても、心は自身の「宇宙船」に乗って遠くをさまよっている。中には完全に距離を置き、夢の中の出来事として見ている人もいる。あるいは、健忘症になる人もいる。解離の程度がどうあれ、進化の過程でプログラムされたこのトラウマ反応は、なぜ多くの人が過去の経験をほとんど覚えていないのかを説明している。出来事が起こったときに、実はそこにいなかったなら、「出来事記憶」がないから、そこには戻れない。同時に、こうして距離を置いた状態から自由になって、今この瞬間に戻るのがいかに難しいかも説明している。いったんこのモードに入ると、反応の遅い無髄神経が、早々に元に戻してはくれないからだ。

人とうまくつながれない「社交不安」

私の患者、友人、「セルフ・ヒーラーズ」のオンライン・コミュニティのメンバーの多くが、「人とつながれない」という対人関係の悩みを抱えて、私のところへやってくる。「私は誰ともつながれないようです。友達がほしいのに、深い感情を育てることができないみたい。誰も本当の私を知りません。愛を見つけられません」と。

ポリヴェーガル理論の文献を掘り下げてわかったのは、他人と親密な関係を築けないのは、性格に欠点があるからではなく、たいてい迷走神経緊張のせいだ、ということ。迷走神経緊張は、環境に対する神経系の反応の指標になる。迷走神経緊張が低下すると、人は環境内の脅威と思しきものに敏感になる。つまり、身体のストレス反応が過剰に働いて、感情や注意の手綱をうまく握れなくなるのだ。

「社交不安」という不快な感情を経験する人は、そうした人とつながれない現象に気づいているのかもしれない。知らない人だらけのパーティーに参加する自分をイメージしてみよう。「何を着ていけばいい？」と服装がやたらと気になり、事細かに計画を立てて、何を話そうかあれこれ考えるかもしれない。あるいは、とくに不安は感じない、という人もいるだろう。イヤな思いをしそうだとか、変な行動を取ってしまいそうだとか、そんな兆しはないからだ。まあ、事前に何を考えていようが、会場に足を踏み入れてしまえばもう関係ない。

いきなり全員の目がさっと自分に注がれる。笑い声が聞こえた途端に顔が火照って真っ赤になるのは、「きっと私の服装や髪型を笑ってるんだ」と思うからだ。誰かがそばを通り抜けると、ひどく息苦しく感じるし、見知らぬ人たちはみんな、いやらしい目で見ている気がする。敵地に乗り込んだわけじゃない、と頭ではわかっているし、誰も自分を見たり裁いたりしていないことだって百も承知なのに（仮にそんな人がいたって、平気じゃない？）。それでも、いったんはまり込むと、なかなかその感情を振り払えない。

安全な環境（パーティー）にいるのに、潜在意識が（神経系の第六感であるニューロセプションを使って）危険を察知し、身体を活性化させてしまったからだ。そのせいであなたは、闘争（誰彼構わず言い争う）か、逃走（パーティー会場を去る）か、凍りつき（一言も発しない）かの状態に追い込まれている。社交の世界が脅威に満ちた空間と化してしまったのだ。

残念ながら、こうした神経系の調整不全は、自己を確認する働きをする。つまり、神経系が活性化されると、自分の疑念を覆すもの（たとえば、好意的な表情）はすべてニューロセプションに無視されて、疑念を裏づけるもの（たまに聞こえる、自分に向けられたと感じる笑い声）が重視される。社会的関与モードに入ったときには、「好意的だ」と受け止める社交の合図――加わりやすいようにと空けてくれた会話の間、アイコンタクト、笑顔――も、誤解したり無視したりしてしまう。

人間は一人では生きていけない。生き延びるために、つながりを求める生き物だ。でも、未解決のトラウマのせいで神経系が調整できていないと、心が満たされることはない。自分の感情と距離を置いたまま、他人ともつながれない状態に陥る。

絆ホルモンが生み出す「共同調整」

トラウマ反応で身動きが取れなくなると、ニューロセプションは不正確になる。環境を読み誤り、危険がない場所で危険を察知しては、自分を過剰な闘争・逃走状態に戻してしまう。そうなると、また活性化のサイクルが始まる。なぜこんなことが起こるのかを理解しただけでは、社交の問題は解決できない。厄介なのは、神経系の状態がフィードバックループであること。ポージェス博士によると、「私たちは、周りの人たちの自律神経の状態を鏡のように映し出している」[44]。

人は安心すると、それが目にも声にも身振りにも表れる。今この瞬間に１００パーセント心を注ぎ、明るく軽やかな態度を取るだろう。その安心感は、「共同調整」と呼ばれるプロセスでほかの人たちにも伝わる。ほかの人たちも、あなたが危険な存在ではないと知るとホッとして、同じ社会的活性化モードに入ってくつろげる。人間のエネルギーや状態は移動可能なのだ。ある人たちのそばにいると気分がよくなって落ち着くのは、神経系が相手の神経系に反応しているからだ。「絆ホルモン」と呼ばれるオキシトシンは、人と人とが感情面でつながるのを助け、恋愛関係の場合は身体的なつながりも後押しする。安心感は、共に心地よく過ごせる空間をつくってくれる。安心感とは、相互につながりを深めることなのだ。

共同調整する能力は、子ども時代に確立される。これまで見てきたように、人は親によって、時にさりげなく、時に深く条件づけされている。愛する人たちから学ぶ何より重要な行動の一つは、内なるコーピングを活用できるようになること。それができれば、ストレスにさらされたとき、「社会動員」や「社会的関与」といった安全で創造性に満ちた空間に戻ることができる。あなたが過去に穏やかな癒やしのエネルギーに包まれた家で暮らしていたなら、あなたの身体はその環境を自分のものとして取り込むだけでなく、それを映し出していたはずだ。迷走神経は「戻るべき安全な場所がある」と感じると、副交感神経のバランスが取れた状態、つまり、ホメオスタシスの状態に戻してくれる。

あなたが過去に過剰反応や激しい怒りのスパイラル、よそよそしさ、恐れが当たり前の支離滅裂な家で暮らしていたなら、あなたの内なるリソースはストレスに対処する（文字通り、生き延びる）ことに手いっぱいで、安全な社会的関与モードに自由に戻ることなどできなかっただろう。ここまで学んできたように、子どもは大人に依存している。親が支離滅裂でストレスまみれの環境を差し出せば、子どもはその状態を自分のものとして取り込み、世の中すべてがそうだと考えてしまう。「僕の両親はおびえてる。親が僕のニーズに応えてくれないから、僕もおびえている。世の中は危険な場所だ」と。この「生存脳」（社会的関与モードの「学習脳」とは対照的な状態）は、脅威と思しきものに過度に集中し、物事を白か黒かできっぱりと分けて考え、よく堂々めぐりに陥り、執拗《しつよう》にこだわり、パニックに振り回される。そうなると、間違えることを猛烈に恐れるようになる。失敗するとのたうち回り、取り乱し、人と関わるのをやめてしまうこともある。

たとえば、パーティーで迷走神経の反応から逃れられなかったのは、その状態を出会った人たちにも伝えていたからだ。すると、会場にいる人たちも、活性化されたこちらの状態を映し返してくるから、こちらもますます抜け出せなくなり、「感情中毒」に陥ってしまったのだ。

つらくても刺激を求める「感情中毒」

トラウマに適切に対処しないと、トラウマが人生の物語を動かし、自律神経の反応を形づくってしまう。心と身体が、その経験をしたときに放出された神経伝達物質に対する強烈な身体の反応に依存するようになって、それを脳の神経経路に固定してしまう。つまり、脳がトラウマ反応に伴う感情を強く求めるようになるのだ。これが感情中毒のループだ。

感情中毒の人の典型的な1日は、こんな感じではないかと思う。

――朝目が覚めると、不安が心をよぎる。目覚まし時計が鳴っているから、そろそろ起きて仕事に行く準備をしなくちゃいけない。するとたちまち、いつもの朝と同じ思考がわいてくる。「コーヒーが飲みたい。面倒なことに、通勤には45分もかかる。シャワーを浴びなくちゃ。金曜日だったらよかったのに」。心はいつも通りに働いて、やる必要がある（けれど、やらずにすめばどんなにいいか！　と思う）多くのことを延々と語ってくる。全部やり終えるまでずっと。身体はストレスまみれの思考に反応して、心拍数が上がり、呼吸が荒くなり、神経系が調整力を上げて、ストレスホルモンが放出される。まだあなたはベッドから出てもいないのに。職場までの道中は渋滞する。そう予想しているのは、ほぼ毎日そうだからだが、それでも頭の中には批判の声が渦巻いている。「もっと早く家を出るべきだったのに」「通勤なんか大嫌いだ」……。

苛立ちと怒りがどんどんふくらんで、オフィスに着くやいなや同僚たちにぶちまける。不満をぶつけたら、聞いてもらえてすっきりしたけど、メールを開くと心臓がまたドキドキし始め、胃がきゅっと締めつけられた。さらにもう一度感情を爆発させたら、また気分はよくなったけれど、怒りの感情が活性化する悪循環が続いている。

家に戻ると、クタクタに疲れている。一日中感情のジェットコースターに乗っていたのだから当然だ。リラックスしようと、ワイングラスに手を伸ばす。疲れきっているせいで、心が今この瞬間にいないから、パートナーとも通じ合えない。ネットフリックスをつけて、一気見を始める。緊張感あふれる犯罪ドラマは、一日中感じていた感情の乱高下を追体験させてくれる。先が見えず、ハラハラしっぱなしの展開が大好きだ。いくぶん満足して（ワインのおかげでちょっぴりくつろいで）そのうちソファで眠ってしまい、夜中の2時に目が覚めて、ベッドにもぐり込む。そして目覚めると、また同じパターンを繰り返す。

身体は慣れ親しんだ自分を感じるために、こんなパターンを繰り返すようになる。理想的なのは、強烈な感情を味わったときに「活性化モード」か「不動化モード」のどちらかが発動し、その後は基本の「社会的関与ゾーン」にすばやく戻れること。こうした活性化の状態は不快で危険を感じるはずなのに、感情中毒のループにはまっている人には、ゾクゾクする感じが心地いいのだ。それがあらゆる感情を味わえる、唯一の瞬間なのかもしれない。身体はそうした気分にコルチゾールのようなホルモンや、細胞の化学反応を根本的に変えるドーパミンのような神経化学物質を放出することで対応している。感情中毒に陥った人は、そんな感情の刺激を何度も何度も求めなくてはならなくなっている。たとえ感情のせいでストレスを感じたり悲しくなったりしても、慣れ親しんだ安心感を覚えることが多い。子どもの頃に経験したのと同じ解放感をくれるからだ。

たとえば、子ども時代のわが家は、ストレスと恐れに支配されていた。そうした感情が家族を一つにし、本来あるはずの親密な感情の代わりを務めていた。本当の意味でつながるのではなく、ドラマチックな出来事や苦しみを通してつながり、（ママが病気になった！　失礼な隣人がいる！　と）新しい危機に遭遇するたびに必死で団結していた。ストレスも恐れもない「休止時間《ダウンタイム》」には、激怒や恐怖や怒りといった衝撃がないぶん、けだるい気分で過ごすのだった。

感情中毒のサイクルに陥っていないときは、「私」じゃない気分だった。身体がアドレナリンやコルチゾールといった強烈なホルモン反応に慣れっこになっていたから、大人になってからも相変わらずそれを求めて、子ども時代に身につけた基本的な感情を繰り返していた。そうでないと、退屈でイライラするのだ。

だから、恋人と穏やかな関係になるとあら探しを始め、次の仕事を終わらせなくちゃとピリピリし、わざわざ自分を不安に追い込んでいた。のんびりリラックスしようとしているのに身体が違和感を覚えて、子ども時代に慣れ親しんだストレスに自分を引き戻していたわけだ。

私の患者の中には、ニュースを観て猛烈な怒りを覚えると、かえって幸せで「エネルギッシュな」気分になる、と話す人もいる。ほとばしる怒りや嫌悪感を求めているのだ。そういうときにしか心から感じることができないのは、身体が興奮みなぎる状態を基本とするのに慣れているからだ。人間関係も、感情中毒があらわになりやすい場所の一つだ。私の患者の多くは、何をしでかすかわからない人や信頼できない人とつき合っている自分に気がついた。相手の感情がよくわからないから、不安が消えない。患者の思考の大半は、愛する人のことと、その人からどう思われているのかを軸に回っていた。そして、相手のふるまいや行動を必要以上に細かく分析していた。彼らは頭の中では、まったく違うタイプのパートナーを求めている。責任感があって、自分の気持ちをはっきり伝えてくれる人。それなのに、「わくわくするから」という理由で、同じような人間関係に毎回戻ってしまう。予測のつかない刺激がくれる強烈なホルモン反応の中毒になっていて、やめられないのだ。

　そのうち（砂糖やセックス、ドラッグやアルコールの依存症も同じだけれど）、身体はいつもの化学的な「刺激」がほしくて、もっともっと強烈な体験を求めるようになる。潜在意識は、そんな刺激をさらにガツンと得られる状況へと自分を導いていく。予測のつかない恋愛、恐れや怒りをかき立てるニュースメディア、オンラインでけんかができるソーシャルメディア……。そういうわけで私たちは、友達に感情をぶちまけ、慢性的に愚痴をこぼすことに魅力を感じるのだ。そうしていれば、感情が高ぶった状態でいられるからだ。何事もない平和なんて退屈だし、なじみがない。身体も心も、たとえつらくても慣れ親しんだものを求めるのだ。その結果、多くの人は自分の行動を恥ずかしく思い、困惑する羽目になる。

子ども時代の「振り出し」に戻る

こうした感情中毒の悪循環は、トラウマの身体のほかの機能不全も悪化させる。たとえば、私の患者はもれなく慢性の炎症や胃腸の問題を訴えている。

迷走神経は腸とつながっているから、迷走神経の調整不全や迷走神経緊張の低下は、消化の問題を引き起こす。闘争・逃走モードに入ると、いくつものストレスホルモンが身体を活性化させ、サイトカインのような炎症性化学物質を放出するため、炎症がさらにひどくなる。心身の多くの症状の根底には、神経系――と、神経系を常に高ぶらせておきたい無意識の中毒――の存在がある。

なぜ神経系が調整不全になるのかを理解し、ストレス反応が無意識に起こることに気づけば、行動を正常に戻す助けになるだろう。また、人が大勢いる部屋でなぜ孤独を感じる人が多いのか、なぜ物質を使用して自然な生理反応を麻痺させてしまうのか、なぜ言葉で人を攻撃したり、逃げ出したり、人と関わらなくなったりするのかがわかるだろう。ここまで見てきたように、すべては子ども時代に「共同調整」によって、もしくはそれがなかったことによって、条件づけられた自動反応なのだ。

しかし、話はここで終わりではない。

次の第5章でお話しするように、迷走神経緊張を改善し、神経系の反応の手綱を握る方法はある。迷走神経のパワーを活用する方法を学んだことは、癒やしの旅を始めた頃の私に、何より大きな影響を及ぼし、何より大きな力をくれた。だから、ご紹介する手段《ツール》があなたの助けになれば、と願っている。

Work 神経系の調整不全をチェックする

ステップ1　自分自身を観察する

「神経系の調整不全」とは、度重なる激しいストレスや、長期にわたるストレスが原因で起こる症状を説明する言葉だ。理想的なのは、ストレスフルな状態に真正面から取り組んだときには神経系が活性化されるが、その後、バランスの取れた基本状態に戻り、身体が「休息と消化」を許されることだ。でも、神経系が自己調整できない場合は、ストレスから回復できず、次のような症状を抱える可能性がある。

- **心理的・感情的な症状**
- 「活性化」の症状：恥の意識、罪悪感、気分の変動、恐れ、パニック、攻撃性、不安、激しい怒り、恐怖心、混乱、自責の念、敗北感。

・「シャットダウン」の症状：人や体験とつながることができない、頭がぼんやりしてぼう然とする、明確に考えられない、大きな声で話すことや人から見られることを恐れる。

●身体的な症状

・「過度な警戒」の症状：不眠症、悪夢、びくびくする（びっくりしやすい）こと、大きな音への恐れ、身震い、震え、動悸、片頭痛、消化の問題、自己免疫疾患。

・「緊張」の症状：歯ぎしり、片頭痛、筋肉の緊張や痛み、極度の疲労、慢性疲労。

●社会的な症状

・「愛着」の症状：感情的に働きかけては突き放す「押し引き」や、互いに避け合う「忌避」といった人間関係のパターン、「捨てられる」という慢性的な不安（相手に「依存的」になるか、一人でいられなくなる）。

・「感情」の症状：境界線がないか、ガチガチで融通のきかない「絶対的な」境界線を持つ状態、社交不安、短気、引きこもり。

1週間、毎日少し時間を取って、身体の声に耳を傾けよう（第2章で紹介した「意識を立てる」ワークを役立ててほしい)。今お話ししたような、神経系が活性化した症状のどれかを経験しているときに、観察して書き留めよう。

ステップ2　神経系のバランスを取り戻す

神経が活性化している状態に気づくことは、癒やしの旅の重要な一部だ。毎日次の練習を取り入れることが、神経系を調整する助けになるだろう。そのうちこの練習が、自分や他人や世の中と新しい形で関わる力をくれるだろう。

では、毎日重点的に取り組める練習をいくつかご紹介したいと思う。どれか一つを選んで、心地よく感じる程度に取り組んでほしい。すでにワーク用の日記やメモ帳に書き込んでいる人は、身体がどのような感覚で、それぞれの練習にどう反応しているか、書き留めよう。

・**今この瞬間と深くつながる**：今いる環境で、におい、味、もしくは、目に映るものに気づこう。こうした知覚体験に、積極的に全神経を集中させる練習をしよう。
・**ビジュアライゼーションの瞑想をする**：目を閉じて深呼吸しよう。自分の胸のあたり《ハート》から、白い光が出ているのをイメージしよう。両手をハートに置いて、「私は安全で、心穏やかです」という言葉を繰り返そう。これを1日に3回行うこと。朝起きてすぐや、夜寝る直前に行うのがお勧めだ。

・**情報の消費を意識する**：あなたが情報を消費しているときは、あなたの神経系も情報を消費している。さまざまな情報を消費しているときの、体内の感覚に心を配ろう。元気をもらえて、回復したように感じる？　それとも、疲れや恐れを感じている？　不安をかき立てるメディアとは、距離を置くことが大切だ。

・**自然を見つけて観察する**：外へ出て、身近な自然環境をほんの少しでいいから、味わってみよう。花々の色に気づこう。木々の下に座ってみよう。裸足で草の上に立つか、足を水の中に浸そう。肌を風にさらしてみよう。自然は神経系のバランスを自然に整えて、私たちを「リセット」してくれる。

神経系のバランスを取り戻すために、こうした新しい手法を使い始めたなら、覚えておいてほしい。小さな練習をコツコツ続けることが鍵になる。多くの人はずっと調整不全の身体で生きてきたのだ。癒やしは必ず起こるけれど、時間がかかるだろう。

未来の自分日記

バランスを取り戻す

さて、今からご紹介する「未来の自分日記」のひな型は、私が日常生活で、神経系のバランスにまつわる新しい経験をするために、毎日活用していたものだ。次の文例を、ぜひこのプロセスに役立ててほしい（あるいは、自分でよく似た文章を作成しよう）。

・**今日私は**、神経系のバランスを取り戻す**練習をします**。
・**私は**、人生を穏やかにするチャンスに**感謝しています**。
・**今日私は**、身体が本当に必要としている穏やかな瞬間をつくります。
・**この分野が改善されたので、私は**、いつも以上に平和を**感じることができています**。
・**今日私は**、今この瞬間に安心を見出した／ビジュアライゼーションの瞑想を1回行った／自分の情報の消費を意識した／1分間自然を観察した**ときに、この練習をします**。

Chapter 5

心と身体で健康になるワーク

神経系とポリヴェーガル理論を深く理解したおかげで、長い間自分の足を引っ張っていたもの――恥の意識――を手放すことができた。それまで悩んでいた自分の行動や堂々めぐりしがちな思考、爆発してしまう感情、よそよそしい人間関係、といったさまざまな側面には、生理学的な根拠があるとわかったのだ。それらは、身体の調整不全が生み出した衝動で、私が悪いわけでも、私が壊れていたわけでもなかった。実のところ、そうした習慣や行動は、身体が私を生かしておくために学習した反応で、いわば「生存のためのメカニズム」だった。そんな極めて複雑な心身の相互作用を、「よい」とか「悪い」とかいう言葉を使って、あまりにも単純化してきた自分に気がついた。

「私」という存在に、意識的にかじ取りできない部分があるのはたしかだけれど、だからといって、私が身体の気まぐれに振り回される存在だ、というわけではない。未解決のトラウマを抱え、炎症や迷走神経緊張の低下に苦しんでいるからといって、絶対に変われないわけではない。

実際、事実はまるで逆だった。身体は調整不全という対処法を学ぶことができたのだから、健全な回復方法を学ぶことだってできるはずだ。エピジェネティクスのおかげで、遺伝子は不変のものではない、と判明している。神経可塑性のおかげで、脳が新たな経路をつくれることもわかっている。顕在意識のおかげで、思考には変化をもたらすパワーがあることも知られているし、ポリヴェーガル理論のおかげで、神経系が身体のすべての組織に影響を及ぼすこともわかっている。私は、生まれて初めて自分自身にしっかり目を向けて、心と身体と魂のつながりに対する無知を一枚一枚剝がしていくうちに理解し始めた。自分自身の中に、癒やしの潜在力があるのだ、と。これまでずっと過去の大きなトラウマに耐えてきたとしても、大人になってから、いったん学んだことを捨てて新しく学び直すことはできる。人は、身体のパワーを使って心を癒やし、心のパワーを使って身体を癒やすことができるのだ。

心と身体を結びつけた「その後」のアリーの場合

第1章に登場したアリーを覚えているだろうか？　「セルフ・ヒーリング」の旅をシェアしてくれた素晴らしい女性だ。彼女の話は、万人が持つ驚くべき「変化の力」について、多くのことを教えてくれた。アリーの変革は、多発性硬化症（ＭＳ）と診断され、新しい薬の副作用のせいで経験した「魂の闇夜」から始まった。慢性疾患だと診断されたショックと不安を抱えながら、「人生をよくしたい」と心から願ったのだ。

アリーはまず、毎日「コップ1杯の水を飲む」という自分との小さな約束を守ることから始めた。すると、徐々に自分を信じられるようになり、「自分のトラウマ反応を観察してみよう」と思い始めた。思いきって「大きな感情」（と本人が呼ぶ感情）を味わい、ひどいいじめに遭った子ども時代を思い出し始めた。そして、恐れや悲しみに対する身体の反応を書き出して、あれこれ判断したり非難したりせず、ただそうした感情に目を向ける場を整えた。

身体の声を聞き始めると、身体は神経系の反応の力を「とびきり元気や喜びをくれる形で使え」と伝えてきた。直感の声に耳を傾けると、「歌いなさい」というインスピレーションが降りてきたので、アリーは歌のレッスンに申し込んだ。もちろん、暴君のような内なる批評家（「安全地帯にいろ」という潜在意識の圧力）や恐れと闘いながら。恐れは毎回レッスン前に体中を駆けめぐり、アドレナリンをどっと増やしたけれど、最終的にはアリーをわくわく感や誇らしい気分で満たしてくれた。彼女は練習を重ねるうちに、「完璧でなくちゃ」という思いを手放し、遊びと創造の喜びに身を委ねるようになった。そして今では歌を歌い、ギターやバイオリンを弾き、さらには曲をつくるための小さな一歩まで踏み出している。ミュージカルで役をもらったときには、インナーチャイルド（これについては、第7章で詳しくお話しする）が得意げに微笑んでいた。この癒やしの旅の途中で、アリーはヨガも始めた。ヨガは、何ヵ月もベッドとソファにしばりつけられていた身体を丈夫にしてくれた。そして、不快な症状に耐える力を養い、ストレスに対するレジリエンスを高めてくれた。さらに、抗炎症効果のあるワールス博士のプロトコール――自己免疫疾患と闘う多くの人を助けてきた食のプログラム――に従って、食生活も大きく改善した。

アリーは、当時は何の知識もなかったけれど、こうした実践を一つ一つ重ねることで、心と身体――とくに神経系――のつながりを磨き、強化していった。すると、身体はバランスを取り戻して、癒やされていった。結果はまさに、劇的なものだった。体重が36キロも減り、認知機能が改善し、意識の混濁や物忘れに悩まされることはなくなった。やる気が出て、頭もさえ渡り、目的意識で満たされるようになったのだ。何より驚いたのは、もうMSの薬を一切服用していないこと。この原稿を書いている時点で、病気は完全に寛解している。

「慣れ親しんだものを捨てて、まったくなじみのないことを始めたんです。だから、現在地は、到達できるなんて夢にも思っていなかった場所です」と、アリーはポッドキャストのインタビューで語っている。「実現できるなんて想像もできなかったような状態なんです。人生はとんでもなくて、美しくて、やりがいがあって、時には真っ暗で嵐が吹き荒れることもあるけど、光に満ちている。私は自分の人生に感謝しています」

アリーのドラマチックな変革は、心身のつながりのパワーを見事に証明している。幸せに対するそのひたむきな姿勢は、「心身の健康に投資するなら、日々のひたむきな努力が欠かせない」

と教えてくれる。同時に、アリーの物語は私たちを励まし、思い出させてくれる。どんなに打ちひしがれ、「自分にはどうしようもない」と感じ、疲れ果てて絶望していても、変化を起こすことはできるのだ。

トップダウン、ボトムアップ

癒やしは、身体が何を必要としているかにアクセスする方法を学び、直感的自己（本当の自分）と再びつながることから始まる。その第一歩は、「観察する」という行為だ――私の身体はどんな反応をしているか？　身体は何を必要としているのだろう？　と。こうした問いを投げかけ、身体の反応に耳をすましたことで、アリーは歌に対する情熱に気がついた。歌うことは迷走神経を活性化し、神経系のバランスを取り戻す力になる。アリーは神経系の仕組みについて何も知らなかったけれど、身体の声に耳を傾けることで、どうすれば神経系を癒やしつつ活性化できるのか、直感を得ることができた。誰もがアリーから学び、身体がくれる素晴らしいフィードバックを活かすことができる。

たとえ神経系の反応が自動的なものでも、迷走神経緊張を改善し、トラウマに条件づけられたストレス反応の手綱を握って、オープンで、愛情にあふれ、安全な空間である「社会的関与モード」に、すばやく戻る方法はあるのだ。これは現在、研究が成果を上げている分野だ。多くの研究者が「迷走神経刺激装置」（基本的に、迷走神経にじかに電気刺激を送る植え込み型の装置だ）を使って、てんかん、鬱病、肥満、心不全や肺不全後の回復など、驚くほどさまざまな症状を治療する研究を行っている。装置を使った介入なしにこうした症状を改善する方法は、呼吸や声など、自分でかじ取りできる自律神経系の一部を活性化することだ。

覚えているかもしれないが、迷走神経は双方向性の連絡経路で、身体から脳へ、脳から身体へと情報を伝えている。脳から身体への連絡は「トップダウン・プロセス」と呼ばれている。トップダウン・プロセスとは、脳に働きかけて身体を癒やしへと導いていくプロセスで、その一例が瞑想だ。瞑想は注意力を鍛える行為を通して、自律神経系の反応を調整する。よく似ているけれどまったく逆の反応を起こすのが、「ボトムアップ・プロセス」だ。こちらは身体のパワーを使って、心に影響を及ぼしていく。この本でお話ししている多重迷走神経に働きかけるエクササイズの大半は、呼吸法《ブレスワーク》や寒冷療法、ヨガの身体面での取り組みなど、ボトムアップ・プロセスを使っている。

ボトムアップ・プロセスやトップダウン・プロセスの多くは、自分でコントロールできないものだが、ある種の介入を意識的に選んで、精神的なストレスを積極的に減らし、神経系の交感神経反応を遅らせ、筋骨格系や心臓血管系を強化することはできる。さらに、安全で管理された環境において迷走神経を活性化し、負荷をかけ、調整すれば、人は忍耐力を養い、不快感と共存する方法を学ぶことができる。これは、レジリエンス――困難からすばやく立ち直る力――を高める鍵になる。

迷走神経の調整に取り組み始めると、必ず不快な内なる抵抗に遭う――と心得ておけば役に立つだろう。自分を不快感で満たして、よいことなど一つもない。無理せずゆっくり、一歩ずつ進むことが癒やしへの近道だ。ワークは、心身へのストレスや負荷を自分でコントロールできる安心・安全な場所で行うことが大切だ。そのように、安全な範囲内で努力することができれば、自分にはどうしようもないストレスに対処する備えができるだろう。

今からご紹介するのは、身体が持つ癒やしの力を使ってバランスを取り戻し、レジリエンスを高める何より効果的かつ実践的な方法だ。いずれも心身のつながりを強化し、健全な迷走神経緊張を促す重要な手法だ。これらは、ホリスティック・ヒーリングに向かう基本ステップなのだ。

「第二の脳」腸を癒やす

私の患者の大半は、食べ物にまつわる複雑な感情を口にし、たいてい慢性的な腸や消化の問題を抱えている。こうした人たちが、栄養が身体や、ひいては心の状態に影響を及ぼすことを知っておけば役立つだろう。

身体が栄養面で求めているものを満たせている人はほとんどいない。その代わり、人は「悲しい」「つまらない」「幸せだ」「寂しい」「わくわくする」といった感情に左右されて物を食べる傾向がある。それでいて、食べ物を選ぶときは、やむを得ず、いつもの習慣で、もしくは、義務感から選んでいる。食にまつわるこうした行動のせいで、身体が本当に求めているものが届かないのだ。これは生まれながらの行動ではなく、学習行動だ。赤ん坊の頃は、誰もが本質的な欲求に突き動かされている。おなかが空いたら泣き、おなかがいっぱいなら背を向ける。赤ん坊は（世界中の親たちを大いに困惑させるほど）好き嫌いがはっきりしている。身体に突き動かされているのだ。ところが、大きくなるにつれて、ほかの理由で食べたり飲んだりする人たちをお手本に、根源的な欲求に耳を傾けるのをやめる。また、子ども時代に経験する慢性的で圧倒的なストレスのせいで、身体は適度に休息したり、消化したりするのがだんだん下手になる。この事実は、成人期にトラウマが果たす役割と胃腸問題の発生に関する調査が繰り返し行われ、確認されている[45]。身体の声をしっかり聞けば、失われたものを学び直せる。身体は腸と脳の間で交わされたメッセージを通して、大声で語っているからだ。私たちはただ、それに注意を払えばいいのだ。

腸には約5億個の神経細胞《ニューロン》があり、それらは「腸脳軸」と呼ばれる経路を使って脳と直接「話す」ことができる。腸脳軸は、心身のつながりの中で最も深く研究されているものの一つだ。

腸脳軸はさまざまな情報交換ができるハイウェーで、おなかの空き具合や必要な栄養素、食べ物が胃を通過する速さや、食道の筋肉が収縮するタイミングまで伝えている。おなじみの迷走神経は、腸と脳の間のそうしたやりとりを円滑にする主要なメッセンジャーの一つだ。

腸は、腸壁に張りめぐらされた神経細胞の大規模なネットワークの拠点でもある。このネットワークは「腸神経系（ＥＮＳ）」と呼ばれる網の目のように複雑な神経細胞系で、研究者たちはよく「第二の脳」と呼んでいる。本物の脳のニューロンのように、これらの細胞も常に身体のさまざまな領域と連絡を取り合い、全身にホルモンの放出を伝えたり、化学的なメッセージを送ったりしている。

腸内フローラがメンタル症状を改善

腸神経系は腸内に息づく微生物叢――さまざまな細菌、真菌、その他の微生物――から情報を集める。腸内細菌は、食物を分解するときに神経伝達物質をつくり、そうした微生物のメッセージを脳に送る。こういった微生物が、私たちの現実に影響を及ぼしている。大勢の人の前で話さなくてはならないときに、「なんだか胃がむかむかする」と言っている自分を想像してみよう。これはたとえ話ではない。感情の状態が、本当に胃をむかむかさせているのだ。実は、神経伝達物質のセロトニン――俗に「幸せホルモン」と呼ばれるが、実は睡眠、記憶、学習にも関わっている――の90パーセントは腸内で生成されている。この発見から、次のような説が生まれた――プロザックをはじめとした「選択的セロトニン再取り込み阻害薬（ＳＳＲＩ）」と呼ばれる抗鬱剤は、実は「首から下」、つまり腸神経系内で生成されたセロトニンに作用している。この深い気づきが、これらの神経化学物質は脳内でしか生成されない、という古い思い込みを覆した。かつては心の病にかかったら、その根本原因は「首から上」で確認され、治療される、と誰もが思っていた。ところが今では、脳は相互につながり合った大きなネットワークのほんの一部にすぎない、と判明している。

トラウマ状態のときは、身体の――神経系および腸内の――調整不全が消化不良を引き起こすため、食物から栄養素をうまく吸収できなくなる。人は身体がストレスにさらされると、身体に「穏やかさ」や「安心」といったメッセージを送る「副交感神経が優位な状態」に入れなくなるのだ。そうした必要なメッセージが届かないと、身体は食物を早々に追い出してしまったり手放さなかったりで、下痢や便秘といった症状に見舞われる。身体の調整不全は腸内に反映されやすいので、アンバランスになった腸内フローラも、食物から栄養素を抽出する邪魔をする。時間が経つにつれて、身体は必要な栄養素を慢性的に奪われるようになり、食生活がどれほど「ヘルシー」で、どれほどボリュームがあったとしても、結局は栄養不良や空腹に陥りがちになる。

食生活がヘルシーでない場合、事態はさらに悪化する。腸の粘膜を傷めるような食べ物――

砂糖、加工炭水化物、（トランス脂肪や多くの植物油のような）炎症性脂肪――を取ると、腸の粘膜が炎症を起こすようになる。さらに、そうした食べ物は、腸内フローラの好ましくない微生物（健康によい微生物もいれば、病気を引き起こす微生物もいる）に栄養を与え、その微生物の一群が「腸内毒素症」と呼ばれる状態の下地をつくる。その状態では、体内のエコシステムのバランスが、いわゆる「悪玉菌」に傾いてしまう。

腸内毒素症が発生すると、たいてい「腸漏れ《リーキーガット》」と呼ばれる状態になる。腸漏れとは響きの通り、腸の粘膜がバリアとして働くのではなく透過性《とうかせい》を高めてしまい、細菌が腸から循環系に漏れ出す状態のことだ。悪玉菌が血中に漏れると、免疫系が「外からの侵入者だ」ととらえて反応し、免疫反応を徐々に高める。すでにお話ししたように、これが第4章に登場したサイトカインのような炎症性化学物質を全身に広める。腸が慢性的な炎症を抱えると、さらに大きな全身性の炎症につながりやすくなり[46]、炎症が全身にはびこるのだ。そうなると、気分が悪くなったり、やる気が出なくなったり、場合によっては精神的な病気にかかりかねない。

腸内毒素症は、調査によると、鬱病や自閉症、不安、ＡＤＨＤ、さらには統合失調症といった「心の病」とされる状態の根本原因の可能性がある[47]。複数の動物実験が、（偏った食生活、ストレスや有毒化学物質といった環境の影響による）腸内フローラの健康状態の悪化と、不安や鬱病といった症状の急増には、人間においては直接のつながりがある、と証明している[48]。実のところ、一部の調査によると、鬱病を患う人たちは調査の対照群に比べて、善玉菌株――

コプロコッカスとディアリスター――が少なかった[49]。別の調査では、重症の統合失調症を患う人たちはベイヨネラとラクノスピラという菌株が多い傾向にある、とわかっている[50]。この研究は将来性があるので、今では「神経免疫学」という新しい医療分野も生まれ、「腸と免疫系と脳のつながり」がもっぱら研究されている。この分野の初期の研究によると、体内の炎症が血液脳関門を通過して脳に入り、脳が炎症を起こすと、さまざまな神経学的・心理的・精神的疾患を引き起こしかねない。一方、腸壁が食事療法と「プロバイオティクス」［訳注：腸内フローラのバランスを改善する微生物］の組み合わせで修復されると、メンタルヘルスの症状が軽減される可能性がある、という今後が楽しみなエビデンスもある。最近のいくつかの調査によると、プロバイオティクスの使用によって、重症の自閉症スペクトラム障害の子どもの悩ましい社会的・行動的な問題が減少している[51]。

　腸の健康を改善する――微生物を応援し、腸壁を健全に保つ――一番の近道は、「栄養価の高い自然食品」を食べることだ。腸と脳の直接のつながりが、毎度の食事を癒やしと栄養補給のチャンスに変えてくれる。食生活から不健康な加工食品を一掃することを「つらい」と考えるのではなく、一口嚙むたびに、「心身の健康を改善するチャンスだ」とわくわくすることをお勧めする。「何を食べていますか？」と尋ねる心理学者はほとんどいないけれど、食べ物は心の健康に驚くほど大きな役割を果たしている。最高の気分にしてくれる栄養価の高い食品を食べるだけでなく、ザワークラウトやヨーグルト、ケフィア、キムチのような発酵食品を食生活に加えるのもお勧めだ。発酵食品には、天然のプロバイオティクスが豊富に含まれているからだ。

ファスティング（断食）で心も休める

広く注目を集め、さまざまな学術研究でも支持されている栄養に対するもう一つのアプローチは、時々断食《ファスティング》することだ[52]。計画的な断食、もしくは、「食べない間《ま》をつくる」ことは、消化器系に健全な休息を与える。また、身体に健全な負荷をかけ、迷走神経緊張を改善してくれる。時々のファスティングには、丸1日の断食、1日の食事を10時間以内におさめる「14時間ダイエット」、もしくは、単に日中の間食を減らす、といったことも含まれる。ファスティングは消化器系を休ませるので、消化に費やされるはずのエネルギーを別のことに使える。また、ファスティングはインスリン感受性を高め、血糖を調整するので、常におなかを空かせて次のスイーツを待ちわびる「シュガー・バーナー」［訳注：糖質をエネルギー源にする人］にならずにすむ。

栄養の摂り方を変えるまで、私は悪名高いシュガー・バーナーだった。恋人たちはいつも、お出かけには「バッグにお菓子を入れとかなくちゃ」と心得ていた。でないと、その日は二人にとって散々な終わりを迎えるからだ。私はいつだって砂糖を燃料に動き、ひどくおなかを空かせていた。調査によると、時々ファスティングすると、知力、学習力、注意力が向上する[53]（同時に警告しておこう。苛立ちが増すという調査結果もある[54]。とくに、身体がまだ慣れていない最初のうちは)。

ファスティングをして栄養の摂り方を変えると、身体は脂肪やタンパク質など別の燃料からエネルギーを得るすべを学ぶ。つまり、身体が別の燃料源に頼れるようになるので、食事の間《ま》を長く空けても、不快感を覚えなくなる。必要なものを得ているからだ。砂糖たっぷりの加工食品を食べていると常におなかが空くのは、身体が必要な栄養素に飢えているからだ。栄養が枯渇すると、身体は脳に「おなかが空いた」という合図を送り続けるので、たびたび「おやつを食べなくちゃ」と感じたり、人によっては過食に陥ったり、どか食いしてしまったりする。食べても食べても満足できないのは、栄養面で、身体が必要なものを得ていないからだ。

もちろん、時々のファスティングがすべての人に適しているわけではない。とくに、摂食障害の既往歴がある人には向いていない。過去に偏った食事パターンを持っていた人は、ファスティングに取り組むべきではない。

眠りを癒やす

栄養がいかに心身に影響を及ぼしているかに注意を向け始めると、人は食事以外の面でも、日々の選択が、いかに身体の基本的な欲求に応えていないかを学び始める。毎晩食事が終わると、多くの人は、わざわざ自分を落ち込ませる行動を取る。そう、ほとんどの人は、睡眠を十分に取らないのだ。

この行動は、早い時期に始まる。私の場合、夜な夜な不安なことを考えるクセは、子ども時代に始まった。５歳の頃には、ベッドで目を覚ましたまま、よくおびえていたものだ。夜中にドスン、ゴツンと音がするたびに、「強盗か誘拐犯が家族を襲いに来たんだ」と思っていた。身体は高ぶった交感神経系のせいで不安な状態から抜け出せなくなり（当時の食生活は何の助けにもならなかった。アイスクリームとクッキーとソーダの繰り返しだったから）、心は絶えず身体をチェックしていた。腸がバランスを崩し、アドレナリンがほとばしり、神経系が過剰に警戒しているのがわかる。心臓がドキドキし、呼吸が速くなり、心は押し込み強盗の物語をこしらえている。胃がきりきり痛み、おなかが張って便秘になるのは、緊張と恐怖のせいだ。何度も寝返りを打ち、ろくに眠れない夜を何度過ごしたことだろう。

今では睡眠不足が――とくに成長期の身体に――驚くほどの害をもたらすことが知られている。身体は、睡眠中に修復作業をするのだ。腸は消化を一休みするチャンスをもらい、脳は「自らを洗浄」してがらくたを一掃し、細胞は再生する。睡眠は、究極の癒やしの時間なのだ。神経系を含む身体のすべての臓器と組織が、睡眠から恩恵を受けている。これがわかっているのは、睡眠不足に関する研究のたまものだ。睡眠不足は、鬱病、心血管疾患、さらにはがん、肥満、アルツハイマー病のような神経学的疾患とも関係している。45歳以上の人で夜６時間未満しか眠らない人は、6時間以上眠る人に比べて、心臓発作や脳卒中を患う確率が200パーセントも高い[55]。

睡眠は心身の健康の鍵なのに、きちんと優先している人はほとんどいない。とはいえ、寝室と身体を整えて、夜ゆったりとした癒やしの眠りに至る、この上ないチャンスをものにする方法はたくさんある。その第一歩は、自分が実際にどれくらい眠っているかをチェックすること。多くの人は、自分の睡眠習慣をよくわかっていないか、妄想を抱いている。ベッドに入るのは夜11時頃かもしれないが、たいていそこから1時間ほどスマホを触って心身を高ぶらせたあとに、ようやく電気を消している。自分の睡眠行動に目を光らせよう。正直に、自分の睡眠のパターンを把握する努力をしよう。

睡眠を改善する何より効果的な方法は、副交感神経系を徐々にリラックスした幸せな状態へといざなうこと。コーヒーやアルコールは、睡眠周期の最も重要な段階である「レム睡眠」をもろに妨げるので、この安らかな状態にいざなう最大の生理学的な障壁になる。アルコールとカフェインの摂取は、ある時間までに終えてしまうこと（できれば、アルコールは就寝の3時間前までに、コーヒーは正午までにしよう）。寝る前のルーティンを一定に保つことも大切だ。それがベッドに入る前に、身体を「副交感神経が優位の状態」に導く準備になるからだ。最近私は、まだ夕食も取っていない午後5時頃に睡眠アプリからリマインドをもらって、ゆっくりと緊張をほぐし始める（私の就寝時間は午後9時頃だ）。そして、寝る数時間前には、スクリーンをオフにする。少し本を読んだり音楽を聴いたりする時間は取るものの、寝る前にテレビの前で過ごす時間は、必ず制限している。お風呂に入り、パートナーからのメッセージを受け取って、ペットとたわむれる――そんなすべてが穏やかな気分を高めてくれるので、スムーズに眠りに落ちて、ぐっすり眠ることができる。

呼吸で自律神経を整える

自律神経系が自動的なものである（意識の外で働いている）ことは百も承知だが、身体には、私たちが意識的にかじ取りできるシステムが一つある。心臓に「もっとゆっくり鼓動して」と伝えたり、肝臓に「もっと早く身体を解毒しろ」と命じたりはできないが、呼吸だけは自分の意思でゆっくりにしたり深くしたりはできるから、それによって心拍数を減少させたり、心を落ち着かせたりはできる。たくさん空気を吸い込むことで、空気を肺から全身に送り、すべての細胞に酸素を送り込む手助けもできる。あるいは、それとまったく逆のことも可能だ。浅く速く呼吸することで、交感神経反応を目覚めさせることもできる。私たちは呼吸のパワーを使って、すべてを徐々に加速させたり、穏やかにしたりできるのだ。

ブレスワークをすれば、自律神経系に働きかけられる。つまり、迷走神経のために「体幹トレーニング」をするようなもの。ご存じのように、迷走神経は双方向性の情報ハイウェーで、脳と腸をつなぐだけでなく、肺、心臓、肝臓など全身のさまざまな部分とつながっている。呼吸を使って脳の覚醒系を静めているとき、私たちは脳に「今、安全な場所にいる」と伝えている。するとそのメッセージは、体内のほかの組織にも伝わる。これが、多重迷走神経を調整するボトムアップ・アプローチだ。

調査によると、日々のブレスワークの実践と寿命の伸びにはつながりがある[56]。ストレス反応の手綱を握ることで、炎症反応を減らし、長生きに関わる（テロメアと呼ばれる）染色体の一部を保つ、ホルモンを刺激しているのだ。『ＢＲＥＡＴＨ——呼吸の科学』（早川書房）という本を書いたジェームズ・ネスターによると、20年間にわたって５２００人を調べた調査研究が、次のことを証明している。「寿命の最大の指標になるのは、多くの人が疑わしく思ってきたように、遺伝子でも食生活でも日々の運動量でもなかった。実は肺活量だったのだ……肺が大きいほど、寿命も長かった。肺が大きければ、少ない呼吸数でより多くの空気を取り込めるからだ」[57]。浅い呼吸（とくに口呼吸）は、高血圧症から注意欠陥多動性障害（ＡＤＨＤ）に至るまでさまざまな病気を生み出し、悪化させる可能性がある。身体から必要な栄養素を奪い、骨格構造を弱めてしまうのだ。

呼吸のパワーをとてつもない形で誰よりも活用しているのが、「アイスマン」の通称で知られるオランダのヴィム・ホフだ。ヴィムは氷の下を泳いでギネス世界記録を打ち立て、氷風呂に2時間も入り、北極圏内でシャツも着ずに裸足でマラソンを走った(!)。ヴィムは「心はあなたを内側から強くしてくれる。心はあなたの賢い伴侶なのだ」と、著書『Becoming the Iceman(未邦訳:アイスマンになる)』で述べている。「心のハンドルを握れたら、心が向かう方向にかじを取ることができる」[58]と。

簡単に言えば、ヴィムの呼吸法は、息を鼻から吸って口から吐き、そのあと息を止めて、負荷をかけて肺を広げる、というもの。ヴィムはたいていこの呼吸法を、寒さに身をさらしながら行う。これも身体の限界を試し、迷走神経に健全なストレスをかけるボトムアップ・アプローチだ。

私はそこまで本格的なものより、身体に徐々に負荷をかけていくアプローチが好きだ。世の中には探求すべきブレスワークがたくさんあるけれど、やや長めに練習できる時間と空間があるなら、私がお勧めしたい最初のワークはこれだ。

1. 胃が空っぽの状態で始めよう(朝か夜がお勧めだ)。
2. 気が散るものが少ない心地よい場所に、座るか横になるかしよう。
3. 胃の下部のあたりから深く息を吸い込もう。
4. これ以上吸い込めない、というところで止まって、2~3秒息を止めよう。

5. 力に頼らず、心地よくゆっくり息を吐き出そう。そして、いつもの呼吸を1サイクル行おう(吸って吐こう)。

6. これを10回繰り返そう。

私は毎朝、目が覚めるとすぐにこのブレスワークを行い、1日をスタートさせている。たいていの日は5分間行う。短く聞こえるだろうけど、練習を始めたばかりの人には簡単そうで難しい。初心者の場合、このエクササイズは最長で1分間にするべきだ。そのうち、何度も繰り返せるようになる。

毎日実践してここまで来るのに、私は何年もかかった。最初はおなかからの呼吸が難しくて、ほんの数分間じっと座っているだけで、とても苦痛だった。時間をかけて地道な練習を重ねるうちに、いつもの浅い胸式呼吸ではなく、1日を通して深い腹式呼吸を活用できるようになった。そうして時間が経つうちに、神経系がリセットされて、自分が前より落ち着いて、穏やかな気分でいることに気がついた。そして以前よりも深く呼吸できるようになった。今では、コツコツ練習を重ね、深い呼吸を意図的に使って、身体を落ち着かせることができる。感情が高ぶって、それが一番必要なときに。

運動・ヨガで心身を癒やす

ランニング、水泳、ハイキングなど、心と身体が安全な場所でつながるどんな活動も、「ストレスに耐える力を高める」とポージェス博士は記している。心身に負荷をかける運動は心血管疾患や認知症にかかるリスクを減らし、老化のプロセスを遅らせる効果さえありそうだ[59,60]。運動は、脳内にドーパミン、セロトニン、ノルエピネフリンといった神経化学物質を放出することで眠りを深くし、気分を向上させる。こうした物質は人を幸せな気分にし、ストレスをやわらげてくれる。たいていの場合、全身の酸素を増やし、血行を促進する心血管運動は、脳内に目に見える変化を起こす。脳が大きくなり、健康になると同時に、新しい神経経路を刺激し、既存の神経経路を強くするのだ。

究極の「ストレス耐性を高める」運動とは、迷走神経を直接活性化する効果を考えると、やはりヨガだろう。ポージェス博士も、ヨガを強力に支持している（迷走神経緊張を改善する効果を、学術誌で詳しく述べている）。ヨガは、心身を調整する呼吸のパワーに運動を組み合わせることで、心と身体の両方に働きかける。練習が進むと、ますます難しいポーズで身体の限界を試し、身体の組織にさらなるストレスをかけると同時に、心を落ち着かせる呼吸のパワーと再びつながることができる。定期的なヨガは、（時間と共に、迷走神経の反応が強化されるおかげだろうが）炎症を改善し、血圧を調整するなど、全身への拡散効果があると証明されている。クンダリーニヨガ［訳注：体内エネルギーの出入り口であるチャクラを活性化させることを目的とする、瞑想要素の強いヨガ］、ハタヨガ［訳注：肉体的なポーズと呼吸法に重点を置く、すべての流派の原点となるヨガ］、アシュタンガヨガ［訳注：呼吸と動きを連動させて流れるように行う、運動量の多いヨガ］、ひいては高温多湿の部屋で行うホットヨガを組み合わせた運動など、どんな種類のヨガでも、効果に違いはないようだ。

ポージェス博士は1990年代にインドでヨガの調査を始め、多くのヨガが、「闘争」「逃走」「凍りつき」といった身体のストレス反応を活性化させるよう設計されていることに気がついた。ヨガの背景にある考え方とは、「実践者はトレーニングを通して、通常は気絶や凍りつきの際に起こる『動けなくなる状態』に入れるようになるが、意識はさらに高まり、恐れはさらに小さくなる、というものです」と、博士はインタビューで語っている。そしてそれを、脅威と思しきものに反応して「自分自身の中に深く入り、安心感を抱く能力」と説明している[61]。

癒やしへの鍵は、身体と心のぎりぎりの限界を試すことで、心身のパワーを学ぶこと。ヨガの実践者がさらに深い、さらにつらいポーズを取るとき、迷走神経が学ぶのは、ストレス反応の手綱を握り、癒やしが起こる穏やかで安全な状態にすばやく戻る方法だ。管理された逆境に心身をさらすことで、すばやく「立ち直る」、もしくは、打たれ強くなる方法を学ぶのだ。

ある調査によると、ヨガを6年以上続けてきた人たちは、ヨガの経験がない対照群の2倍の時間、両手を氷水に浸していられる[62]。ヨガの実践者たちは、そうではない人たちのように苦しみから目をそらすのではなく、その感覚に立ち向かい、その感覚を乗り越える手段として、苦しみに集中し、苦しみを上手に導く方法を見つけていた。これがレジリエンスを育むエクササイズの本質である。

歌や遊びで癒やす

純粋な幸せの表現である「喜び」は、ほとんどの人にとって、もはや思い出にすぎない。私たちは、何かをただ楽しいからする、という幸せな自由をすっかり忘れてしまった（得だから、必要だから、あるいは、外から与えられた何らかの動機で行動している）。子どもの頃は、ただやりたいからやっていた。多くの人は子ども時代に、そう感じていたときのことを覚えているだろう。ダンスのレッスンを受けたときだったかもしれないし、ビーチを自由に駆け回っていたときや、思いのままに絵を描いていたときだったかもしれない。

大人になっても、思いきって遊んでみると、喜びに満ちた自由を味わえる。エゴに邪魔されずに踊ったり、おもちゃの楽器を演奏したり、仮装して空想の世界に浸ったり。そんなふうに没頭すれば、時には純粋に今していることを楽しむ「フロー状態」に入れるだろう。この状態は、愛する人との会話に夢中になって、今この瞬間に没入し、時間という枠の外にいるときの感覚とよく似た働きをする。その喜び自体が癒やしになるのだ。

遊びが社交を目的としたものなら、ニューロセプション（危険の兆候はないか環境をチェックする神経系の一部）を試せるだろう。誰かとばか騒ぎするとき、近くの人を適当に集めてサッカーするとき、あるいは、単に友達とビデオゲームで闘うときでも、人は闘争／逃走／凍りつきモードや、穏やかで安心・安全な社会的関与モードを出たり入ったりしている。こうした遊びは、ヨガの最中に学んだのと同じように、すばやく正常な状態に戻る方法を身体に教えてくれる。広々とした楽しい空間で、危険と安全を交互にこしらえれば、最終的に「神経回路の能力を高め、闘争・逃走行動の手綱を瞬時に握れるようになる」と、「遊びと迷走神経」についての記事でポージェス博士は述べている[63]。闘争・逃走反応を常に活性化させておくのではなく、そのスイッチを切る方法を学び、安全な基本状態に戻って、慢性病を減らすことはできるのだ。

迷走神経に働きかける遊び時間の活動で、広く人気を博しているのは歌うことだ。歌を歌うと、多くの人は楽しい気分になる。もしかしたら誰かに「音痴だ」と言われて、人前で歌わなくなった人もいるかもしれない。でも、子どもの頃には、歌がさまざまな形で、自分を知り、自信をつけ、喜びを高める手段になっていたことを思い出してほしい。歌うことのメリットは、大人になってもなくならない。大好きな歌を大声で歌うと、ブレスワークやヨガや遊びと同じように、迷走神経を調整できる。ほかの人たちと一緒に歌うことができれば、恩恵はさらに大きくなる。部屋いっぱいのシンガーの「共同調整力」のおかげで、驚くほど気分が高まるはずだ。シャワーを浴びながら一人で歌うだけでも、癒やしになるだろう。

覚えているかもしれないが、迷走神経は、喉頭や声帯をはじめ顔や喉の多くの筋肉とつながっている。安心・安全な場所にいるときは、自分の声の響きも変わるし、より幅広い音——とくに人間の声――がよく聞こえるようになる。歌を歌うと、口の中や首の筋肉を通して、そうした穏やかな感覚を生み出すことができる。科学ジャーナリストのセス・ポージェス（あのポージェス博士の息子）も、中周波の音楽を聴くと中耳の筋肉（社会的関与モードの幸せな場所にいるときに活性化される筋肉）が開く、と提唱している[64]。中周波の音楽を一番効率よく探せる場所はどこかって？　ディズニー映画のサウンドトラックだ。だから、『ライオン・キング』のオープニングの曲をかけて、心ゆくまで大声で歌ってほしい。

1日1日、心を解放する

時間をかけて、私は毎日、自分との小さな約束を通して、癒やしの新しい基盤を築いていった。この基盤が、身体とそのすべての組織が必死で求めていたバランスを取り戻す助けになった。身体に元気と栄養をくれる食べ物を選ぶようになり、睡眠を優先し始めた。同時に、意識を活性化するいろいろなエクササイズにも取り組んだ。瞑想とブレスワークを毎日の習慣にし、ヨガに励み、生活に遊びを取り入れて、歌ったり踊ったり自然の中でハイキングしたりする時間をつくるようになった。

こうした要素をすべて取り入れるのに、何年もかかった。きちんとした指針がなかったから、さまざまな手法を取り入れては腸と免疫系を癒やし、長らく音信不通だった直感の声に癒やしの旅のガイド役を務めてもらった。久しぶりに内なる声とコンタクトを取ったのは、ネコのジョージが行方不明になったときだ。ロリーと週末の旅行から戻ると、ジョージがいなくなっていた。二人で家の周りを探し、部屋を一つずつチェックしていくうちに、私はうろたえ始め、どんどん激高していった。「オーブンを開けて！　オーブンを開けて！」と叫びながら、バッと扉を開けた。ジョージが黒焦げで死んでいる姿を想像しながら。家に連れて帰ってきた当時5～6歳だった甥っ子の目の前で、怒鳴り散らしていた。顔が真っ赤になって、鼓動はドクドクと耳に届くほど高鳴っている。すっかり理性を失ってしまった。

5分後、落ち着きを取り戻した私は、ジョージを探す計画を立てた。近所の人たちや獣医さんにも声をかけ、ようやくジョージを発見した。すべてが終わったあとで、「ブチ切れちゃってごめん」とロリーに謝った。

「わかってるって。本気だったなんて思ってないから」と彼女は言ってくれた。

本気であんな行動を取ったわけじゃない――という考えが、自分の中の何かに触れた。心のどこかで――本当の私は――ロリーの言う通りだ、とわかっていた。パニックを経験している最中も、心のどこかで「本当に血迷ってるわけじゃない」と感じていた。まるで役を演じているみたいに、条件づけされた家族の力学をただ実行し、訓練された通りにパニックになっている、そんな感じだった。本当の私は、それが真実ではないと心得ていた。もちろん、身体は交感神経反応に活性化され、実際に心拍数が上がって、副腎はコルチゾールをつくっていた。それでも、私の小さな一部は「ロリーの言う通りだ」とうなずき、心の奥底では、自分が本気じゃなかったと知っていた。

このことは私に、深い部分で何かが起こっている、と教えてくれた。だから、何が自分を怒らせ、自制心を失ったときに身体がどんな反応をするのかに注意を払い始めた。では、「ワーク」に取り組みだして何年も経った頃まで、時間を先送りしてみよう。今度はネコのクラークが行方不明になった（うちのネコたちは大の冒険好きなのだ！）。

クラークはかなり「イヌっぽい」ネコなので、うろうろ出かけて迷子になったに違いない。私は心配していたけれど、このときは神経系が過剰反応することもなく、私はずっと落ち着いて捜索に専念していた。3週間ほどかかったが、最終的にクラークも見つかった。今回は探している最中に大騒ぎして、大切な人たちを傷つけたりせずにすんだ。

今の私は、一人の人間として統合されている。身体的な自己としての感覚——感覚がどのように自分の中を通り抜けていくのか——を知っている。緊張したときや興奮したときに、胃がそわそわする感じ（緊張と興奮は別の感覚だけど、同じように感じると判明している）、おなかが空っぽのときの空腹のつらさ、しっかり食べたときの満腹感。以前は自分自身とつながっていなかったから、そうした感覚のメッセージとつながったこともなかった。

それから、猫背になったり、緊張でピリピリしたりすることも減った。前よりエネルギーに満ちているのだ。朝5時に目覚めると、やる気にあふれ、一日中頭がさえている。かつては言葉を思い出せず、たびたび気を失っていた。締めつけられ、抑圧されて、お通じもままならなかった。

とはいえ、トラウマ反応を一切経験しなくなったわけではない。常に晴れやかな気分で、頭がすっきりさえ渡っているわけではないし、今でもブチ切れてしまうことはある。そんなときは、自分に優しく思いやりを示すことにしている。そういう反応をあるがままに受け止めている。それは、自律神経に負荷がかかりすぎて、おびえてしまった結果だから。

私たちの身体は、驚くほどに素晴らしい。今では家族が病気だからといって、自分も病気になる「運命」なんかじゃない、とおわかりだろう。固まってしまったものなど、何一つないのだ。細胞は、受胎の瞬間から環境に反応している。ここまで、子ども時代のトラウマから、自分が選んで体内に取り入れる食べ物に至るまで、いかに環境が私たち――とくに、神経系、免疫系、微生物叢など、ストレスやトラウマに強く反応する組織――を形づくっているのかをお話ししてきた。私たちの世界観や世界での暮らし方を形づくる自律神経系のパワーについて学び、脳から身体の全組織へと流れる迷走神経の驚くべき役割についても学んできた。こうした話にかなりの時間を費やしてきたのは、これらのプロセスを理解すれば、身体のレジリエンスや変革の可能性について学べるからだ。

次のステップは、変革に対するこの力強い意識と信念を心に向けること。つまり、過去の自分を理解し、インナーチャイルドに会い、エゴと友達になり、自分の世界を形づくり続けている「虐待者との絆《トラウマ・ボンド》」について学ぶことだ。ここまで身体を解放してきたように、そうした知恵が、今度は心を解放してくれるだろう。

では、さらに歩を進めよう。

未来の自分日記

ブレスワーク

さて、今からご紹介する「未来の自分日記」のひな型は、私が日常生活で、ブレスワークという新しい習慣を身につけるために、毎日活用していたものだ。毎日ノートに下記のような言葉を書いて、自分が変わり、新しい選択をし、徐々に新しい習慣を身につける、という意図を忘れないようにしていた。

- **今日私は、**深い腹式呼吸をすることで身体を落ち着かせ、自分に安心感と心の平和をもたらす**練習をします。**
- **私は、**身体を調整する新しい方法を学ぶチャンスに**感謝しています。**
- **今日私は、**穏やかで、自分の身体と深くつながっています。

・この分野が改善されたので、私は、上手にストレスに耐えられる、と感じられます。
・今日私は、「ストレスを感じ始めたら、深い腹式呼吸を行う」と思い出したときに、この練習をします。

Chapter 6

コア・ビリーフというバイアス

人は生きるために自分に物語を語っている、と言われる。その物語はたいてい、実体験に基づいている。たとえば、小さい頃からモテモテだったから「俺はセクシーだ」と信じている、などだ。おおむね子ども時代につくられるそうした物語が一度もアップデートされずに、今の現実を映し出していない場合もある。たとえば私のように、子どもの頃に人見知りだった人は、いまだに「私は人見知りだ」と思っているかもしれない。人前で気後れすることも尻込みすることも、今はまったくないのに。

たいていの場合、人は自己防衛として自分に物語を語る。子どものときは、親に自分の知らない人生があるなんて、精神的、感情的に理解できない。子どもは発育年齢によって、認知的、感情的に理解できることに限りがあるのだ。そうした限界を考えると、子どもは親に手を上げられると、「自分が悪い」と思い込んでしまう可能性がある。生きるために依存している相手が、怒りをうまく処理できないなんて知らないからだ。時には、現実がつらすぎて理解も対処も追いつかず、暗闇を乗り越えるために別の物語をこしらえることもある。たとえば、ネグレクトされていると感じている子は、親に「大事な仕事がある」という話をでっち上げ、親がそばにいない口実をこしらえるかもしれない。つらい真実を掘り下げなくてすむように。

例に漏れず私も、そうしたたくさんの物語（「核となる思い込み《コア・ビリーフ》」とも呼ばれる）でできている――「私は神様のような子どもだ」「私は感情を見せないタイプだ」「私は心配性だ」……。コア・ビリーフとは、自分自身や自分の人間関係、自分の過去、未来、その他、実体験に基づいてこしらえた無数のテーマについてのたくさんの物語のことだ。私の心の奥にあった物語の一つは、本人のあずかり知らないところで長年主導権を握っていたのだけれど、私が意識を立てて内なる世界を観察する「ワーク」に取り組み始めると、はっきり姿を現した。その物語は、「誰も私のことなんか考えていない」というもの。

この物語は、誰かと恋愛関係になると、必ずといっていいほど問題を起こした。私がよそよそしい人間なのも、友人関係や仕事で病的なほど人に頼らず、何でもかんでも一人でやってしまうのも、この物語のせいだ。列に並んでいるときに誰かにさっと割り込まれても、この物語が頭をもたげる。頭の中で、こんな声が聞こえるのだ。「おまえはどうでもいい人間だ」。どうしてだろう？　その瞬間、私は心から信じているのだ――赤の他人が私のことなんか考えてくれるはずがない。お母さんだって考えられなかったんだから。私は幽霊だから、誰もがするりと通り抜けてしまう。

この気づきは、瞑想中に降りてきた。フィラデルフィアの実家のキッチンにいる母の姿を、ふと思い出したのだ。私がたしか4歳の頃の話だ。

母の不安から生まれた私の思い込み

父は毎晩、職場から同じ時刻に帰ってきた。父が帰ってくる1時間ほど前に、母は夕食の支度を始め、テーブルを整えて、父の帰宅に合わせて温かい料理を出せるようにしていた。準備をしながら母はよく窓際に立って、父がバス停から歩いて帰る通りに目をやっていた。歩いてくる父の姿が――毎晩まったく同じように――帰宅する少なくとも5分前には見えてくる。予定通りの日常と日課が、日々予測がつかずさまざまな欠乏に悩まされた子ども時代のトラウマから、母を安全に守っていた。母の両親は子どもに無関心だった上に、父親が突然の死を遂げた。判で押したような父の予定や、家族の「絆」へのこだわり、夫婦別々の時間がほぼないこと――そんな安定感が、母の心を落ち着かせていたのは間違いないだろう。

ところがある晩、父はいつもの時間に姿を見せなかった。10分経っても、まだ現れない。15分、20分、30分経っても、遅れたままだった。私はキッチンテーブルの下のお気に入りの場所から、どんどんピリピリしていく母を見ていた。そして、何時間もテーブルの下で、おもちゃのスクーターのペダルを踏んでいた。自分の足で、くるくる、くるくる、くるくると自分を回転させ続けた。そこが自分を取り巻く（表面上はまだ「家族の和」を保っている）カオスから、安全に守ってくれる隠れ家のように感じて。いつも以上にエネルギーを消費することで、普段からどんより心を覆っていた不安をやわらげていた。

時は刻々と過ぎていく。母はもうイライラを隠そうともせずに、両手をギュッともみ合わせて窓の外を見つめている。何も言わなくても、不安が伝わってきた。ペダルを踏む私の足はますますスピードを上げて、母の不安を体現している。母は言葉に出さない不安が募るにつれて、足元で壊れていく小さな生き物には目もくれなくなった。あの瞬間、母が私と波長を合わせることは一切なくて、どんな形にしろ私の欲求や恐れに寄り添うことはなかった。とにかく、無理だったのだ。私は取るに足りない存在となって、いないことにされた。母は不安とトラウマ反応に飲み込まれ、目の前の危機に集中していた。私はまだ幼くて、人間が進化の過程で身につけた行動を理解する知恵などあるはずもなく、ただつらい現実にさらされた。そんな小さな瞬間の積み重ねで、あのコア・ビリーフが形成されていった――誰も私のことなんか考えていない。

その後、突然、父が現れた。坂道を下りてくる姿が見えたのだ。さっと部屋のエネルギーが変わり、母はまた夕食の準備に戻った。

私はこうした瞬間に、二つ目の教訓を学んだ。「心の動揺をやわらげてくれるものは、外からしかやってこない」。母と同じように、私も常に、自分を安心させてくれる父の代わりを待っていたような気がする。パートナーからメールの返事が来ないと不安でパニックに陥り、誰かの気持ちが離れると全身を（とてつもない）恐怖が駆けめぐった。それでいて、投げやりになったり、イライラしたり、愛されていないと感じると、何だかしっくりくる自分もいた。それは、「窓辺に立つ母」の再現だったから――この人は私のことなんか考えてくれないけど、生きていくためにはこの人が必要だ……。

RASがつくる「確証バイアス」

この話は、一見ごくありふれたこと（父がいつもより遅く帰ってくるような、ささいな事柄）が何らかのメッセージを持ち、そのメッセージが自分を形づくっている信念に組み込まれている――その一例として紹介した。

では、一歩離れて見てみよう。信念――思い込み――とは、具体的に何を意味しているのだろう？

信念（思い込み）とは、実体験に根差した、繰り返された思考のことだ。信念は長年の思考パターンでできていて、大きく育つためには、内からも外からも事実だと立証される必要がある。自分自身（自分の性格、弱点、過去、未来）についての信念とは、自分が世の中を見ている、そのレンズにかかっているフィルターのことだ。ある思考を繰り返せば繰り返すほど、脳はますますその思考パターンを初期設定《デフォルト》にする。その思考がストレス反応や迷走神経を活性化する場合は、なおさらそうなる。そうして生じた心の不安は、時間と共に強迫的なものに変わりやすい。それが「感情中毒」として知られる「条件づけされたトラウマ反応」の定義だ。ある思考を繰り返し抱くクセは、脳や神経系や全身の細胞の化学反応を変え、結局その思考パターンをデフォルトにしていく。要するに、何かを考えれば考えるほど、人はそれを信じるようになる。繰り返された思考は、その人の真実になるのだ。覚えておいてほしい。ほとんどの人は、そうした条件づけされた生理的機能不全のパターンを持っている。だから、深く根づいた信念を本当に変えたいなら、神経系のバランスを取り戻す「ワーク」に取り組む必要があるのだ。

ある信念が事実だと繰り返し証明されると、「コア・ビリーフ」になりやすい。コア・ビリーフとは、心の奥底にある自分のアイデンティティに対する認識だ。その認識はたいてい、7歳になる前に潜在意識に組み込まれる。それらが、自分が何者かを語る物語になる。「私は頭がいい」「私は人に好かれる」「私は社交的だ」「私は内向的だ」「私は計算が苦手だ」「私は夜型人間だ」「私は一匹オオカミだ」――こうした信念が「性格」の枠組みをつくる。私たちは何の疑問もなく繰り返しコア・ビリーフを使っているから、自分のものだと思いがちだけれど、それらはたいてい親や、家庭やコミュニティといった環境、幼い頃の経験から刷り込まれたものだ。そして残念ながら、コア・ビリーフの多くを形づくっているのはトラウマだ。

いったんコア・ビリーフが形成されると、人は「確証バイアス」――自分の信念と一致しない情報は捨てたり無視したりして、自分の信念を裏づける情報を選ぶ傾向――に陥る。「僕には価値がない」と信じている人は、たとえ昇進しても「何かの間違いだ」と考えて、「見かけ倒しだとバレるのは時間の問題だ」と思い込んでいる。だから、偶然にしろ自分でぶち壊したにしろ、何かミスをすると、「必然性」のレンズを通して解釈する。「ほら、やっぱりヘマをした。僕には価値がないからね」と。一般的に、人は「ネガティビティ・バイアス」に傾きがちだ。つまり、ポジティブな情報よりネガティブな情報を優先する（重んじる）傾向があるのだ。だから、最高の勤務評定をもらってもさっさと忘れるくせに、同僚からチクリと批判された痛みはずっと覚えていたりする。

この偏り《バイアス》は、人間が進化の過程で身につけたものだ。初期の人類は、自分を喜ばせるものよりも、命を奪いかねないものに目を向けていたほうが生き残れる確率がはるかに高まった。自律神経系の「闘争・逃走反応」のように、このバイアスも、生理学的なレベルで私たちの基本ソフトに組み込まれていて、おおむね意識的にコントロールすることはできない。感覚的なインプットを選別《フィルタリング》したり優先順位をつけたりできなければ、絶えず飛び込んでくる大量の情報に圧倒されてしまうからだ。世の中では、同時にたくさんのことが起こっているのだ。現在の、自分の周りの世界を全体として、ただ認識しようと努めればいい。脳がありとあらゆる刺激を同時に受け入れていたら、機能しなくなってしまうから。

この潜在意識のフィルタリングは、「脳幹網様体賦活系《ふかつ》」（RAS）の働きだ。RASとは脳幹にある神経の束で、環境を整理する役目を果たしている。RASのおかげで私たちは、身の回りの自分が重要だと感じることだけに集中できる。RASは脳の門番の働きをし、幼い頃に身につけた信念を使って、入ってくる情報をふるいにかけて、信念を裏づける証拠を優先する。このように、RASは、本人がすでに「本当だ」と信じていることを強化する情報を積極的に集める。

では、RASの働きの身近な例を一つ、ご紹介しよう。あなたが新しい車を買いたいとしよう。販売代理店に行ってほしいモデルを見つけ、オンラインでその車についていろんなことをじっくりと調べている。すると、ふとあることに気づく。誰も彼もがそのモデルを運転しているように感じているが、路上でその車が走っているのを見たことはほとんどない、と。RASのせいで、宇宙が特別なメッセージを送っているように見えるのだ。そして、たぶんその通りだ。とびきり優秀なあなたの脳がつくり出した、あなたの宇宙では。

RASの働きは、車を買うときに「確証バイアス」を生み出す程度には留まらない。鬱病に関するある説によると――ずいぶん単純化した言い方になるけれど――鬱状態の人は、ネガティブなレンズを通して世の中を見ている。たとえば、最近のイヤな1日のことを思い出してみよう。イヤなことが次々と起こって、何一つ思い通りにいかないと感じたはずだ。本当にツイてない！　と思ったかもしれないけど、実はRASが働いて、その日に起こったいいことやよくも悪くもない出来事は、なかったことにされていたのだ。私たちが時々、不安の靄《もや》の中から抜け出せない、と感じるのはそのせいだ。RASが抜け出させてくれないのだ。

脳は、RASのフィルターを防御メカニズムとして使うこともある。「子ども時代はバラ色で完璧でした」と言って、本当はまったく逆なのに、ネガティブな出来事や苦労を認めようとしない人を、私は大勢見てきた。子ども時代を美化する思いがコア・ビリーフになっているのだが、それは自己防衛から来ているのかもしれない。現実の世界では、誰の子ども時代も完璧じゃない。過去と現在の経験のすべてを正直に観察することは、癒やしへの第一歩だ。

第2章で「あなたはあなたの思考ではない」と学んだように、あなたとあなたのコア・ビリーフは別物だ。これはなかなか受け入れがたいだろう。コア・ビリーフはあなたに深く染みついて、アイデンティティの一部と化しているから手放しがたいのだ。子ども時代の脳や、どのようにコア・ビリーフが形成されるのかを学べば学ぶほど、徐々にコア・ビリーフにしっかり目を向けて、それを自覚できるようになる。そして最終的には、残したい信念と手放したい信念を進んで選べるようになる。

生き残るために組み込まれる

飛行機の中で大泣きする赤ん坊の隣に座っているときや、かんしゃくを起こしている幼児を必死でなだめているときに思い出すのは難しいだろうが、幼少期とは、純粋な精神の本質がぎゅっと詰まった時期だ。子どもらしい驚き、遊び、真実を語ること――これらは本当の自分（もしくは、私が「魂」だと考えているもの）の表現だ。まだ本当の自分から切り離されるほどの人生経験を積んでいないし、コア・ビリーフを身につけてもいない。

赤ん坊の脳を、スマホの基本ソフトのようなものだと考えてほしい。歩き方に始まり、何を信じるか、食べ物をもらうためにどれくらい泣くかに至るまで、あらゆるアプリを「ダウンロード」するかどうかは本人次第だ。赤ん坊が文字通り、目を大きく見開いて、われを忘れたような驚きに満ちた眼《まなこ》でうっとりと世の中を見ているのは、何ら不思議なことではない。彼らは常に「受け入れて学ぶ」姿勢で生きている。

幼少期は、絶え間ない発明の時期だ。言語、動作、人とのやりとり、原因と結果など、生き延びるのに必要な事柄を学ぶ。脳の構成要素であるニューロンは、「脳波」と呼ばれる同期《シンクロ》する電気活動を通して互いにコミュニケーションを取り合っている。脳波は、私たちを人間にするあらゆるもの――行動、感情、思考、さらには身体の仕組みさえも――生み出している。まさに美しい交響曲だ。それは新生児の心の中で生まれる、かつて奏でられたことのないユニークな歌だ。

今や私たちは知っている。これが、自分自身や自分の世の中での居場所についてのコア・ビリーフが形成される時期でもある、と。そのプロセスは、母親の子宮を出た瞬間に始まる。この世に生まれ落ち、見知らぬ新しい世界とそこでの居場所を理解しようとすると、脳内の神経経路が大いに刺激され、形成され、磨かれる。これが恐ろしい時期でもあるのは、誰かに完全に依存している上に、未知とは怖いものだからだ。その事実は、子どもにとっても変わらない。脳が未熟で、依存の意味を十分に理解できてはいないものの、弱さゆえの恐れは感じているはずだ。依存しているから、環境にも影響される。（食べ物、住まい、愛情といった基本的ニーズが満たされるかどうかという）直接的な意味でも、（発展途上国や構造的な抑圧のもとで暮らしている、感染爆発《パンデミック》の最中《さなか》である、といった）マクロな意味でもだ。この弱い立場の時期に、そうしたすべての要素が安心感や癒やしの——もしくは、それがないという——感覚を形づくり、身体や心や魂に長期にわたる痕跡を残すのだ。

とくに重要な痕跡を残すのは、私たちが最も深く結びついている親である。新しい神経科学は、親が赤ん坊の脳に与える圧倒的な影響を証明している。ある調査によると、大人と赤ん坊が互いに見つめ合うと、お互いの脳波が実際にシンクロして「共同ネットワーク状態」をつくり[65]、二人を無言の共通語でつなぐ。

親がいなければ、子どもは——物質面だけでなく、感情面でも——飢えに苦しむことになる。人間の一番の目標は、愛されることだ。愛されていれば、安全に守られ、食べ物を与えられ、もれなく面倒を見てもらえる。これが子ども時代の脳の発達にとって何より望ましい状況、つまり、第4章でお話しした「社会的関与モード」に当たる。これは、誰もが安心・安全な気分で遊んだり、何かに挑戦したり、学んだりできる平和な状態のことだ。この安全な状態が、神経や行動が大きく成長するのに欠かせないのだ。この「学習脳」のおかげで、人は安心して思いきった冒険ができるし、倒れてもまた立ち直れる。

子どもは、人とのつながり方や世の中の渡り方、ストレスへの対処法といった手がかりを求めて、親に目を向ける。これは「共同調整」と呼ばれる（実家のキッチンの窓辺で、これが働いていた話を先ほどご紹介した）。共同調整は、心にとっての学習体験であると同時に、身体にとっての学習体験でもある。このとき、親は子どもに、感情的な反応を落ち着かせ、「社会的関与モード」という基本に戻る方法を教える。子どもがこの調整を学ばなかったり、学ぼうと思えるほどの安心感を得られなかったりした場合、闘争／逃走／凍りつきといったモードに入ってしまう。そうしたモードに入ると、ニューロセプションが環境をチェックして、「危険だらけだ」と判断するだろう。

2歳から7歳までの脳の発達

闘争／逃走／凍りつきモードにはまり込んでしまうと、すべてのリソースをストレスの対処につぎ込むことになる。すると、簡単に言えば、子どもの脳はダメージを受ける。子ども時代は、弱くてもろい時期だ。一人で生き延びることはできないから、生存を脅かしかねない事態を親が鎮圧するたびに、ストレス信号が体内にどっとあふれ出すだろう。その結果生まれる「生存脳」（と私が呼ぶ状態）では、脅威と思しきものばかりに目を向けて、世の中を白か黒かで判断し、物事に執拗にこだわり、パニックに振り回されて、結論ありきの議論しかしなくなる。ストレスにさらされると取り乱し、何もしなくなってしまうかもしれない。

受胎から2歳まではとくにそうなりやすい。幼少期の脳は、「デルタ状態」と呼ばれる最も高振幅で最もサイクルが遅い脳波で動いている。一方、大人は、熟睡しているときしかデルタ状態には入らない。デルタ状態とは、学習し符号化するモードだ。スポンジのような新生児の脳は吸収することに夢中で、批判的思考をする力はない。

2歳から4歳にかけて、脳波が「シータ状態」に変わるので、脳はさらに発達する。シータ状態とは、大人が催眠状態に入ったときと同じ状態だ。シータ状態では、子どもは関心をひたすら内に向ける。自分の想像力と最も深くつながる時期なので、夢と現実の区別がつきにくくなる。この時期には、批判的に考える力も大いに育まれるが、まだ自己中心的な状態にはまり込んでいる。自分の視点でしか物事を見られない発達段階にあるからだ。

ここでいう「自己中心的」とは、利己的な大人のそれとは違う。子ども時代の「自己中心性」とは、自己と他者との違いが理解できない発達段階をいう。自己中心性における考え方とは、「すべては自分が原因で自分に起こっている」というもの。脳がまだ十分に発達していないので、文字通り他者の視点から世の中を見ることができないのだ。その「他者」が親やきょうだいや、ほかの近しい誰かであっても。子ども時代に、身体的、感情的、精神的欲求のどれかが常に満たされないと、そのネグレクトの責任を誤って自分が背負ってしまう。(「私が悪い子だから、誰も助けてくれない」などと)間違った思い込みを身につけて、(「この世は悪いところだ」などと)世の中全般がそうだと考えがちになる。この自己中心的な考えは、子どもが親とのつらい体験の意味を理解しようとするときに現れるだろう。職場でストレスまみれの1日を過ごした父親に怒鳴りつけられた子どもは、自分のせいじゃない、と理解できないからだ。

分析的な思考が優位になるのは、認知や感情の発達が次の段階に移る5歳頃だ。まだ現実と想像の区別がつきにくいところもあるけど、この年頃になると、子どもは合理的な思考を活用し始め、(「言うことを聞かないと、反省の時間を与えられるんだな」などと)原因と結果を理解し始める。この段階のあとに、脳波が最も低振幅で、最も速い「ベータ状態」になる。7歳頃にこの状態に入ると、批判的、論理的、積極的な思考が目立ち始める。大人の思考が育ち始めるのだ。ところが、その頃にはすでに、大人になってからも日常生活を支配し続ける、コア・ビリーフや潜在意識のプログラミングが蓄積されている。

歪められた子どものコア・ビリーフ

脳が発達するにつれて、人間の欲求は、住まいや食べ物や愛情といった基本的なものから、より幅広く、より複雑で、より細やかなものへと広がり、身体的・感情的・精神的に満たされたいと考えるようになる。一人一人の魂は、心の中に次の三つの基本的欲求を持っている。

1. 目を向けてほしい。
2. 話を聞いてほしい。
3. 本当の自分をユニークに表現したい。

ストレスを抱える親に限らず、そうした欲求をすべて、常に満たしてあげられる人はほとんどいない。理想的な家庭であっても、限界があるだろう。子どもの感情面での欲求が適切に、あるいは常に満たされない場合、子どもはたいてい潜在意識に「私には欲求を満たしてもらうだけの価値がない」というコア・ビリーフを抱える。自分の感情を否定されると、過剰反応するようになる。たとえば、親から「認められる」「価値があると見なされる」かどうかを基準に、自分のある部分を大きく見せたり、他人を否定したりするようになる。

自分自身の感情に振り回されてつらい思いをしている親は、子どもが悩んでいる姿を見ると、「おまえは神経質すぎる」などと言う。子どもの一番の目標は愛されることなので、愛され続けるために、「神経質」とされた部分を抑えたり隠したりするようになる。このパターンが続けば、子どもは本当の自分を無視して「偽りの自分」を表現し、「強く」なったり人と距離を置いたりする。偽りの自分は、「僕のアイデンティティの一部は受け入れてもらえない」というコア・ビリーフから生まれる。私はこの現象を、男性の患者や友人たちに多く見かける。有害な「超男性性《ハイパーマスキュリニティ》」のお手本を見ながら育った人は、男性が感情を表現するとがっかりされたり恥をかかされたりすることから、「自分にも感情の世界がある」と認めることすら難しい。そうしたケースでは、親や家族の条件づけと闘うだけでなく、社会全体と闘うことになる。

多くの場合、小さな一貫したメッセージが、コア・ビリーフとして刷り込まれる。みなさんの中にも、きょうだいたちの世話をしている母親を手伝ったときに、「あなたはとっても役に立つね。いつか素晴らしいお母さんになるわ」などと言われた人もいるだろう。絶えずそういう言葉を聞かされると、「愛されるためには、誰かのお世話をしなくちゃいけない」というコア・ビリーフができ上がるかもしれない。そのうち、自分を大切にしたり、自分の欲求を認めたりするだけで、「自分勝手だ」と感じるようになるかもしれない。あるいは、「お兄ちゃんを見習いなさい」と言われ続けた人は、「お兄ちゃんほど出来がよくない」というコア・ビリーフのせいで、自信をなくしてしまう。自分を他人と比べ、「このままの私で十分に素晴らしい」とは決して思えなくなる。あるいは、私がそうだったように、そんなに努力しなくても賞をもらったり認められたりしたせいで、こんな思い込みが生まれるかもしれない。「生まれつき得意なことだけを楽しんで、難しいことや、すぐにできるようにならないことは全部やめてしまおう」。かつて私のコア・ビリーフのど真ん中に座っていたのは、こんな考えだった。「勝てそうなときだけやりたいな」

ただし、こう指摘しておくのは重要なことだ。コア・ビリーフの大半をつくったのは親だけど、私たちの信念はより大きな環境の影響も受けている。たとえば教育制度は、一人一人の子どもに合わせた取り組みができず、一方通行の教え方をしている。つまり、「成功し、認められるために、大きな組織に合わせろ」と子どもたちに強いているのだ。その上、ある種の行動や態度、見た目をよしとする仲間たちによって、さらに圧力をかけられている。子どもたちはたいてい「オタク」「プレイガール」「運動バカ」などとレッテルを貼られ、そのレッテルがアイデンティティにまつわる物語をこしらえ、それぞれが無意識のうちにその物語を受け入れている。「数学が難しい」と感じた女の子が、「女は理系科目で男にかなわない」と信じている社会で暮らしていたら、自分についての間違った真実を取り込んでしまう。「私はきれいじゃない」「太っている」「頭がよくない」などといったん思い込むと、RASはその後も、思い込みを裏づけるような情報源を社会の中に見つけ続ける。

人は大人になっても、「スポンジ」のような子ども時代に身につけた――たいていネガティブな――コア・ビリーフというフィルターを通して、世の中を見てしまいがちだ。そんなコア・ビリーフを強化し続けて、より正確で完全でアップデートされた物語を無視していたら、本当の自分からますます遠ざかるだろう。ほぼすべての大人が「目を向けてほしい」「話を聞いてほしい」「外から認められたい」と躍起になるのはそういう理由からだ。「認められたい」という欲求は、共依存関係、慢性的なご機嫌取り、自己犠牲、といった形で現れる。あるいは逆に、不安や怒りや敵意として現れることもある。本当の自分と離れれば離れるほど、人はどんどん落ち込み、途方に暮れ、戸惑い、行き詰まりを感じて絶望していく。行き詰まって絶望すればするほど、その感情を周りの人たちに投影することになる。

信念は驚くほどパワフルで、潜在意識を通して、日々私たちの経験を形づくり続ける。信念――とくにコア・ビリーフ――は、一夜にして形成されたものではないから、一夜にして変わるものではないが、粘り強く努力すれば変えられる。本当に変わるためには、自分が実は何者なのかを学ばなくてはならない。そして、その学びの一つが、自分のインナーチャイルドに会うことだ。

Work コア・ビリーフの在庫チェック

少し時間を取って、自分のコア・ビリーフについてよく考え、日記に書こう。「ビリーフ」という言葉に気後れしたり、自分のコア・ビリーフがよくわからなかったりしても大丈夫。覚えておいてほしい。信念とは、繰り返された思考にすぎない。あなたは自分自身や他人、周りの世界、未来、その他多くの事柄にまつわるコア・ビリーフを持っている。まずは、一日中頭を駆けめぐっているテーマや物語に注意を払い、気づいてほしい。頭に浮かぶありとあらゆるテーマに気づいて、書き出そう。じっくり考えるために、次の日記のひな型を自由に使ってほしい。ほかの分野やテーマに気づいたら、追加していこう。

1日を通して自分の思考を観察していると、いろいろなテーマや物語が頭を駆けめぐっていることに気づく。

・自分自身について：

・ほかの人たちや、自分の人間関係について：

・自分の過去について：

・自分の現在について：

・自分の未来について：

未来の自分日記

新しい信念を身につける

信念とは繰り返された思考にすぎない、と理解したら、それほど驚かずに受け止められるだろう――新しい信念を身につけたいなら、新しい思考を繰り返さなくてはならない。「信念《ビリーフ》の在庫表」に先ほど記入したテーマや物語の中から、変えたいと思うものを一つ選ぼう。どれを選べばいいのかわからない？ まずは直感に従おう。それでもよくわからないなら、変えたら人生に一番大きな影響が出そうな信念はどれか、考えてみよう。

変えたい信念を選んだら、自分がどんなふうに信じたいかを考えよう。もしかしたら、今持っている信念の逆を書けばいいだけかもしれない。たとえば、多くの人と同じように、思考の中に「私はいまいちだ」というテーマを見つけたなら、「私は十分に素晴らしい」と信じたいはずだ。

・古い信念：

・新しい信念：

新しい信念は、あなたが毎日唱えるアファメーション（肯定的な宣言）やマントラ（呪文）になるだろう。ぜひこの新しい思考を繰り返してほしい。何度も。みなさんの中には、新しいアファメーションやマントラをどこかに、いや、あらゆる場所に貼っておきたい人もいるだろう。それが目に入るたびに、新しい思考を唱えよう。あるいは、1日の決まった時間――たとえば、朝や夕方のルーティンをこなす間――に唱えるのもお勧めだ。

新しい思考を真実として受け入れるのが難しくても大丈夫。もしかしたら、この新しい思考が真実味を帯びてくるなんて、みじんも思えないかもしれない。少なくとも、最初のうちは。それでも、とにかく繰り返そう。そのうち、あなたの脳はほんの小さな可能性を感じ始めるだろう。「この新しい思考に、いつかちっぽけな真実のかけらが宿るかもしれない」と。その日がいつ来るかにこだわらないこと。そうすれば、ある日突然、わずかな兆しが見えてくるだろう。私がそうだったように。

Chapter 7

インナーチャイルドに会う

アンソニーの第一印象と言えば、強いニューヨークなまりだ。私はそのなまりを聞くと、ブルックリン周辺で地下鉄に乗っていた頃のことを思い出す。

アンソニーは、カトリックを信仰するイタリア系大家族の「厄介者」だった。みんなに合わせようと、どんなに頑張っても。彼は善悪の感覚を、「悪いことをしたら地獄行きだ」という言葉でたたき込まれた。

でも、幼い頃にはもう「僕は兄弟たちと違って悪い子だ」と感じていた。彼が「悪い子」になったのは、まだ学校に上がる前に、近所の男の子から性的ないたずらをされたときだ。その子は、自分が家庭内でされていたことをアンソニーにしたのだが、アンソニーはそれを「おまえは悪い人間だ」という神様からのメッセージだと受け止めた。何と言っても、男の子同士の間で起こったことだったから。そして、父親がお酒を飲んで暴言を吐き、身体的・精神的な虐待を始めると、「僕が生まれつき悪い人間だからだ」という思い込みを強くした。虐待は、アンソニーの（兄弟たちと違って）やや大人しくて情にもろい性格に向けられることが多かった。家にますます居づらくなり、10代になると近所の年上の少年たちとつるむことが増えた。そのうち、少年の一人からまたしても性的虐待を受け始めたが、「自業自得だ」と思い込み、加害者との行為を楽しんだ。

アンソニーは本能的にわかっていた。虐待は間違っているし、自分はこんなこと望んでいないし、苦しんでいる、と。ところが、勇気を出して家族の一人に打ち明けたところ、「おまえは問題児だ」と片づけられた。ちょうどその頃、父親の暴力と飲酒がエスカレートして、アンソニーはとうとう親戚の家に送り込まれてしまった。実家を追い出されたことで鬱状態に陥って、一人でこっそりお酒を飲むようになった。

それから間もなく、性的な問題行動が目立ち始めた。ポルノビデオをひたすら集め、いかがわしい雑誌を部屋に山ほど積み上げた。そのうち周囲から孤立して、性的な妄想にふけるようになった。相変わらず親戚の家族と、毎週礼拝には出かけていたけど、「セックスや性的な欲望は罪深くて、神のご意志に反している」というおなじみの説教が壇上から響いていた。おかげで、繰り返しいくらでもわいてくる性的な思考や衝動や行動が、ますます恥ずかしくなった。ふくらんでいく衝動や病的な執着《フェチ》を安心して打ち明けられる相手もいなくて、自分の秘密を、罪深さのさらなる証しだと思い込んだ。癒やしは祈り、悔い改め、自分に罰を与えることによってのみもたらされる——とすでに学んでいたけれど、その頃にはもう「僕は直らない」とあきらめていた。そして、果てしない苦しみから解放されるには、教会や家族の責めるような視線を逃れて大学に行くしかない、と思い至った。そうして、自分という存在や過去から逃れるチャンスだとばかりに家を出たものの、自分の中にいる虐待され、侮辱された子どもをただ引っ越しさせただけだったなんて、まるで気づいていなかった。

外から見れば、アンソニーは完璧だった。魅力的で健康な、ウォール街で大成功している株式のブローカー。素晴らしい物に囲まれ、ぜいたくな暮らしをしている。それなのに、親しい友人たちとも連絡を取らず、隠れるように暮らしていた。プレッシャーのかかるきつい仕事のストレスを解消しようと、酒量もかなり増えていたから、そんな悪癖を他人に知られたくなかったのだ。こっそり一人で飲んでいるうちに、ポルノ・コレクションの外にも目が向き始めた。根深い欲望を満たしてくれる体験に出会えるかもと期待して、変わった性的妄想を楽しめるオンライン・プラットフォームをうろついては、意味のない暴力的なセックスに応じてくれる女性たちをナンパした。そうして羽目を外したあとは、すぐに激しい自己嫌悪でいっぱいになった。自分の行動の恥ずかしさに飲み込まれ、天井を見上げて許しを乞い、心の平安を祈るのだ。アンソニーのコア・ビリーフの一つは、「僕はひどく性的で悪い人間だ」というもので、その物語をひたすら強化し続けていた。

何年も隠れるように暮らしたあと、とうとう心身が疲弊して、わずかに残っていた仲間や家族とのつながりも断ってしまった。何ヵ月も家にこもって、ブラインドを下ろし、そもそも対処しようもなかった世の中から完全に離れた。しつこい鬱病の深い霧の中に身を置いて、「まともになりたい」という望みも捨てた。そして、ようやく自宅という安全地帯から這い出したときには、深い心の葛藤に対処する覚悟ができていた。

アンソニーは一度も、性的な衝動やセックス中毒の不安を人に打ち明けたことがなかった。心身が衰弱して孤立する前は、誰かに話すと考えただけで、ボロボロになりそうだった。でも、頼りになるトラウマ・セラピストのサポートを得て、隠していた性的な衝動やセックス中毒の悩みを生まれて初めて口にした。まるで心の中のダムが、どっと決壊したみたいだった。ようやく理解できたのだ。自分が加害者からグルーミング［訳注：性的な関係を結ぶために、被害者の信頼を得て手なずけること］され、被害に遭ってしまったこと、そして、自ら虐待を招いたわけではなかったことを。そうして秘密を明かしたものの、アンソニーはまだひどい苦しみの中にいた。

「そろそろインナーチャイルドに会おう」と決めたのは、ちょうどその頃だった。

「愛着」の4スタイル

インナーチャイルドの概念をご紹介する前に、幼少期の絆の重要性について少しお話ししておきたい。端的に言えば、最も親密な親との関係は、大人になってからのあらゆる人間関係の基盤になるのだ。こうした関係は「愛着《アタッチメント》」と呼ばれる。1952年、精神分析学者のジョン・

ボウルビィが「愛着理論」を提唱した[66]のは、ロンドンのクリニックで子どもと、子どもと母親との関係を調査したあとのことだ[67]。子どもは親の関心を引くために、泣く、微笑むといった「社会的解発因」と呼ばれるさまざまな働きかけをする。ボウルビィは、そうした子どもの強い反応は生存本能によるものだ、と結論づけている。母と子の愛着を「長期にわたる人間同士の心理的なつながり」と定義し、母と子にとって「進化上の利点がある」としているが、とくに生きるために他者に完全に頼っている子どもにとってのメリットが大きい、としている。ボウルビィは、「愛着は赤ん坊の社会的・感情的・認知的発達に欠かせない」と結論づけた。発達心理学者のメアリー・エインスワースはボウルビィの研究を引き継いで、「新奇場面《ストレンジ・シチュエーション》」という分類法を生み出した。この手法は、母親が子どもを部屋に残して一時的に出ていき（場合によっては見知らぬ人物を登場させて）、のちに部屋に戻ったときの子どもの反応を観察し、その子の「愛着スタイル」を見極める、というものだ。理想的なのは、親がそばにいるときは子どもの安全基地の役目を果たし、それまで落ち着いていた子どもが自由に歩き回って、遊び、探検する――というものだけど、必ずしもそうなるとは限らない。エインスワースと同僚たちは、生後18ヵ月の間に、赤ん坊に四つの愛着スタイルが現れることを観察し、次のようにまとめた。

1. **安定型**：安定愛着型の子どもは母親が部屋を出ていくと、少しの間混乱するが、すぐに立ち直る。母親が戻ってくると、子どもは再会を喜んで受け入れる。母親がポジティブで安定した環境を提供してきたことがわかる。それが、子どもが探検したり交流したりする安全基地の役目を果たしている（すでに学んだ言葉で言えば、安定した愛着があれば、子どもは自由に神経系の「社会的関与モード」に入れる）。

2. **葛藤型（不安・抵抗型）**：不安・抵抗型の子どもは、母親が姿を消すと大きなストレスを感じて動揺し、母親がいない間ずっと混乱し続ける。母親が戻ってきてもすんなり安心せず、そばを離れなくなり、離れた母親を罰することもある。これは通常、子どもの欲求と親の関心のズレによるもので、母親が戻っても子どもが落ち着いて安全な場所に戻れないことから、それがわかる。

3. **回避型**：回避型に分類される子どもは、母親が離れてもほとんどストレス反応を示さず、母親が戻ってもほとんど反応しない。回避型の子どもは、なぐさめてもらおうと母親を探すことがない。中には進んで母親を避ける子もいる。これは通常、（幅広い意味で）人とつながれない親が、子ども自身に感情のかじ取りをさせている結果だ。親が感情を支えてくれないので、子どもも親に助けを求めることがない。

4. **無秩序・無方向型**：無秩序・無方向型の子どもは、予測のつかない反応のパターンを見せる。ひどく動揺してイライラした様子を見せることもあれば、何の反応も示さないこともある。これは四つのタイプの中で最も珍しい愛着スタイルで、通常は、ACEテストで発見される深刻な虐待やネグレクトといったトラウマと関係している。子どもは予測のつかない世界で暮らしているため、身体もどのように反応すべきか、もしくは、どのように安全を確保すべきかがわからないのだ。

子どもとそばにいる親とのつながりが安心・安全なものであればあるほど、子どもは世の中全体を安心・安全なところだと感じるようになる。研究が繰り返し証明しているのは、幼い頃に安定した愛着心を抱いた人は、大人になっても安定した愛着心を抱く傾向があること。つまり、親との絆は生涯にわたって、驚くほどの影響力を持つのだ。脳スキャンも、この結論を裏づけている。生後15ヵ月のときに安定した愛着心を抱いていた子どもは、そうでなかった子どもよりも灰白質《かいはくしつ》（細胞や神経線維が集まる脳の一部）の容積が大きいことが判明しており[68]、脳機能がより健全であることがわかっている。さらに、子ども時代に安定した愛着心を形成できなかったことが、社交不安や行為障害といった診断と関係していることも知られている。

最近は、研究者や臨床医の中には、「愛着理論」の考え方を、一番親密な親からより大きな「家族」に広げている人たちもいる。その一例が、マレー・ボーエン博士が構築した「家族システム論」で、この理論は「愛着理論」をきょうだいや近親者を含む家族全体に広げている。私は、この追加は重要だと受けとめている。この追加によって、存在のネットワークが個人から、つまり、親密な環境から外へ、より大きなコミュニティや世界全体へと広がるからだ。

私は分類にこだわる人間ではないけれど、どの愛着スタイルが自分に一番しっくりくるかを理解しておけば役に立つ、と考えている。世界中の結婚・カップルカウンセラーから耳にするのは、愛着が私たちの中に、とくに恋愛関係の中に生き続ける、ということ。これはあとでご紹介するワークの実証ずみの根拠にもなっている。成人期まで持ち越されたインナーチャイルドの傷は、たいてい愛着に根差したものだからだ。

インナーチャイルドを紹介する

私は子どもの頃、絶対にめげないタイプだ、と思われていた。何があっても平気な様子だったからだ。ぼんやり遠くを見つめるような表情を浮かべ、「ニコールは部屋を出ていったけど、身体はここにあるよ」そんな状態だった。実のところ、今にも毛穴から噴き出しそうな大きな感情を抱え、強烈な感情にどう対処すればいいかわからないから、生き抜くためのメカニズムとして、感情から距離を置くすべを学んだ。

感情から離れれば離れるほど、内なる世界を否定するのがうまくなった。自分自身——自分の身体、感覚、感情——から遠ざかり、自分にはどうしようもない体験から身を守ろうと、「宇宙船」に乗り込むようになった。周りからは「われ関せずで、超然としたやつ」と言われていたから、その言葉を受け入れた。心から信じたのだ。「私は淡々とした人間で、本質的に周りの影響を受けない」と。心の奥底には炎が隠れていたのに、近づけないどころか、気づきもしなかった。よそよそしい孤独な気分で、何に対しても楽しみや喜びを見出せない。10代になると、マリファナ入りの水タバコをふかし、ウイスキーにも手を出した。それからはお酒やタバコを使って、外の力で現実から逃避するようになった。

どんなに心から相手を受け入れているつもりでも、まったく人とつながっている気がしなかった。パートナーと激しい口げんかはできても（母が窓辺で、父が二度と帰ってこないのでは、とおびえていたように、私も、相手に捨てられるのではないか、とおびえていた）、たいていの場合、私が相手を突き放し、避け、あまり反応しなかった。まるで、何かを愛しすぎないことを学んだみたいに。何かを心から愛してしまうと、奪われてしまいかねないからだ。それは「失う」「捨てられる」不安というより、誰かがいなければ私は生き延びられないという恐れ。だから、誰も入ってこられない殻をつくった。そして、自分の欲求がわからないどころか、欲求を持たない人間になっていった。

人とつながれないことを自覚したのは、自分を観察する練習を重ね、自分の思考に気づき始めた頃だ。そこに至るまでに、何度も同じ物語に出くわした。それは「誰も私のことなんか考えていない」というおなじみのテーマ。子どもの頃、キッチンテーブルの下に隠れていたときに、感じていたことだ。この信念は揺るぎなかった。何を経験していても、何かに感情をかき立てられているときも、やはりそう感じていた。怒りに震えているときも、よそよそしい気分のときも。ずっと物語は語られていたのに、私がメッセージを受け取れなかっただけ。

その後、セラピストのジョン・ブラッドショーの研究に出会った[69]。ブラッドショーは、物質乱用に悩む人たちのインナーチャイルドについて語るのに、キャリアを捧げた人物だ。ブラッドショーの研究は、アルコール依存症の父親に育てられた自身の子ども時代に端を発している。依存症の親を持つ多くの子どもたちと同じように、ブラッドショー自身もお酒を飲み始めた。彼が自分の家族の歴史や、患者の家族の歴史を調べれば調べるほどわかったのは、全員が深く傷ついたインナーチャイルドに対処していたことだ。ブラッドショーは、著書『インナーチャイルド　本当のあなたを取り戻す方法』（NHK出版）の中で、説得力のある主張をしている。それは、多くの人が「毒になる」（彼の言葉だ）人間関係に陥ってしまうのは、子ども時代のトラウマに一度も取り組んでいないからだ、というもの。「過去にネグレクトされ、傷ついたインナーチャイルドが、人間の悲劇の主たる原因だと私は信じている」と[70]。

私もさまざまなトレーニングやセラピーにおいて、ブラッドショーが指摘しているのとよく似たパターンを目の当たりにし、誰もが子どもっぽい部分を持っている、と理解するに至った。子どもっぽい部分は自由で、新鮮な驚きと畏怖《いふ》の念に満ち、本当の自分の内なる英知とつながっている。そこにアクセスできるのは、「社会的関与ゾーン」に安全に身を置いて、のびのびとした大らかな気分になれたときだけだ。そこは遊び心に満ちていて何の制約もないか、100パーセント今この瞬間にいるから、時間が存在しないかのように感じる。誰もが心の中に持つこの子どもっぽい部分が、認めてもらえないと、大人になってから暴走し、衝動的で自分本位な反応をすることがよくあるのだ。

そうした態度は、インナーチャイルドが抱える「最大の傷」による、子ども時代のトラウマへの反応として現れる。インナーチャイルドの傷とは、潜在意識を通して表現された、子ども時代から一度も満たされたことのない感情的・身体的・精神的な欲求のことで、今の自分にも影響を及ぼし続けている。とはいえ、別の人間の欲求をすべて満たすことはほぼ不可能だ。とくに、満たす側も満たされる側も自身の未解決のトラウマに対処している場合は。大多数の人が「目を向けてもらえない」「話を聞いてもらえない」「愛してもらえない」と感じ、生涯を通してこの苦しみを背負っている。みんなから「ナルシスト」と呼ばれている人たちでさえ、実は、究極の自己愛状態を生きてはいない。そう、まったく。それどころか、彼らは痛くてたまらないインナーチャイルドの傷に反応している、大きな子どもにすぎない。

傷を誰より激しくうずかせるのはたいてい恋人だけど、傷に触れさえすれば、人生で出会うどんな人でも、感情をかき立てることはできる。あなたもパートナーや友達と大声で言い争ったり、音を立ててドアを閉めたり、ドンドン足を踏み鳴らして歩いたりした（つまり、かんしゃくを起こした）ことがあるだろう。まさに「おもちゃ」をつかんで「砂場」から走り去る子どものように仕事の成果を独り占めしたり、あまり食べてないのに割り勘にされるのに腹を立てたりしているはずだ。インナーチャイルドとは、感情面での対処能力がなかった頃にできた、おびえた心の一部だ。だから、おびえたり動揺したりすると子どものようにふるまう人が多いのだ。実は、多くの人が子どもっぽい状態のまま行き詰まっている。私たちは大人の身体に住む小さな子どもなので、感情にうまく対処できないままなのだ。

インナーチャイルドの7タイプ

インナーチャイルドの状態をわかりやすく説明する、よく知られた性格分類がある。多くの人は複数のタイプに自分を重ねるだろうが、インナーチャイルドの反応の違いを確認しておくと役に立つだろう。私がよく見かける7タイプの分類は、他人の世話をすることで自尊心が満たされる「世話役」から、自信たっぷりで幸せに見えるけれど常に外からの承認がなければ満足できない「人気者」まで、すべてのタイプを網羅している。すべてのタイプに共通しているのは、「目を向けてほしい」「話を聞いてほしい」「愛してほしい」というインナーチャイルドの欲求に基づいていること。どのタイプの物語も、そうした満たされない欲求から生まれたものなのだ。

タイプ1――世話役：たいてい共依存の関係から生まれる。自分の欲求をないがしろにすることで、自分らしさ《アイデンティティ》の感覚や自尊心を手に入れる。愛されるただ一つの方法は、他人の欲求に応え、自分の欲求を無視することだ、と信じている。

タイプ2――頑張り屋：成功や成果を通して、「目を向けてもらえた」「話を聞いてもらえた」「評価してもらえた」と感じる。外からの承認を、低い自尊心をなだめる手段に使う。愛されるただ一つの方法は、成果を上げることだ、と信じている。

タイプ3――劣等生：批判を恐れたり失敗を恥じたりする気持ちから、常に縮こまり、目立たないようにふるまい、能力《ポテンシャル》より劣った行動を取る。感情の駆け引きが始まる前に、回避してしまう。愛されるただ一つの方法は、目につかないようにすることだ、と信じている。

タイプ4――救助者／保護者：自分の弱さやもろさを癒やそうと、とくに子ども時代に、周りの人を必死で救おうとする。他人を無力で何もできない、誰かに依存する存在だととらえ、力のある立場に立つことで、愛情や自尊心を手に入れる。愛されるただ一つの方法は、相手の望みや欲求を重視し、その人の問題解決を手伝って、助けてあげることだ、と信じている。

タイプ5――人気者：常に幸せで明るくコミカルな人物で、苦しみや弱さやもろさを絶対に見せない。このインナーチャイルドは、過去に自分の感情の状態を侮辱された可能性が高い。気分よく過ごし、愛されるただ一つの方法は、周りのみんなを絶対に幸せにすることだ、と信じている。

タイプ6――イエスマン：他人に尽くすためにすべてをなげうち、自分のすべての欲求をおろそかにする。「世話役」と同じように、子ども時代に自己犠牲のお手本を示され、深い共依存のパターンに陥っていた可能性が高い。愛されるただ一つの方法は、無私無欲な善人になることだ、と信じている。

タイプ7――ヒーローの崇拝者：従うべき人物や権威者《グル》を必要とする。「欠点のないスーパー（ウー）マン」とされた保護者がつけた、インナーチャイルドの傷が原因の可能性が高い。愛されるただ一つの方法は、自分の欲求や願いをはねつけ、他人の生き方をお手本にすることだ、と信じている。

子ども時代の空想《ファンタジー》

子どもの頃に欲求が満たされなかった苦しみに対するよくある防衛策は、美化することだ。時にはRASが、バラ色のフィルターを用意してくれることもある。つまり、周りを見回して、ネガティブなものから目をそらし、あり得ないほど楽天的な結論を下すのだ。「うちの家族は完璧だ！　僕の子ども時代は幸せそのものだった！」と。どう考えても家族が完璧だという結論に至らない場合は、代わりに想像力に富んだ対処法を見つける。その一つが、誰かや何かが飛び込んできて救ってくれさえすれば人生は変わる——というヒーローもののファンタジーに浸ることだ。

「セルフ・ヒーラーズ」のメンバーであるナンシーが言った。「子どもの頃はいつも、バンドのデュラン・デュランが現れる空想にふけってた。彼らがリムジンでやってきて、私をひどい家から連れ出してくれるの」。そうして何時間も思いめぐらしていた。どんなふうに救出されて、どんな素敵な気分を味わい、脱出で人生がどう変わって、どんなふうにずっと憧れていた「愛される人」になれるのかを。

そのうちデュラン・デュランは登場しなくなったけど、ヒーローを待ち焦がれる現実逃避は続けた。大きくなるにつれて、救世主の重責を片思いの相手に委ね、そのうち彼氏に背負わせた。どの彼氏もとんでもない高みに祭り上げられ、プレッシャーに耐えられなかった。彼らにはもれなく失望させられたけど、そのたびに別の誰かを見つけて夢を見続けた。そうして、身も心もつながろうとするのだけれど、「また同じ場所にいる」と気づいたときに恋は終わる。不幸せで満たされず、また別の脱出用ハッチを探している。

空想すること自体が悪いわけじゃない。別の人生をイメージするのは、実り多い思考のエクササイズだ。ただし、ナンシーのファンタジーには実りがなかった。変化への望みをすべて、自分以外の誰かに託していたからだ。ナンシーの逃げ場は恋愛だったが、ほかの執着にも同じことが言える。人々は、素晴らしい仕事に就けば、家を買えば、子どもができれば「救われる」とか、満たされるとか考える。だけど、すべてのチェックボックスに☑を入れても、目標を達成してしまえば、相変わらず――もしかしたら前より――不幸せな自分に気づく。要するに、おなじみの中年の危機《ミッドライフ・クライシス》に陥っている。

傷ついたインナーチャイルドが、そうしたすべての衝動を成人期に持ち込んでいる。人はそんな無力感を抱え、ほかの誰かが環境を変えて、幸せにしてくれるかもと期待している。手っ取り早い解決策を外に求めて、別の現実を夢見ているのだ。自分に自信を持ちたいからと、他人に承認を求める。そして、今この瞬間に喜びをくれるその場しのぎの解決策――ドラッグやアルコールやセックス――を選んで、苦しみをやわらげる。けれど、長期的な本当の目標は、そうした安心を自分の中に見出すことだ。この本のワークは、「私は十分に素晴らしい」という感覚——他人に依存しなくても大丈夫な状態——を身につけるためのものだ。どうすればその状態に向かう、第一歩を踏み出せるのだろう？　これが、本書の「インナーチャイルドのワーク」のど真ん中にある問いだ。

インナーチャイルドを受け入れる

インナーチャイルドのワークを始めるなら、その第一歩は、「自分にはインナーチャイルドがいて、その子は、大人になっても存在し続けている」と受け入れることだ。心に留めておいてほしい。（私のように）たとえ子ども時代の記憶がほとんどなくても、インナーチャイルドにアクセスできないわけじゃない。毎日あなたがしていること、感じていること、考えていることはおそらく、いろんな意味で過去の経験をそのまま映し出している。そうした日々の経験を通して、誰もがインナーチャイルドにアクセスできるのだ。

次のステップは、インナーチャイルドが傷ついている、と認めることだ。これは簡単そうで実はかなり難しい。第3章で学んだように、「トラウマ前」と「トラウマ後」を区別できないからといって、トラウマを経験しなかったわけではないし、そのトラウマが残した傷をあなたが抱えていないわけではない。「私の子ども時代はそんなにひどくなかった。文句を言うべきじゃない」と言う人もいるだろう。そういう発言を、私もよく耳にする。だから、はっきり伝えておきたい。それはあなたが今、物事を正しくとらえて整理できる、自覚と分別のある大人の脳で、過去を振り返っているからだ。子どもの頃の脳に、そんな能力はなかった。あらゆるものが、今のあなたには想像もつかないほど大きくて、激しくて、強烈だった。インナーチャイルドに、「傷を認める」というプレゼントをあげてほしい。

自分には傷を負ったインナーチャイルドがいる、と受け入れれば、自分が変われないこと——すでにお話しした「行き詰まり」——に対する恥の意識や失望感を手放せるだろう。前に進めなかったり、変われなかったりするのは、あなたのせいじゃない。それは子ども時代に身につけた、条件づけされたパターンやコア・ビリーフの延長線上にある。傷ついたインナーチャイルドが、今も苦しんでいるのだ。それは心臓が鼓動しているのと同じ、ただの事実であって、恥ずかしいことではない。

たとえインナーチャイルドがいるとしても、自分の一部にすぎない、と認めることも大切だ。それはあなたの本質的、直感的な自己ではない。あなたが今、その傷ついた場所から反応しているなら、これからは、好奇心に満ちた場所から観察することにしよう。あなたの目標は、情報を集めることだ。母親に新しい髪形をけなされて黙り込んだとき、インナーチャイルドはあなたにどんな話をしてくる？　職場に向かう途中で、誰かに話を遮られて、あなたがとんでもない言葉でののしったとき、インナーチャイルドは何を言おうとしている？　インナーチャイルドがあなたに伝えようとしていることを大切にしよう。その経験に敬意を払おう。

答えを見つける必要はない。ただ疑問に耳を傾け始めよう。聞く力を育てれば育てるほど、あなたは今この瞬間に存在し、気づきを深めるだろう。今この瞬間に存在すればするほど、気づきが深まれば深まるほど、インナーチャイルドの反応と本当の自分を見分ける力もつく。見分ける力がつけばつくほど、どんな行動を取るべきかうまく選べるようになる。インナーチャイルドと本当の自分との距離ができれば、自分がどんな反応をしたいのかを選べるはずだ。

性的虐待に傷ついたアンソニーのインナーチャイルド

インナーチャイルドのワークに取り組むことで、あなたの中からインナーチャイルドを追い出すわけではないし、過去の傷が完全に癒えるわけでもない。アンソニーはコミュニティにたどり着くまでに、ジョン・ブラッドショーの「インナーチャイルドの癒やしのワーク」について調べ、私のインナーチャイルドについての議論が役に立つと気がついた。彼は、自分自身についてのコア・ビリーフにインナーチャイルドがどんなフィルターをかけていたか、全容を理解し始めた。そして、自分の性的な行動やごく最近の飲酒にまつわる、恥の物語を解明していった。子どもの頃の性的虐待を「自分も納得していた」という思い込みのもつれをほどいていったのだ。思い込みを長年事実だと受け止めていたのは、子どもの脳でしか見ていなかったからだ。賢い内なる親《インナーペアレント》の論理を当てはめ、大人の視点でその体験を見たところ、子どもを食い物にする人間から、グルーミングされていたことがわかった。

インナーチャイルド（と、つらかったさまざまな体験）が今も自分の中にいて、信じられないほど傷ついていることを受け入れ始めると、アンソニーは理解できるようになった。その傷が、もはや役に立たない物語を演じるよう、今も自分に強いていることを。

同時に、インナーチャイルドが「頑張り屋」タイプだとわかったことで、自分がどれほど成果と愛情を一緒くたにしていたかに気がついた。だから、成功していた仕事を辞めた。成功への執着のせいで、感情の世界から解離していたことに気づいたからだ。その執着のせいで、子どもの頃と同じように、ずっと心を閉ざしていたのだ。

ただし、話はここで終わりではない。物事はそんなに単純ではないから。アンソニーはインナーチャイルドにリボンをつけて、心の奥にしまい込んだりはしなかった。ここで本をパタンと閉じて、こうつぶやきたくなるものだけど。「インナーチャイルドに会ったから、僕はもう大丈夫。そろそろ前に進まなくちゃ」。実のところ、「ワーク」に終わりはないのだ。

アンソニーが本当に変わったのは、心からこう受け入れたときだ。「インナーチャイルドは今後もずっとそばにいて、今の僕との対話を深めていくだろう」。性的な衝動や飲酒について前よりオープンに話せるようになると、恥の意識と（飲酒や性的な問題行動で自分を麻痺させる）コーピングの悪循環に陥っていることにも気がついた。この悪循環は、インナーチャイルドが長年、繰り返していたものだった。

　アンソニーはふと、幼いある日のことを思い出した。家に帰ると、「何で元気がないんだ？」と父親に聞かれ、校庭でいじめに遭ったことを話した。すると父親は「大げさだな」と言ったばかりか、仲間の前で泣いてしまった話に、顔をしかめたように見えた。このやりとりを通してアンソニーは、父親が自分や自分の感情を恥ずかしく思っていると気づいた。これには、おなかを一発ガツンと殴られたような衝撃を受けた。恥にまつわる、最初のつらい経験だった。

　この思い出はセラピーのときに何度もよみがえってきたけど、どう乗り越えればいいのかわからなかった。ただ、インナーチャイルドを認め始めるとすぐ、理解できるようになった。あのやりとりが心の傷をつくり、その傷がのちの虐待でさらに深くなったのだ。学校でつらい1日を過ごしたあとの父親との会話で、アンソニーは学んでしまった。絶対に心を開いたり、正直になったり、弱さを見せたりしてはいけない。そんなことをしたら、一番大切な人から侮辱される、と。その後、近しい人から性的虐待すら否定され、軽んじられてからは、自分のいろんな部分をますます隠すようになった。根深い恥の意識に対処しようと、どんどんふくらむ苦しみをひそかに麻痺させるようにもなった。ほんのつかの間でも、イヤな気分をやわらげてくれそうなものを探して。

　アンソニーは根本的に、「自分には価値がない」――悪い人間だ――と感じていたから、自分が知っている方法で対処し始めたものの、「恥ずかしい」と感じる行動がさらに増えただけだった。ようやくアンソニーは思い至った。そこから抜け出すには、インナーチャイルドの「最大の傷」と向き合うしかない、と。彼が学んだのは、恥の意識をかき立てられたときの最善の戦略は、声を上げたがっている自分のどんな部分にも、それを表現する安全な場所を与えること。そうすれば、恥の意識と厄介なコーピングの悪循環を断ち切ることができる。

アンソニーと私のように、あなたもぜひインナーチャイルドとのつながりを再構築し始めてほしい。今から、文章のひな型をいくつか紹介するので、あなたが一番自分に近いと思うインナーチャイルドと対話を始めるきっかけに使ってほしい。

Work 自分のインナーチャイルドに手紙を書く

インナーチャイルドのことを考え、観察する時間を取る：1日のどこかで時間を取って、どのタイプのインナーチャイルドが、最も頻繁に活動しているかを書き出そう。覚えておいてほしい。いくつかのタイプに自分を重ねるかもしれないが、まずは一つを選ぶこと。直感に従って一番しっくりくるタイプを選ぶか、最も頻繁に、もしくは今活動しているタイプを選ぼう。間違った答えなんてない、と私が保証しよう。ゆっくり時間をかけて、一つ一つのタイプを訪ね、子ども時代の自分の傷ついた部分を一つ一つ認めていくのもお勧めだ。

・タイプ1 —— 世話役：たいてい共依存の関係から生まれる。自分の欲求をないがしろにすることで、自分らしさ《アイデンティティ》の感覚や自尊心を手に入れる。愛されるただ一つの方法は、他人の欲求に応え、自分の欲求を無視することだ、と信じている。

小さなお世話役の私へ

あなたが「周りのみんなのお世話をして、みんなの気分をラクにして、私と一緒にいる全員を幸せにしなくちゃ」と感じてきたことを、私は知っているよ。そのせいであなたがとても疲れていることも、常にみんなの気分をラクにできるわけじゃないことも知っている。そんなこと、もう続けなくていいんだよ。あなたはもう、自分を大切にしていい。それでもあなたは愛される、と私が保証してあげる。

いつもあなたを見ている、あなたの話を聞いている、あなたを愛している
賢い大人の私より

・タイプ2 —— 頑張り屋：成功や成果を通して、「目を向けてもらえた」「話を聞いてもらえた」「評価してもらえた」と感じる。外からの承認を、低い自尊心をなだめる手段に使う。愛さ

れるただ一つの方法は、成果を上げることだ、と信じている。

小さな頑張り屋さんの私へ

あなたが「みんなや自分を幸せにし、誇らしい気分にさせて、愛されるためには、完璧にやらなくちゃ」と感じてきたことを、私は知っているよ。そのせいで、あなたが「今の自分じゃ力不足だ」と感じていることも知っている。そんなこと、もう続けなくていいんだよ。あなたはもう、完璧にやろうと頑張り続けなくていい。そのままのあなたで十分すぎるくらい素晴らしい、と私が保証してあげる。

いつもあなたを見ている、あなたの話を聞いている、あなたを愛している
賢い大人の私より

- **タイプ3 ── 劣等生**：批判を恐れたり失敗を恥じたりする気持ちから、常に縮こまり、目立たないようにふるまい、能力《ポテンシャル》より劣った行動を取る。感情の駆け引きが始まる前に、回避してしまう。愛されるただ一つの方法は、目につかないようにすることだ、と信じている。

小さな劣等生の私へ

あなたが「ほかの人の気持ちを傷つけないように、うまくできることや、成功したこと、自分のいいところを隠さなくちゃ」と感じてきたことを、私は知っているよ。そのせいで長所をほめてもらえないし、自分の長所をよく思ってないことも知っている。そんなこと、もう続けなくていいんだよ。あなたが本当はどんなに素晴らしい人なのかを、みんなに見せてもいい。あなたの素晴らしさを見せても愛される、と私が保証してあげる。

いつもあなたを見ている、あなたの話を聞いている、あなたを愛している
賢い大人の私より

・**タイプ4 ── 救助者／保護者**：自分の弱さやもろさを癒やそうと、とくに子ども時代に、周りの人を必死で救おうとする。他人を無力で何もできない、誰かに依存している存在だととらえ、力のある立場に立つことで、愛情や自尊心を手に入れる。愛されるただ一つの方法は、相手の望みや欲求を重視し、その人の問題解決を手伝って、助けてあげることだ、と信じている。

小さな救助者／保護者の私へ

あなたが「周りのみんなが問題を抱えたり、助けを必要としたり、悲しんだりしていたら必ず飛び込んで救わなくちゃ」と感じてきたことを、私は知っているよ。そのせいであなたが疲れていて、ほかの人たちにがっかりしていて、必ずみんなをラクな気分にできるわけじゃないことも知っている。そんなこと、もう続けなくていいんだよ。誰かの問題を解決するのは、もうお休みしていい。自分のことだけに目を向けても愛される、と私が保証してあげる。

いつもあなたを見ている、あなたの話を聞いている、あなたを愛している
賢い大人の私より

- **タイプ5 ── 人気者**：常に幸せで明るくコミカルな人物で、苦しみや弱さやもろさを絶対に見せない。このインナーチャイルドは、過去に自分の感情の状態を侮辱された可能性が高い。気分よく過ごし、愛されるただ一つの方法は、周りのみんなを絶対に幸せにすることだ、と信じている。

小さな人気者の私へ

あなたが「いつも幸せで、ほかの人たちを元気づけ、『強く』ないといけない」と感じてきたことを、私は知っているよ。そのせいであなたが、悲しんだり怒ったり怖がったりしているところを人に見られるのを恐れたり、そんな感情を抱くと気分が「悪く」なることも知っている。そんなこと、もう続けなくていいんだよ。どんな気分になってもいい。どんな感情を抱いても大丈夫だし愛される、と私が保証してあげる。

いつもあなたを見ている、あなたの話を聞いている、あなたを愛している
賢い大人の私より

・**タイプ6 —— イエスマン**：他人に尽くすためにすべてをなげうち、自分のすべての欲求をおろそかにする。「世話役」と同じように、子ども時代に自己犠牲のお手本を示され、深い共依存のパターンに陥っていた可能性が高い。愛されるただ一つの方法は、無私無欲な善人になることだ、と信じている。

小さなイエスマンの私へ

あなたが「誰かに『一緒にいて』『お気に入りのシャツを貸して』『お願いを聞いて』と頼まれたら、必ず『はい』と答えなくちゃいけない」と感じてきたことを、私は知っているよ。そのせいで、心から「イヤだ」と言いたいときに悪い子みたいに感じることも知っている。そんなこと、もう続けなくていいんだよ。自分の気分ややりたいこと次第で、「はい」と言ってても「イヤだ」と言ってもいい。「イヤだ」と言っても愛される、と私が保証してあげる。

いつもあなたを見ている、あなたの話を聞いている、あなたを愛している
賢い大人の私より

・**タイプ7 ── ヒーローの崇拝者**：従うべき人物や権威者《グル》を必要とする。「欠点のないスーパー（ウー）マン」とされた保護者がつけた、インナーチャイルドの傷が原因の可能性が高い。愛されるただ一つの方法は、自分の欲求や願いをはねつけ、他人の生き方をお手本にすることだ、と信じている。

小さなヒーローの崇拝者の私へ

あなたが「みんなは私よりよくわかってる」と感じて、何かを決めるときに必ず誰かを頼りにしてきたことを、私は知っているよ。そのせいで「私はそんなに賢くない」と感じ、自分で決める自信がないことも知っている。そんなこと、もう続けなくていいんだよ。あなたは物事をきちんと考えられるから、誰かに答えを求めなくても自分で決められる。自分を信じても愛される、と私が保証してあげる。

いつもあなたを見ている、あなたの話を聞いている、あなたを愛している
賢い大人の私より

※誘導つきのインナーチャイルドの瞑想に興味がある人は、ぜひ私のYouTube（https://www.youtube.com/@TheHolisticPsychologist）を訪問してほしい。

Chapter 8

自我《エゴ》の物語

私はいつも、大らかでストレスのない、人から「ヒッピーの心を持つ人」と評されるような人間でありたい、と思っている。ある意味、私はそういう人間だ。

ところがいつも、そこには汚れたお皿が立ちはだかっていた。

流し台に使用ずみのナイフやフォーク、汚れた鍋やフライパンが積み重なっているのを見ただけで、私はたいていブチ切れていた。それこそ、われを忘れるほどの怒りだ。以前は時々、こうして感情をかき立てられては、かんしゃくを起こしていた。キッチンカウンターに両手をたたきつけて怒鳴り、足をバンバン踏み鳴らすと、全身にストレス反応が起こる。迷走神経が神経系のストレス反応を活性化し、身体に「闘え」「逃げろ」「凍りつけ」といったメッセージを送るのだ。つまり、生理学的には、森でクマに飛びかかられたときのように反応していた、ということ。手足をバタつかせ、汚れたお皿の攻撃から自分を「救い出そう」としていたのだ。

時には、別の反応をすることもあった。物を投げたり怒り狂ったりするのではなく、石のように黙り込む。ただ苛立って、心の中でひたすら何時間もイライラ状態に陥る。相手を避けて距離を置くから、パートナーから質問攻めにされる。

「大丈夫？」

「うん」と無表情で答える私。

「ほんとに？」

「ほんと。大丈夫」

どちらを選んでも（闘争でも凍りつきでも）、結果は同じ。そう、パートナーとけんかになるのだ。

多くの人はこう思うに違いない。「え？　汚れたお皿くらいで過剰反応しすぎじゃないの？」。（でも、わかる！　という人もきっといてくれるはず）。実は、感情をコントロールできなかったのは、お皿が心の奥底にある、自分でもまだ気づいていない何かに触れていたからだ。潜在意識が私に、話しかけていたのだ。こちらが聞きたくても聞きたくなくても。

白か黒かで考えるエゴの思考法

今振り返ってようやくわかるのは、流し台のお皿が、ある物語を伝えていたことだ――「パートナーは私のことなんか考えていない」。思い出してほしい。これは子ども時代にこしらえた、自分にまつわるコア・ビリーフの一つだ（誰も私のことなんか考えていない）。みなさん、これはエゴの物語なのだ。

エゴは人生に大きな影響を及ぼしているのに、ほとんどの人はエゴにも、エゴがどれほど自分の行動を左右しているかにも気づいていない。エゴはインナーチャイルドの偉大な保護者であり、「私」というアイデンティティをまとっている。「私」という言葉のあとに続くものはすべて、エゴの延長線上にある。「私は頭がいい」「私は退屈してる」「私はセクシーだ」「私はダサい」「私は善人だ」「私は悪人だ」……。エゴとは自己意識であり、個人のアイデンティティであり、自尊心だ。エゴは物語を語る達人で（パートナーが流し台に汚れたお皿を残しただけで、「誰も私のことなんか考えていない」という意味になる）、「私はこういう人間だ」という思い込みをもとに物語をこしらえ、語り続ける。エゴ自体は、よいものでも悪いものでもない。ただのエゴだ。

子どもの頃に育まれるエゴは、親や友達、身近なコミュニティやさらに大きな環境から授かった思い込みや考えでできている。それはいわゆる「性格」や「自己アイデンティティ」と呼ばれるもので、潜在意識の中に宿っている。エゴの思い込みは、突然どこからともなく降ってきたわけではなく、人生経験に基づいているのだ。

人は人生を通して、経験をもとに自分が何者かにまつわる物語をつくる。その物語には、自分のアイデンティティ、意見、思い込みといった要素が盛り込まれている。エゴは私たちに、慣れ親しんだ物語の中で今後も生きていくよう働きかける。それが悲惨な物語でも、予測がつくからだ。もうおわかりだと思うけど、予測がつくことは、未知の不安より安全に見える。

エゴは自らの考えや意見や思い込みにぴたりとくっついて、とめどなく流れる思考となって働き、私たちをアイデンティティの中に閉じ込め続ける。エゴの一番の目的は、どんなときも、どんな犠牲を払っても、アイデンティティを守ること。その厳格さは、エゴの防御の姿勢に欠かせない。自分のより柔らかく無防備な部分（すなわち、インナーチャイルド）を安全に守り続けるには、頑固な保護者でいなくてはならないのだ。だからエゴは身構えていて、恐れに根差している。エゴはすべてを「善vs.悪」「正vs.誤」といった二分法の枠の中で見ている。頑なに自分の意見に執着し、「自分＝自分の意見」だと思い込み、意見の相違や批判を、存在そのものへの直接的な脅威だと受け止める。だから、エゴに牛耳られた状態のときは、思い込みや考えが自分そのものとなり、物語に疑問を呈する者はすべて敵になる。意見に疑問を投げかけられると、エゴは本当の自分《コア・セルフ》が脅かされている、と思い込む。

エゴを観察する練習をしていないと、エゴが自己主張し、支配しようと奮闘するだろう。すると、エゴが「私」を守ろうと頑張るたびに不安になって、自尊心が低くなる。あの嫌みな発言が気になるって？　あなたがカンカンに怒っていた、同僚の陰湿な一言のことだろうか？　抗弁して、罵倒して、勝ちたい？　何が何でも正しくありたいし、言い返したくてたまらない？

すぐに批判したり、おとしめたりしたくなる？　比較対照しないと気がすまない？　「私には「ふさわしい言葉を入れよう」が足りない」と感じてしまう？　こういうのはどれもこれも、エゴが反応している状態だ。エゴが活性化すると、すべてが「わが事《こと》」になる（子ども時代の自己中心的な状態のとき、すべてが自分事《じぶんごと》だったように）。エゴは、「自分に起こることはすべて、自分が原因で起こっている」と考える。だから、多くの人は他人の機嫌を取り、よい印象を与えようと必死になるのだ。そしてそれが、「行き詰まり」を感じる大きな理由の一つだ。

エゴの物語は、こんなふうに展開しがちだ。

1. 私は感情をかき立てられると、怒りを覚える。
2. 感情をかき立てられるのは、パートナーがメールになかなか返事をくれないときだ。
3. パートナーがなかなか返事をくれないのは、私が考えるに値しない人間だから。そう思うと、腹が立つ。
4. 腹を立てると、私は怒鳴ったり叫んだりするか、大切な人を無視する。エゴが「無価値」という最大の傷を感じて、それを外に投影するからだ。エゴは無価値感というつらい感情を味わうより、その感情をほかの人にぶつけることを好む。
5. 結論：私は無価値で怒りっぽい人間だ。

これはもちろん真実ではないけど、エゴの声を聞けば聞くほど、こんな物語が自分にとっての現実になっていく。たとえば、日記を書き始めたくても、エゴが言う。「そんなの時間の無駄だよ。ほかにもっとやるべき大事なことがたくさんあるじゃないか」。これは、失敗の恐怖や、「何かを見つけてしまうかも」という恐れから、あなたを救う試みだ。あるいは、十二分に資格があるのに昇進レースから身を引いてしまうのは、万が一ダメだった場合の苦しみから身を守るためだ。恥の意識を抱えていればいるほど、エゴは、さらに恥や痛みを味わいそうな未来の状況を避けたがる。エゴは、あなたが二度と傷つかなくてすむように、バリアを張っているのだ。前向きな変化のチャンスには、失敗して苦しむ可能性も、もれなくついてくるからだ。

脅えると凶暴化するエゴの性質

エゴはとても用心深く、常にボディガードの役目を果たしている。融通がきかず、反対意見に敵意を見せることも多く、歩み寄りや思いやりを示すことを拒む。エゴは常に防御の姿勢を取り、対立したら、すばやく行動に移るつもりでいる。「エゴの自分」が脅かされると、エゴは次のような形で反応するだろう。

・リソースを総動員する、もしくは、（傷を守ろうと）強い感情反応を示す。

・根拠のない自信（「ナルシシズム」と呼ぶ人もいる）を見せる。これはたいてい、本当の自分とつながっていない不安から生じる強がりだ。
・極端な考え方に走る（すべては正しいか間違っているかで、グレーゾーンがない）。
・過剰に張り合う（他人の成功は自分の成功を台無しにする、自分の成功と相容れない、と思い込んでいる）。

こうした反応が起こるのは、自分の意見も思考も信念も個性も、一まとまりになっているときだ。だからエゴの物語は、「生きるか死ぬか」という性質を帯びる。誰かがあなたに反対したり批判したりすると、その人の意見はあるテーマだけに留まらず、根本的にあなた自身を批判したことになる。ある信念が脅かされると――たとえば、誰かがあなたの好きな映画を嫌いだと言ったら（バカバカしいたとえだが、エゴが反応し始めると、それしきのことで本当にイライラする）――あなたの存在すべてが脅かされる。

意見がかみ合わないと、目標は、共通の真実を求めて歩み寄ることではなく、お互いの現実を否定し、相手をつぶして自分の価値や力を証明することになる。そういうわけで、意見の相違は、あっという間に泥仕合に変わる。だから、誰も相手の話に耳を傾けないのだ。「信念＝その人自身」だとしたら、対話の余地もじっくり考える余地もないからだ。互いに見解を広げ、すり合わせる余地もない。議論している人たちを見ると、エゴが身構えているようにしか見えないことがある。子ども時代のありとあらゆる傷とかき立てられた感情が、ステージで闘っている。

エゴはなんでも説明したい？

エゴは、自分が何者であるかについての自分の認識を必死で守ろうとする。そのために、「悪い」「間違っている」と感じる感情を抱くと、否定したり抑え込んだりする。「よい」「好ましい」人間になって、なるべくたくさん愛されるために。そうした自分の「悪い」「間違っている」部分は、「影の自分《シャドー・セルフ》」と呼ばれたりする。

大人は、子どもに「隠すべきこと」や「ほめられるべきこと」を伝えて、そうした抑え込みを起こすことができる。子どもは大人に大きく依存しているので、つながり（命綱）を保つために、「好ましく見えなくてはならない」と学ぶ。これは生存のメカニズムだ。成熟し、世の中との関わり方を理解することには、進化上の利点がある。ただし、愛されるために、本当の自分の一部を抑圧し続けていると、それがエゴの物語になって、人は「こうあるべきだ」と思い込んだ通りの人間になってしまう。

このプロセスは、ご存じのように、無意識に行われる。「影の自分」の要素を否定すればするほど、ますます恥の意識がふくらんで、自分の直感からどんどん遠ざかる。この恥の意識と自分自身との断絶は、他人に投影される。突如として、自分にしていたあら探しや批判をほかの人たちに向け始めるのだ。自分自身から離れれば離れるほど、また、自分自身を恥じれば恥じるほど、他人にも同じような思いを抱くようになる。
「私は価値のある人間だ」と感じ、安心感を覚え、よい人間であるかのように感じ続けるために、自分にこう言い聞かせる。「私は、あの人たちとは違う」。でも現実には、根本的に、まったく同じ「欠点」を持っている。たとえば、コーヒーを買おうと列に並んでいたら、女性がさっと前に割り込んだとしよう。あなたは憤慨するはずだ！「なんて偉そうで傲慢なやつだろう！自己中で失礼で悪いやつ！　私とは全然違う！」と。

これは、エゴの物語だ。他人の心を読める人間はいないから、前に割り込んだ女性が何を考えているかはわからない。けれど、物語をこしらえるのは簡単だ。それは一から十まで自分の過去の体験でできている。エゴの投影は、相手と直接やりとりしなくても、無意識に同じパターンを繰り返している。たぶん過去に自己主張したときに、「おまえは傲慢だ」と親に言われたのだろう。だから自分の欲求を抑え込んで、周りの人たちの欲求も取り締まるようになったのだ。

エゴの物語はすらすら出てくる。よくわからないことは恐ろしいからだ。「この人はなぜ私がイライラしたり、腹を立てたり、イヤな気分になることをするのだろう？」と首をかしげると、エゴは超高速で働いて、その理由を解明し、自分を安全に守るためにこう主張する。「私い、ならこんなひどいことは絶対しない。あの悪いやつがこんな悪いことをしたのなら、私はよい人間だから、絶対にやらないだろう」。だから、他人を裁くのはクセになるのだ。エゴが陥っている恥との闘いから解放されるから。他人の欠点を見つけたら、自分の欠点を無視できるし、「私のほうが上だ」と自分を納得させられる。実は、これは間違ったことでも悪いことでもない（エゴが語っているだけ！）。人間であることの証しにすぎない。

「エゴのワーク」に取り組む4ステップ

エゴの役割について学んだので、そろそろ「エゴのワーク」に取り組み始めよう。このワークの目標は、自分の世界に息づくエゴの反応に従うのではなく、自覚を高め、意識を立てることだ。「ワーク」は、ただ観察することから始まる。私たちが自動運転の状態で暮らしているときは、エゴが手綱を握っている。だから、顕在意識を活発に働かせると、日々の生活に対するエゴの手綱を緩められる。私たちが自覚を高め、意識を立てれば、エゴの思考パターンや恐れが見えてくるから、エゴのかんしゃくや防御の姿勢を、「あれこれ判断せずに見てみよう」と思える。エゴの防御の姿勢や傷つきやすさは、インナーチャイルドの性質によく似ている。どちらも、「判断しないで目や耳を向けてもらいたい」と願っている。エゴには落ち着く場所が必要だ。くつろいで、なごむスペースが必要なのだ。

ステップ1 ―― エゴに自己紹介をさせる

ここでの目標は、エゴを自分とは別個の存在ととらえて、「ニュートラルな観察者」になる練習をすること。次の短いエクササイズを使って、分離の行動を始めよう。これは1～2分あればできることだ。

1. 気が散るものがない静かな場所を見つけよう。これまでに意識のエクササイズに取り組んだ場所がよいだろう。
2. 目を閉じて、深く大げさに息を吸おう。
3. 次のアファメーションを繰り返そう。「私は安全です。そして、エゴから離れて、自分自身を体験する新しい方法を選びます」

一つ警告しておこう。この最初のステップは、すぐに終わるし簡単そうに見えるけれど、実は一番難しいかもしれない。エゴは目を向けられるのを嫌うから、初めてエゴを観察するのは、かなり不快な体験になる可能性がある。身体にイライラのような吐き気のような感覚が走るかもしれない。エゴが「バカバカしいから、こんなワークはやめるべきだ」と語りかけてくるかもしれない。それは、ごく当たり前のプロセスの一部だから、そのまま進もう。この不快感を乗り越えるには努力が必要なので、忍耐強く取り組んでほしい。

ステップ2――エゴと友好的に出会う

さて、今後は「私は」という言葉を使ったあとに、自分が何を言うかに注目しよう。この言葉を口にしたり、頭の中でつぶやいたりしている自分がいたら、それをきっかけに、そのあとに続くパターンに気づいてほしい。たとえば、「私はいつも遅刻する」「私は物覚えが悪い」「私は負け犬ばかり引き寄せる」など。あれこれ判断したり、腹を立てたり、がっかりしたりしないこと。頭の中にメモしよう。さらにいいのは、思考を紙に書き留めたり、スマホに記録したりすること。どれだけ頻繁に自分について語っているかに気づこう。どれだけ多くの会話をそらして、自分の話をしているだろう？　自分の感情について話すのを避けていないだろうか？「私は」に続く言葉は、どの程度ネガティブなものだろう？

それらは、エゴが語っている言葉だ。長年繰り返してきたせいで物語に気づいてさえいないかもしれないが、どれだけ繰り返しているかに気づいて、それが真実かどうかに疑問を持とう。このステップは、おなじみのパターンという安全地帯からあなたを引っ張り出すだろう。エゴの反応に気づくまでは、無意識にいつものパターンや、条件づけや、子ども時代の傷をなぞっていたはずだ。エゴのワークはあなたに、新しい物語を選ぶチャンスをくれる。ワークを繰り返せば繰り返すほど、事態は改善される（私は今も、感情をかき立てられるたびに行っている）。

繰り返すことで脳内に新しい経路が用意され、やがてエゴを観察するのがもっとラクになるだろう。

ステップ3 ―― エゴに名前をつける

バカバカしく聞こえるだろうが、エゴに名前をつけることは、エゴからの強力な分離行動の一つだ。エゴに目を向け、エゴに名前をつけると、直感的自己がエゴの反応から解放される。あるいは、少なくとも解放に一歩近づく。

私は自分のエゴを「ジェシカ」と呼んでいる。ジェシカが現れては去っていくのを見守っている。時には数時間消えて、勝手気ままにわめき散らしながら、また戻ってくることもある。ある種の事柄がジェシカをひどく怒らせることに私は気づいているけれど、とくに問題はない。

時には、感情をかき立てられ、「エゴが心を乗っ取ろうとしてる」と気づくこともある。そんなときは、かんしゃくを起こしたり、嫌みを言ったりしたくなるけれど、パイロットは私だ。「ジェシカがまた騒いでる」と私は言う。大きな声でそう言うのは、驚くほど助けになる。その一言が私に、息を吸い、ジェシカの好きにさせたいのか、大人しくさせたいのか、選ぶ時間をくれる。

エゴに最高に面白い名前をつけた人たちから、よくメッセージをもらう。あなたのエゴの名前は何だろう？

ステップ4 ── 活性化されたエゴに会う

自覚が高まるにつれて、「私＝エゴの物語」ではない、と理解できるようになる。思考はわいてくるけれど、それらは、自分が何者かを語っているわけではない。思考は、アイデンティティを守り、自分を苦しみから守ろうとするエゴの働きにすぎない。

こうしてエゴの状態を観察していれば、エゴの安心感を何かが攻撃しても、受け入れて耐えることができる。次に何かが起こって感情をかき立てられたら、その体験をメモしよう。これは最初のステップの延長線上にある。次は、イヤな気分になったり腹が立ったりするたびにメモしよう。表面上は、何と言われたのだろう？　どの部分がエゴの物語をかき立てたのだろう？

では、一つ例を挙げよう。

あなたの妹が言う。「疲れた顔してるよ」。あなたは皮肉っぽく反応する。「もちろん疲れた顔してるでしょ。週に60時間も働いて、子どもを育ててるんだから。山ほど自由な時間があったらいいでしょうね。ご心配なく。次に会うときは完璧な顔してるから！」

妹が実際に言ったこと：「疲れた顔してるよ」

あなたのエゴが受け止めたこと：「妹はいつも失礼で、上から目線だ。私がどれだけ大変な思いをして、どれだけ必死で生活を回してるか、まったくわかっていない」

ここでエゴが感じたのは、「最大の傷」（無価値感）だ。これはとてもつらい感情である上に、あなたが感情を処理するすべを学んでいないから、エゴはそれを妹に投影した。ご存じのように、エゴはつらい感情を抱えているより、他人にぶつけることを好む。

妹の発言に対処する方法の一つは、傷ついたことを隠すのではなく認めることだ。たとえば、こんな反応をすることもできる。

「グサッ。傷ついた。そんなつもりはないんだろうけど、結構まじめに受け止めちゃったよ」

自分が主導権を握ってエゴのかじ取りをすれば、疑問を投げかけられても異を唱えられても恐れずに、難しい会話をこなせるだろう。この気づきを繰り返すうちに、エゴは穏やかになり、あなたの自信が高まるにつれて、エゴは落ち着いて統合されていく。この章では、そうした段階をきちんと整理してお話ししているが、道は到底まっすぐとは言えない。次の段階に進んだかと思えば後戻りし、最初は前進していても、後退することだってある。エゴはいなくならないからだ。

「自分の真実」とは何か？

注意力をコントロールして自分を観察する練習を重ねるうちに、自分の行動をさらに客観的に見ずにはいられなくなる。ただしっかり見れば十分、というわけではない。観察しているものに正直になる必要がある。自分の中に――すべての人の中に――存在する「影の自分」について、隠し立てせず正直になれば、あなたは成長し、「自分の真実」としっかり向き合えるようになる。

「影の自分」は、自分が恥ずかしく思って否定しようとしている、人間関係や過去や親にまつわる、好ましくない部分だけでできている。エゴは多くの時間を割いて、この影を見るあなたの力を鈍らせようと闘っている。エゴに疑問を覚えるすべを学び始めると——たいていは他者への批判や投影を通して——自分の影の部分が見えてくるだろう。エゴから離れれば離れるほど、距離を置いて物事を見ることができるようになる。

他人に対する投影や、他人にぶつけている感情は、「影の自分」からのメッセージだ。今度批判や分別の声がわいてきたら——必ずわいてくるから——そこに目を向けてみよう。その声は、あなた自身について、何を告げているだろう？　私が最初にエゴの物語に気づいたのは、インスタグラムに自分のダンス動画をあげる人たちに、反射的にイラッとする自分に首をかしげたときだ。見ると、なぜか腹が立つのだ。心は「自分大好きな人たちだな」とか「注目されたいのね」とか、それはさまざまな物語をこしらえた。実は私は、人前ではしゃぐのが苦手で、幼い頃から公の場で踊るのを拒んでいる。つまり、投稿で目にした自由や喜びをうらやんでいたのだ。

エゴが操縦席に座っていると、心は驚くほど敏捷《びんしょう》に動いて、抑え込んだり、避けたり、はねつけたり、黙らせたりする。でも、存在しているものを許すと、自分をより客観的に、正直に、最終的には思いやりを持って見ることができるようになる。

エゴと自分を切り離す

日々無意識に暮らし、自分の思考やパターンや行動に無自覚でいると、人はエゴが考える自分自身と完全に同化してしまう。自動運転のときの反応とは、イヤな気分の原因を外に求め、他人のせいにし、エネルギーを外にぶつける、というもの。この意識の状態——エゴの意識ともいう——でいると、人は自分で選択できない無力な存在になる。責任感も内なる英知も持たず、環境の気まぐれにひたすら振り回されている。

では、皿洗いを例に説明しよう。

汚れたお皿でいっぱいの流し台を見て、怒りが募っていくのを感じると、私は「観察」を始める。まずは、身体の反応に気づく。心臓がばくばくし、顔にかっと血が上って、身体が熱くなり、そわそわし、今にも爆発しそうになる。私はそんな反応を見ると、自分に呼吸する余裕を与える。そして、「過剰反応だ」なんて軽視しないで、そこから学ぶ。そうした反応が伝えてくれる物語に、耳を傾け始めるのだ。そして、ほんの少し客観的に考えてみる。心臓がドキドキし、頭に血が上り、イライラを感じる。その状況をもう少し距離を置いて見るのだ。すぐに怒ったり殻に閉じこもったりといった悪循環に陥るのではなく、内なる世界の本質を理解しようとしてみる。

一息置いて、さらによく見ると、みぞおちのあたりに恐れがあるのがわかる。子ども時代のあの感覚だ、と気づいて、いつものトラウマ反応に引き込まれそうだ、と感じる。潜在意識が、子ども時代のストレスのサイクルを強く求めているのだ。激しい怒りは、汚れたお皿とパートナーだけでなく、母に向かっていることがわかる。母がよそよそしいこと、心ここにあらずなこと、目を向けてくれないことへの怒り。汚れたお皿はタイムマシンで、私をフィラデルフィアのテーブルの下に連れ戻した。私はおもちゃのスクーターで遊び、母は窓の外を見ながら父の帰りを待っている。汚れたお皿は、目や耳を向けてもらえなかった、忘れられ無視されたと感じていた、ありとあらゆる時空間へ私を連れ戻した。母は大きな不安を抱えていたから、私をなぐさめることも安心させることもできなかった。エゴは、私が二度と苦しまなくてすむように、物語をこしらえた。だから、エゴの言う通りに行動すると、パートナーをどんどん遠ざけることになった。見事に、強引なくらいに。

それまでは自分をしっかりと、正直に見たことがなかったから、一度もそんな結論には達しなかった。このときようやく、汚れたお皿との関係を変えるべく、前向きに努力しよう、と思えた。

何年もかかったけれど、今は皿洗いを楽しんでいる。もう汚れたお皿を、私が無価値な証拠だなんて思わなくなった。一夜にして変わったわけではなく、まずは、お皿にまつわる新しい考えを繰り返すことから始めた。潜在意識があきれ顔をしていようと、お湯を出し、手の中でつるつるしたお皿が泡だらけになっているのを感じながら、自分にこう言い聞かせた。「みんななあなたのことを考えてくれているよ。あなたは大切な人だから」。信じていてもいなくても、とにかくそうつぶやいた。

その後、皿洗いのたびに自分を幸せにする、ちょっとした習慣をつくった。洗い終わったら、自分のためだけに何かをするのだ。たとえば、30分ほど一人になって部屋で本を読んだり、イヌと散歩に出かけたりする。そのうち、こうした思考を繰り返すうちに、潜在意識が静かになって、思考が信念に変わった。今も（誰だってそうだと思うけど）感情をかき立てられることはある。でも、時間が（長い長い時間が）経つうちに、感情が高ぶっても、よく考えて意図的な行動を取れるようになった。

私はもう状況の被害者じゃない。相手が自分でお皿を洗ってくれるかどうかは、私にはどうしようもないことだけど、物語に介入して物語を変えることはできる。自分の感じ方を調整するのに、外の何かに頼る必要はない。汚れたお皿に力をもらえるようになったのは、お皿を洗えば、「自分に敬意を払う時間を持つ」ことを選べるからだ。

何年も「エゴのワーク」を続けても、やはり感情をかき立てられることはある。とくに、長い間エゴが冬眠しているように見えるときに。あるいは、人生のストレスやストレスによる睡眠不足のせいで、心身のリソースが低下しているときに。「ワーク」のどの要素もそうだけど、このプロセスも繰り返される。ワークに終わりはないのだ。ひたすら繰り返すことで、変革を起こせる。エゴを自覚すればするほど、自分の中に――最終的には、周りの人たちの中にも――優しさや、ユーモアや、共感力を見出せる。

最終目標――「エゴのワーク」の最後のステップ――は、エンパワメント意識、つまり、エゴに対する理解と受容を育むことだ。実践し続ければ、その意識の状態が気づきの場を生み出し、反射的なエゴの反応ではない選択ができるようになる。常に新しい選択をすることで、変革への道は開かれる。意外かもしれないが、目標は「エゴの死」ではない。エゴはこれからもずっとあなたのそばにい続けるだろう。たとえ「エゴを征服した」と感じても（それ自体がエゴの声だ！）、思いも寄らないときに現れて、あなたを驚かすだろう。

誤解のないように言っておきたい。エンパワメント意識を育んでも、抑圧的な生活環境の構造的・客観的な変化を起こすチャンスに恵まれない人も大勢いる。多くの人は貧しい生活や、絶えず人種差別にさらされて脱出という選択肢もない生活を続けている。とはいえ、エゴを働かせても、構造的に抑圧された環境から抜け出すことはできないが、どんな環境でも生き抜く手段《ツール》を持っていれば、自分に力を与えることはできる。延び延びになっている構造的・体系的変化への取り組みを続けながら、誰もが選択によって――どんなに小さな選択でも、機会を見つけて行うことで――自分に力を与えることはできる。私はそう願っている。

Work

「影の自分」に出会う

「影の自分」に出会うために、じっくり考え、書き込む時間を取ろう。次の文例を、ぜひこのプロセスに役立ててほしい（あるいは、自分でよく似た文章を作成しよう）。

・嫉妬心を抱いたら、自分に尋ねよう。自分に欠けている、と感じるものを誰かが「持っている」とき、どう感じるだろう？
・どれくらいの頻度で、他人にアドバイスをしているか？　また、なぜアドバイスをするのだろう？（明確なパターンがあるはずだ）。
・自分のことを他人にどんなふうに話しているか？（自分にまつわる物語と、「自分を制限する《リミッティング・》思い込み《ビリーフ》」を理解するのに役立つだろう）。
・誰かがそばにいないとき、その人のことをどんなふうに話しているだろう？（あなたの人間関係の物語や愛着、精神的なトラウマを理解するのに役立つだろう）。

エゴ、もしくは自己についての物語が脅かされるたびに、人は感情的に反応する――自己主張し、相手を批判し、かんしゃくを起こすか距離を置く（通常、動揺したときにいつもしていることをする）。そうした反応を起こしている深い思い込みを掘り下げて明らかにしたいなら、一夜にして解決するわけではない、と理解しておこう。この本で学んできたように、エゴの物語は「影の自分」と同じように、潜在意識の奥にしまわれ、日々の反応を支配しているから、すぐさま変えることはできない。このワークを始めると、エゴやエゴによる反応に気づき、さらには、慣れ親しんだ反応をしたくなる衝動にも気づき続ける。そして気づいても、何度もそんな反応をしてしまうだろう。それでも大丈夫だ。

未来の自分日記

エゴの意識をエンパワメント意識に変える

エゴに条件づけされた習慣やパターンを断ち切る力を自分に与えたいなら、本能的にいつものエゴの反応に戻ってしまう前に、意識的な選択の場をつくり始めること。次の例文を、ぜひこのプロセスに役立ててほしい（あるいは、自分でよく似た文章を作成しよう）。

・**今日私は、**感情的に反応してしまう、古い習慣を断ち切る**練習をします。**
・**私は、**日常生活に対する新しい反応を選ぶチャンスに**感謝しています。**
・**今日私は、**穏やかで、自分という存在と深くつながっています。
・**この分野が改善されたので、私は、**自分の選択をコントロールできている、と**感じられます。**
・**今日私は、**呼吸を使って自分の反応を落ち着かせ、新しい意識的な選択の場をつくったときに、**この練習をします。**

Chapter 9

トラウマ・ボンドと恋愛関係

子どもの頃に一番よく口にしていた言葉は、「退屈だな」だった。常にコルチゾールのジェットコースターがくれる、ぞくぞくするような高揚感を追い求めていたのだ。家の外にいても、一人きりのときも、あのストレスのサイクルを再現できた。眠れない夜は、慣れ親しんだストレスのサイクルに自分を放り込んでは、自分をなだめていた。火事や洪水や強盗など、家族が死ぬかもしれない出来事を次々と思い浮かべて。

のちに恋人ができても、同じストレスのサイクルを求めた。私は相変わらず心の距離を取り、おおむね相手に無関心だった。子どもの頃に母から学んだパターンだ。そして結局、徐々に怒りを募らせていく。自分も一緒に溝をつくって距離を置いたのに、相手のせいにしていたからだ。むこうが近づいてくるたびに押しのけていたのは、親密な関係に慣れていないから。そして相手が去っていくとパニックに陥って、大急ぎで子どもの頃からおなじみの、（「いつも何かしら起こるよね」という）ストレスのサイクルに戻る。恋人にがっかりさせられた、ありとあらゆることを忙しく思い出すのだ（メールに返事をくれなかったこと、気がきかないプレゼント、的外れな批判の言葉……）。とにもかくにも、常にストレスを感じる何かを見つけることはできた。とびきり平和な瞬間でさえ、心はあら探しをしていた。「何かがおかしい。実はこの人にそんなに惹かれてないのかも。もうこの関係は終わりだな」。とにかく、いつものストレス反応を感じる必要があった。それがないと、何も感じない――退屈なのだ！ そして結局、相手を突き放したり別れたりして、自分の思い込みを裏づける。「私はいつも一人になってしまう」と。

なぜ「子ども時代のパターン」をなぞるのか？

今振り返ると、昔の恋人のサラに最初に惹かれた理由がまさに、「ジェットコースター級の不安をくれるから」だった。彼女のどこが好きなのかまったくわからなかったけど、そんな不安にも心が躍った（つまり、調整不全な神経系には、おなじみの感覚だった）。つき合いだして何年か経った頃、サラが共通の友人と浮気してるんじゃないかと疑って、彼女を問い詰めた（「おかしい」とピンときたのだ）。サラには疑惑を否定された上に、「偏執狂」呼ばわりされた。そんなことを許したのは、自分の直感の声を信じきれなかったからだ。のちに、本当にその友人と浮気していたことがわかったときは、巨大な岩石がインナーチャイルドにドカンとぶつかった気がした。一番傷ついたのは、浮気されたことじゃない。彼女が私の現実を否定したことだ。これは、私が子どもの頃から抱えていた傷の一つだった。私の性的指向《セクシュアリティ》をはじめ、あらゆることが「なかったこと」にされていた。そして、自分の現実に対する信頼を築いていなかった私も、彼女の現実のほうを信じてしまった。

今振り返ると、サラと別れたのは自分のせいでもあった。当時の私が、どれほど人と距離を置いていたかがわかるのだ。被害者役を演じてはいたけど、実はまったくそこにいなかった。彼女をなじりながらも、ずっと心の距離を取り、それが二人の関係にとてつもなく大きな穴をあけていた。人とどれだけつながれるかは、自分自身とどれだけつながっているかで決まる。

当然ながら関係は破綻し、私は寝室が三つあるアパートに引っ越して、少し年上の女性と暮らし始めた。すぐに熱い友情が芽生え、そのうち惹かれ合うようになった。温かいお風呂に浸かるような、心が安らぐ居心地のいい関係だった。今にして思えば、あの安心感も、子ども時代に覚えのあるパターンをなぞっていた。

一緒に過ごす時間が増えるにつれて親密になり、不安という共通体験を通してあっという間に心の絆を深めていった。ただし、慣れ親しんだその絆を除けば、私は相変わらず心の距離を保っていた。いつもそうしてきたように、周りのみんなを喜ばせようと走り回っていたものの、みんなが何より求めていたものは一度も与えられなかった。そう、本物のつながり。

数年が経つと、結婚が話題に上り始めた。当時は当然それが次のステップだと思って、二人で別の州へ飛んだ。当時、まだニューヨークでは、同性婚が認められていなかったからだ。結婚して間もなく、ニューヨークシティからフィラデルフィアに引っ越した。シティでの日常も、にぎやかだった社会生活も手放して。新しい家には気を散らすものがほとんどなかったから、すでにできていた亀裂を懐中電灯でじっくり照らすような状態になった。私はほとんどいつも解離状態で、妻が必要だと感じているものを与えられなかったし、自分も不満を感じていた。何年も満たされていない欲求を彼女に投影し、ふつふつ募る怒りは相変わらず解離というパターンで静めていた。心ここにあらずな私に彼女はますます不安を募らせ、つながることで安心しようとするから、私はさらに調整不全に陥って、ますます距離を置いた。これはセラピールームを訪れるカップルによく見られる悪循環で、多くの人を絶望させ、結局は離婚に向かわせる症状だ。

ある日、職場でかなり感情を揺さぶられるような1日を過ごして帰宅すると、具合が悪くなった。心臓がばくばくし、汗ばんだかと思うと、次の瞬間には寒くてたまらなくなった。スニーカーを履いて重い冬用のジャケットを羽織っていたのは、「病院に行かなくちゃ」と思ったからだ。間違いなく「心臓発作を起こしてる」と思った。実際には、パニック発作を起こしていたのだが、当時は、私の中の臨床医ですら気づいていなかった。ふわふわのダウンジャケットにくるまれて、身体をボールのように丸めて前後に揺すりながら、「呼吸で痛みを散らして」と自分に言い聞かせた。幸い、心臓発作ではなく、それは魂からの強烈なメッセージだった。

心がいつまでたっても真実を見ようとしないから、代わりに身体が反応するようになっていたのだが、そのとき気がついた。「愛する人を偶然に選んでいるわけじゃない」と。すべてはパターンの一部で、幼い頃の愛着に端を発する根深い物語なのだ。そのときの関係もそんなパターンの一部で、結婚生活も強い基盤――本物のつながり――の上に築かれたものではなかった。

明らかになった真実に耳を傾けるキツい数ヵ月を過ごしたあと、私はそれまでの人生で最も難しい決断をした。おそらく生まれて初めて自分の本当の声を聞いて、それに従った。妻に離婚を求めたのだ。

恋愛関係においての「愛着理論」

生き延び、成長するために他人に依存するのは、子どもだけではない。大人になってからも、人は主に恋愛関係を通して愛着を求め続ける。1980年代に、研究者のシンディ・ハザン博士とフィリップ・シェイヴァー博士は「愛着理論」を恋人同士の関係に当てはめ、「愛に関する質問」を使って調査を行った。被験者の大人になってからの人間関係の安定度を、幼児期に体験した人間関係と比較・評価したのだ[71]。結果は、心理学の世界の多くの人たちが、長らくそうではないかと疑っていた通りだった。幼少期／子ども時代の愛着は、大人になってからの恋愛関係の基盤になるのだ。100パーセントそうだとは言えないが、幼い頃に優しく支え合える愛情豊かな絆を持っていた人は、大人になってからも、優しく支え合える愛情豊かな絆を報告することが多い。子どもの頃によそよそしい、不安定な、あるいは虐待的な人間関係を持っていた人は、大人になってからも同じような絆を求める。

『The Betrayal Bond: Breaking Free of Exploitive Relationships（未邦訳：裏切りの絆——搾取の関係から自由になる）』という本を書いたパトリック・カーンズ博士[72]は、この研究を続け、「トラウマ・ボンド」という新しい用語をつくることで、不安定な愛着を持つ二人の人間の関係を説明した。トラウマ・ボンドとは、報酬（愛情）と罰（愛情の欠如）という神経系に影響を及ぼす行為によって強化される、問題のある絆のことだ。カーンズ博士は、トラウマ・ボンドのさらに極端な事例——家庭内暴力、近親相姦、児童虐待、誘拐やカルト教団や人質事件による「ストックホルム症候群」など——に注目した。カーンズ博士の定義によると、トラウマの根源——この場合は、虐待や害を加える人物——になぐさめを求めるとき、人は「トラウマ・ボンド」の状態に陥る。自分が依存している人物がトラウマの根源である場合は、その絆に巻き込まれることで対処法（この場合は、愛される方法）を学ぶのだ。カーンズ博士はこの現象を「他者を巻き込むための恐怖、興奮、性的感情、性的生理学の悪用」と説明している[73]。

やや幅広い私の定義では、トラウマ・ボンドとは、本当の自分を表現できない力関係から抜け出せなくさせる、人間関係のパターンのことだ。トラウマ・ボンドはたいてい子ども時代に学習され、条件づけされて、大人になってからの（仲間、家族、恋愛、職場といった）人間関係でも繰り返される。トラウマ・ボンドはたいていの場合、幼い頃に満たされなかった欲求に基づく人間関係のパターンだ。

トラウマ・ボンドは恋愛関係に限ったものではないが、恋愛に最も顕著に現れる。ほとんどの人がトラウマ・ボンドに陥っていることから、すこぶるユニークなあなたの（身体的・感情的・精神的）欲求が常に満たされていたわけじゃないのはほぼ確実だ。

すべてを網羅しているわけではないが、トラウマ・ボンドによく見られる兆候は、次の通りだ。

1. **「厄介なことになる」とわかっているのに、ある種の人間関係にどうしようもなく引き寄せられる。**人はトラウマ・ボンドにまつわる激しい感情を、愛情と混同しがちだ。この勘違いは「押し引き」を伴う関係の中で起こるが、そこでは恐れや「捨てられる」不安が、わくわくするような「つながり」に見える。それと逆の要素は、退屈につながりやすい。「安全な」人間関係には、「失う恐れ」というスリルが欠けている。わくわくは、多くの人を引き戻す強力な要因だ。

2. **人間関係において自分の欲求が満たされないか、自分の欲求に気づかない。**すべての子どもは、身体的・感情的な欲求を持っている。親という親密な人間を通して、人はそうした欲求の満たし方を学ぶ。ただし、親が自身の欲求を満たせていなかったせいで、子どもの欲求を満たせなかったかもしれない。その場合、子どもも同じように、大人になっても自分の欲求を満たすことができない。恐れや恥の意識から「ほしい」と言えないか、「イヤだ」と言えないからだ。大人になっても欲求が満たされないと、常に腹を立てたり、不満を感じたり、愛情を強く求めたりするようになる。

3．**愛されるために自分を裏切り続け、自分を信じられなくなる**。自分を信頼できないと、自分の価値を他人に委ねるようになる。自分の価値を外に委ねると、常に他人が自分をどう見ているかに左右されることになる。内なる英知を頼りに判断や選択をするのではなく、他人の考えを頼りに決めているので、自分の現実を認めたり否定したりするのも他人任せになる。すると、絶えず不安になり（「頭がおかしくなる」と表現する人もいる）、本当の自分のアドバイスから遠ざかり続ける、という悪循環に陥る。

トラウマ・ボンドは、自分自身についての物語に根差した、人間関係の力学から生まれる。トラウマ・ボンドは子どもの頃につくられ、大人になってからの人間関係に現れる。これは、本質的な欲求が満たされないことにどう適応（もしくは、対処）したかの延長線上にある。（私の「誰も私のことなんか考えてくれない」のような）エゴの物語は、つらい感情をやわらげてトラウマに対処する、幼い頃の適応手段だったのだ。こうしたコーピングは、愛着を感じる相手との問題を乗り越える助けになったので、大人になってからも、人間関係で「脅威」と思しきものに出会うと、そのやり方にしがみついてしまう。私たちはそれを自己防衛のよろいを保つのに使い、インナーチャイルドの傷が二度と開かないようにしている。

人は無意識におなじみのパターンに強烈に引き寄せられるので、愛されるために、トラウマ・ボンドに基づく人間関係を守るためなら、どんなことでもするだろう。自分を裏切る行為に走るのも珍しいことじゃない。それは子どもの頃に、自分のある部分を「悪い」「愛される価値がない」と聞かされたときに身につけた裏切り行為。つまり、本当の自分の一部を抑え込んだり無視したりしてしまうのだ。目標が常に愛されることなのは、人は絆がないと生きていけないから。「愛＝生命」だからだ。

恥と依存症とトラウマ・ボンド

トラウマを経験してきた人は、心身が活性化する感覚を本物のつながりと混同しやすい。潜在意識がストレス反応をホメオスタシスの「あるべき状態」だと認識してしまうと、人は危険やストレスの兆候を、性的魅力やつながりと混同しかねない。そして最終的に、高ぶった状態に対する感情中毒になって、悪循環から抜け出せなくなる。いつもと同じ人間関係の力学に陥ってしまうのだ――パートナーが同じ人でも、別の人に変わっても。このトラウマ・ボンドは依存症だ。ほかの依存症と同じように現実に私たちの心を奪って、生化学的なジェットコースターに乗せてしまう。

多くの人にとって、「親密さと拒絶のサイクル」は、最初に結ぶ人間関係の一部で、幼い頃に始まっている。だから、大人になっても、条件づけされたそのサイクルをなぞるような人間関係を結んでしまう。子どもの頃に、優しくしてくれたかと思うと、次の瞬間には無関心になるような、気まぐれな愛情を示す親と暮らしていたのかもしれない。人は愛情を求めてやまない生き物なので、子どもの脳は適応するすべを学ぶ。悪いことをしたときに親が（ネガティブな目線だとしても）注目してくれたなら、子どもはさらに注目してもらおうと、わざと悪いことをするようになる。「そんなことをしても欲求は満たされないのでは？」と思うかもしれないが、注意を払われ、目を向けてもらえたのだから、子どもの最大の欲求は満たされている。子ども時代に、親から身体的・感情的・精神的欲求を満たしてもらえた試みは（それがどんなに中途半端で、味気なく、自分を傷つけるような満たされ方であっても）、大人になってからの人間関係において、欲求をどう満たすかの基盤になる。どんな結果になろうと、人は慣れ親しんだ関係性に引き寄せられるのだ。

そういうわけで、ストレスと混乱に満ちた環境に生まれ落ちた子どもが、大人になってからよく似た環境を求めるのは、何ら不思議なことではない。（身体的な危害、性的虐待、育児放棄といった）恐ろしい状態に置かれたとき、身体は分子的、神経化学的、生理学的に変化してしまう。ストレスホルモンの放出や神経系の反応から得る感覚を「愛」の経験と結びつけるよう条件づけされると、中毒になりやすい。それが脳内の神経経路の組織のホメオスタシスになってしまうのだ。私たちがいつも無意識に過去を追体験しようとするのは、人間が安心感を求め、予測できる未来を好む生き物だからだ。たとえその未来が苦しくて、惨めで、恐ろしいものだとわかっていても、未知のものよりは安全だからだ。

性的なつながりも、強力な生理的効果をもたらす。恋愛関係が極端な高揚感と憂鬱さの上に成り立っている場合、たいてい性的な喜びと不満を伴っており、それが生きている実感を与える。セックスのときに放出されるホルモンは強力だ。オキシトシンは絆の感覚を高め、鎮痛剤の働きをし、どんな心身の傷があっても一時的に麻痺させる。ドーパミンは気分を高揚させ、エストロゲンは女性の全身に活力を与える。その快感をさらに求めたくなるのは当然のことだ。とくに、子ども時代に条件づけされた力学が絡んでいる場合は。強烈な波が来ているときに、溺れずにいるのは至難の業だ。

だから、セックスで満たされるハネムーン期が終わると、問題が生じることが多いのだ。その段階を過ぎると「退屈だ」と不満を漏らし、パートナーの欠点と思しきものにこれでもかと目を向けて、自らストレスをこしらえ始める。愛をトラウマ反応と結びつけるよう条件づけられている場合は、ストレスがないとつまらなくて、何も感じられなくなる。私はそんなサイクルを生きていた。関係が穏やかになり、差し迫った危機がなくなると、イライラして落ち着かなくなり、必ずストレスを発動させる。過去にしばられ、過去と同じ未来をつくってしまうのだ。そして、同じ間違いを何度も繰り返していることが恥ずかしくなる。

恥の意識は、「もっと分別を持たなくては」という感情から生まれる。それでも、不合理でパワフルな潜在意識が、「分別のある」合理的な進路を選ぶ邪魔をする。私は、トラウマ・ボンドにつきものの「誰かに惹きつけられては恥の意識を抱く」このサイクルに陥る患者をたくさん診てきた。自分にそんな過去があり、このパターンに陥っている、と気づくことがないわけではないが、たいていの場合、自分では意味がわからない。ただし、ほぼ例外なく、明らかな危険信号が出ている。たとえわかりづらい信号でも、友達や家族がそれに気づいて、親切に（そう親切じゃなくても善意から）忠告しようとしているものだ。

トラウマ・ボンドに陥っているときは、理性で反応していない。潜在意識の過去の傷に振り回され、自動運転状態で慣れ親しんだパターンを生きている。そんな条件づけされたパターンに気づかない限り、たとえ危険信号ゼロの「完璧な」（それがあなたにとって何を意味するかは別として）パートナーを見つけても、その関係には何か大事なものが欠けている気がするだろう。そこにつながりがないのは、あなたが今もトラウマ・ボンドの状態に陥っていて、どんな分別をもってしてもそこから抜け出すことができないからだ。

私がこんな話をするのは、トラウマ・ボンドは恥ずべきものではない、と理解してほしいからだ。生理的な反応が次々と全身を駆けめぐっては、あなたを今いる場所から出られなくしている。「そこから出ればいいだけ」「もっと賢くなるべきよ」なんてアドバイスは役に立たないし、トラウマの力学を理解した上での発言でもない。トラウマ・ボンドは、意識的に断ち切らなくてはならないプロセスなのだ。時間がかかるし、ひたむきさも求められる。要するに、努力が必要なのだ。

親のタイプ別のトラウマ・ボンド

この本で紹介している成長のための行動はどれもそうだが、トラウマ・ボンドによるパターンを断ち切る第一歩は、それを観察することだ。今から、第3章でご紹介した子ども時代のトラウマを、「大人になってからの人間関係への影響」という観点から振り返ってみよう。トラウマを与えた親のタイプごとに、どのようなトラウマ・ボンドがあるかを紹介する。

心に留めておいてほしい。これは、効率のいいチェックリストではない。多くの人が複数のタイプに自分を重ね合わせるだろうし、少数ながら、どのタイプもしっくりこない、という人もいるだろう。トラウマ反応がこのリストにぴったりはまらない、という人もいるはずだ。人生に起こるどんなことも、そうきれいには分類できない。ここでの目標は、自分の親はどんなタイプだったか過去を振り返って、こう尋ねる許可を自分に与えることだ。「遠い昔に何が起こって、それが私をどう傷つけ、私は今人間関係において、どんな対処をしているのだろう？」と。

タイプ1 ―― あなたの現実を否定する親だった

子どもの頃に、考えていること、感じていること、経験していることを「根拠がない」と常に否定されていたので、自分の中にぽっかりと穴があいている。この傷を抱えている人は、和を保つために、自分の現実を否定し続けることが多い。このタイプの親がいた人は自分の欲求を認めていないか、病的なほどのんびりしている。殉教者さながらに、自分が不利益を被っても無私無欲な行動を取るのだ。基本的に対立を避け、「あなたがいいなら、私はいいよ」というマントラに従っている。現実否定の傷を持つ人は、自分の現実に混乱しがちで、長年にわたって直感から離れ、直感を疑っている。そして、判断や欲求を周りのみんなに委ね続ける。ところが、自身の欲求は根強く残るので、そのうち怒りを募らせ、結局、自分の選択の責任を周りのみんなに押しつけるようになる。

タイプ2 ―― あなたに目も耳も向けてくれない親だった

「目を向けてほしい」「話を聞いてほしい」という最大の欲求を「無視された」「軽視された」と感じた人たちは、早い時期に学ぶ。愛されるためには、自分の本質を抑えなくてはならない、と。（「無視」や「押し黙り」を罰に使うような）精神的に未熟な家族と暮らしていた人にも、よく似た反応が見られる。そこは愛情不足か無条件の愛か、という不安定な環境なので、そんな家庭で育った人は、せめてもらえる愛情だけでももらおうと、自分の願いや欲求にはほぼ完全にフタをする。そこで行動のお手本を学ぶことも多いから、子どもの頃に無視されていた人は、危険にさらされると、たいてい相手を無視する。この傷はまた、「豪快な性格」のパートナーを選ぶ、という行動に走らせがちだ。私の患者の一人は、パワフルで優秀で、足を踏み入れた部屋という部屋の「空気を残らず吸い込む」ようなパートナーに魅力を感じる。そういう人は「目も耳も向けてもらえない」という最大の傷を抱えているので、その傷を現実化するようなパートナーを選んでしまう。大人になっても、小さくて目につかない、というおなじみの状態に引き寄せられるのだ。それでいて、その役を演じるたびに、「目も耳も向けてもらえない」という不快な感情をかき立てられる。この女性が豪快な性格の人を選ぶたびに、当然ながら関係は破綻する。そもそも引きつけられたその理由のせいで、パートナーへの怒りが募るからだ。

タイプ3 ── あなたを通して人生を味わう、あなたを型にはめる親だった

親が子どもの信念や望みや欲求について、直接的にしろ間接的にしろ、自分の好みを口にしたら、子どもは真の自己表現の場をつくれなくなる。それはいろんな形で現れるが、人生の大小さまざまな決断をする際に、アドバイスや意見を ── パートナーや友達やメンターなど ── 外に求めることが多くなる。自分がどう「感じて」いるかを把握するために、常に徹底的に ── 場合によっては何度も、さまざまな人たちと ── 話し合わなくてはならない人もいる。何を考え、感じ、どうあるべきかを常に指図されてきたから、直感のアドバイスとつながっていないのだ。だから、絶えずグルやガイド役を求め、新しい考え方や集団の言うことをうのみにしがちになる。

タイプ4 ── 境界線のお手本を示さない親だった

子どもは本能的に、境界線を理解している。たとえ明確な境界線を持たない親に育てられていても。一部の親は無意識に境界線を越えて、子どもが気乗りしないことを、「礼儀正しい子」や「いい子」になるために、「やりなさい」と命じる。そうした体験が直感や持って生まれた境界線を覆すと、子どもは内なるメッセージに疑問を抱き始める。その結果、大人になると、人間関係の中で自分の欲求を覆し、境界線を越えられても常に許してしまうようになる。そうして欲求を否定されているうちに、強い怒りを抱えるようになる。これは「軽蔑」として知られる概念で、著名なカップルセラピストのジョン・ゴットマン博士[74]が、広範な調査で明らかにした「人間関係を壊す要素」の一つとして有名だ。この状況に置かれた人は「なぜみんなが私を利用するのだろう?」「なぜ私を評価してくれないの?」と憤りや戸惑いを感じるが、それは、境界線を侵されたことへの正常な反応だ。ただし、当人が理解していないのは、それが、自分が生まれてこのかた境界線を設けてこなかったことと関係していること。他人に費やす時間、エネルギー、感情のリソースの限界を定めてこなかったせいなのだ。

タイプ5 ―― 見た目にこだわりすぎる親だった

多くの人は親から、見た目に関する直接的、間接的なメッセージを受け取っていただろう。そういう親は、子どもがどう見えるか(体重、髪形、服装など)にこだわったり、家族がコミュニティの中で他人からどう見られるかを気にしていたりする。その場合、子どもは、大人になったときに、自分の外見が合格点に達しているかどうか、他人と比較して確認するようになる。心の健康が、見た目よりもずっと大事だと知らないままに。外見に頼っていると、外向けのイメージにばかりこだわるようになる。「完璧な」見た目を保つために、自分が味わっているつらくて厄介な問題を否定したり、意図的に隠したりするようになる。きれいな写真とコメントを投稿できるソーシャルメディアが、事態をさらに悪化させている。多くの人が、舞台裏ではとても苦しんでいるのに。

タイプ6 ―― 感情をコントロールできない親だった

親が爆発したり心を閉ざしたりすることで感情に対処しているのを見ると、子どもは感情に圧倒されるようになる。そうして大人になった人は、感情面での適切なコーピングもレジリエンスも身につけていない。多くの人は親がしていたのと同じように、感情的に反応したり感情を抑え込んだりしている。中には感情を爆発させて、誰かを怒鳴りつけたり、ドアを乱暴に閉めながら、家の中を暴れ回ったりする人もいる。あるいは、距離を置くことで大きな感情に対処する人もいる。関わりを避け、対立を嫌うタイプなのだろうが、それが高じると、解離に陥る場合もある。外の力を借りて、解離の状態をつくる人もいる。ドラッグやアルコールで自分を麻痺させたり、ソーシャルメディアで気をまぎらわせたり、食べ物で気持ちを落ち着かせたり。あるいは、人との絆自体が麻酔の働きをする場合もある。誰かとの関係に夢中になっているときは、自問しなくてすむからだ――心の奥にある何かが、自分を不幸にしているのではないか、と。

こうした一般的なタイプを頭に入れて、身近な人たちがそばにいるときに、身体がどんな感覚になるかに注意を払おう。人間関係は、心の健康状態を見極める誘導システムだ。では、少し時間を取って、とくに親しい人たちの名前を書き出そう。それぞれの名前の下に、その人とやりとりするときに、一番よく抱く感覚を書こう。緊張して不安になる？　あるいは、自由で安心できる？　書いていくうちに、子どもの頃の体験から学んだ、人間関係のパターンが見えてくるだろう。

トラウマ・ボンドの落とし穴にはまった夫婦の場合

よくあるのが、カップルのそれぞれが子ども時代の一風変わったトラウマの後遺症に対処しながら、パートナーと愛し合い、関係を育もうと努めているケースだ。これがすんなりうまくいった、という話を聞いたためしがない。

私の患者のシラは現役のセラピストで、夫との一進一退の関係に悩んで、私のところへやってきた。トラウマ・ボンドの例に漏れず、そこには二人ならではの要素もあれば、ごく一般的な要素もあった。ジョシュアとシラの関係を見れば、個人的な悩みがどれほど普遍的な要素をはらんでいるかがわかる。

ジョシュアとシラは、熱心な正統派ユダヤ教徒だ。二人は家族、儀式、伝統をとても大事にしているが、そうした共通の価値観を除けば、まったくタイプが違う。シラの両親は身体に障害があり、娘の世話がほとんどできなかったので、子育ての責任は拡大家族——二人の祖母とおばたち——が担っていた。両親に障害があることはシラの目にも明らかだったけど、心の底では、両親からもらえない絆に憧れていた。この「感情的な放棄」によって、いつも「愛されていない」と感じていた。それに対処するために、シラは他人の機嫌を取るようになった。「愛される価値がある」という外からの承認を常に求めていた。

一方、ジョシュアは八人きょうだいの家庭で育った。母親は感情のコントロールが苦手で、とても自分本位な人だった。母親の欲求は子どもたちの欲求より優先されていたから、長男のジョシュアは、「生き延びるために、僕がお母さんを安心させなくちゃ」と思っていた。彼が時間をかけて学んだ最善の方法は、口を閉じて、自分の感情の世界を抑え込むことだった。すでにお察しの通り、その結果、解離が生まれた。そんな家庭環境と「男は感情を見せるべきじゃない」という社会のメッセージが相まって、ジョシュアは外の世界で成功し、成果を上げることで「愛」を手に入れるしかなかった。だから医学を学び、全米有数の医大に合格して、外科医になったのだ。

シラが相談に来た頃、ジョシュアは身体の痛みに苦しんでいた。気分も優れずイライラし、時には医師の仕事に支障が出るほどだった。当初からくすぶっていた夫婦の問題もすべて悪化していた。ストレスやもめごとを抱えると、ジョシュアは感情を見せなくなって距離を取る。するとシラのほうは「親に捨てられた」古傷が開いて、絶望したり、不安になったり、愛情がほしくてたまらなくなった。ハードな仕事を終えて帰宅したジョシュアが、疲れ果てて距離を置き、心を閉ざしていると、つながりが消えていると感じたシラが、感情をあらわにし始める。

「何が気に入らないの？　私のこと怒ってるわけ？」。そう言って愛情を求め、さらに責め立てる。「私を愛してないんでしょ！　浮気してるんでしょ！」

パニックに陥り、深い孤独感にさいなまれたシラは、本当にジョシュアを追い回した。50回も連続で電話をかけ、ジョシュアの診療所に現れ、彼のふるまいについて家族に詰め寄った。シラが心から安心できるのは、二人を隔てる空間と思しきものが縮んだときだけ。

ジョシュアのほうも安心感を取り戻そうと、こちらはさらに感情を抑えた。近づこうとしてくるシラの行動を怖いと感じる。母親の感情に自分の感情をかき乱されたときみたいに。シラとジョシュアの関係は、「接近―回避」パターンの典型的な事例だった。彼が愛情を抑え込むと、彼女は「捨てられた」と感じて、当然ながら深く傷つき、安心感を取り戻そうと距離を詰め始める。彼女が近づけば近づくほど、彼は離れ、彼女の不安は加速する。どちらの欲求も満たされず、お互いに対する苛立ちがふくらんでいく。これが、トラウマ・ボンドの関係性の本質だ。欲求が満たされないままだと、やがて激しい怒りがわいてくる。怒りは、人間関係を破壊してしまう。

本物の愛にもワークは必要

あなたがトラウマ・ボンドに陥っているからといって、人間関係が絶望的だ、というわけではない。まったく違う。トラウマ・ボンドは先生なのだ。ずっと抱えてきた人間関係のパターンや、変化を起こせそうな分野を教えてくれる。幸い、人間関係のパターンに、決定ずみのものなど一つもない。ここまで学んできたすべてのことと同じで、あなたが自覚しさえすれば、変化のプロセスが始まる。

ジョシュアとシラがトラウマ・ボンドを完全に癒やしたとは言わないが、二人ともワークに取り組むことに同意してくれた。子ども時代が夫婦の関係に及ぼした影響を認めて、自分自身や二人の関係について掘り下げることにしたのだ。「押し引き」というトラウマ・ボンドの落とし穴が明らかになったので、シラはわいてくる感情の反応に優しく対処する方法を学んだ。ブレスワークや瞑想をして、つい反応したくなる本能的な衝動と自分自身を引き離した。一方、ジョシュアもよそよそしい気分になったときに、自分を表現することを学んだ。妻に「今、距離を取ろうとしてる自分がいるよ」とか「この状況に圧倒されそうなんだ」などと伝え始めたのだ。これは部外者には大したことじゃないように聞こえるが、シラにとっては、パートナーが心の世界で経験していることを言葉にしてくれるのを聞くだけで、心がつながっているのを感じ、神経系が捨てられる不安から解放された。ジョシュアが自分を表現する言葉を聞いて、シラは望んでいたつながりが得られ、安心することができて、ジョシュアの心が求めている空間《スペース》を与えることができた。

ロリーと私も、トラウマ・ボンドから始まった。つき合いだしたのは、私が離婚して、「また気軽にデートしてみよう」とようやく思えるようになった頃のことだ。彼女の自信に、すぐ心を惹かれた。ロリーは自信たっぷりに見え、そのエネルギーが最高に魅力的だった。

誰よりも安定して見える人たちでも、案外傷を抱えているものだ。ロリーにもトラウマの歴史はある。ジョシュアと同じように、子ども時代に、感情が高ぶるような環境に身を置いていたからだ。対処法として、ロリーは「回避型」の愛着スタイルを身につけたので、恋愛に大いに恐れを感じるタイプだ――基本的に、「あなたが去ってしまうのが怖い」「あなたがずっといてくれるのも怖い」という感じ。ある日は私に夢中で情熱的だったのに、翌日に衝突すると、さっと逃げ出してしまった。もちろん私はひどく感情的になって、彼女から離れられなくなった。初期のジェットコースターのような関係が、私の子ども時代のストレスと混乱をしっかりと反映していたからだ。関係が悪くなると、あらゆる感情が体中を駆けめぐり、事態が改善するまで不安の波に揺られる。そして、改善されたらされたで、相変わらず不安な気持ちで何かが起こるのを待っているのだ。私たちはいつの間にか、さまざまに結託し、物事がうまくいかないようにしていた。ストレスに次ぐストレスに、二人して中毒になって、そんな関係性にまるで気づいていなかった。

ロリーはいつだって変化の担い手になりたがっていた。停滞するのが大嫌いで、成長するには、人間関係は常に進化しなくてはならない、と信じていた。現状に満足するのではなく、成長・拡大していきたいのだ。私も、過去の人間関係のパターンに気づき、そこから学んで成長したいと考えていた。

ロリーと出会ったのは、ちょうど地元のフィラデルフィアに住んで、家族と過ごす時間を増やしていた時期だった。家族と頻繁に会っていたので、過去の多くのパターンが明らかになりつつあった――私が認めたくても、認めたくなくても。ロリーもうちの家族と過ごす時間が増えるにつれて、観察したことを優しく報告してくれるようになった。彼女が気づいたのは、私が家族に会う前にどんどん不安を募らせて内にこもり、家族に会ったあとは、感情が高ぶった状態のまま、けんか腰になって、何日もピリピリしていること。だから、ロリーもピリピリしていた。私が感情のエネルギーをぶつけるからだ。

最初は、自分ではわからなかった。実際、初めのうちは、観察結果に大いに反発していた。でも、そのうち気づきが深まって、自分の真実に近づけるようになると、明らかな条件反応がもれなく見えてきた。ロリーのおかげで、やっと事情が飲み込めた。彼女は私を避けたり懲らしめたりせずに、前向きな変化のきっかけをくれた。

二人で「ワーク」を深く掘り下げるうちに、「成長したい」という思いはさらにふくらんだ。毎日落ち合って、一緒に「ワーク」に取り組む約束をした。二人とも早く寝るようになり、運動し、モーニング・ルーティンを始めた。日記を書き、食べ物を変え、化学物質まみれの身体を解毒《デトックス》した。最初、気づきや変化はすべて感情にまつわるものだった。時々二人で、床に横たわって泣いたものだ――それほど圧倒的だった。一緒に圧倒された。二人で取り組んだおかげで、癒やしの旅の変革の力はいっそう高まった。実はやる気がない日も参加することを選んだのは、彼女がいたからだ。でも、そのうち、自分のために、望んで取り組むようになった。

人間関係を大きく育てたいなら、親がつくった穴や傷をふさぐ手段に使ってはいけない。健全な人間関係は、お互いが進化する場をくれる。これが本物の愛の本質だ。二人の人間が互いの自由を認め、しっかり目を向け、耳を傾け合って、自分を表現できるようサポートし合う。本物の愛は、あなたを感情のジェットコースターに乗せたりはしない。穏やかだし、お互いが相手への尊敬と称賛に根差したつながりを選んでいることを知っている。本物の愛は安心できる。相手は道具でも誰かの所有物でもないし、パートナーは親でもなければ、自分を整えて癒やしてくれる存在でもない――そんな気づきに基づく関係が、本物の愛なのだ。

「ロマンティックコメディ」で描かれるたぐいの愛の話をしているのではない。本物の愛は必ずしも「心地よい」ものではないし、ロマンティックなものでさえない。恋愛につきものの感情中毒のサイクルが発動することはないから、「捨てられる」「愛や支えが消えてしまう」といった不安がくれる高揚感もない。地に足が着いた状態なのだ。愛されるためにある種のふるまいをしたり、自分の一部を隠したりする必要もない。それでも、退屈することや、落ち着かない気分になることはあるだろう。ほかの誰かに惹かれることや、一人の生活を失って嘆くことだってあるかもしれない。意識的な関係は、おとぎ話ではないのだ。「あなたが私を完全にしてくれる」なんて幻想だ。にっこり微笑み合ったら、パッ！　と突然すべてが消えて……いつまでも幸せに暮らしましたとさ――なんてあり得ない。今までに出会ったすべてのことと同じように、本物の愛にも「努力《ワーク》」が必要だ。やるべきことは、トラウマ・ボンドにおいて自分への裏切りがどんな役目を果たしてきたかに気づき、自分の欲求を大切にするために自分が果たせる役目を自覚することだ。

Work 親のタイプ別にトラウマ・ボンドを明らかにする

子ども時代の傷や抑え込んだ感情が、大人になってからの自分や人間関係にどれほどの影響を及ぼし続けているか、わかるだろうか？　それを自覚したいなら、少し時間を取って自分と向き合い、該当するすべてのひな型に書き込もう。第3章で行った日記のエクササイズを忘れずに振り返り、あなたが経験した子ども時代の傷を記録しよう。

タイプ1――あなたの現実を否定する親だった

誰かに思考や感情や経験を否定されている、と感じたときに、自分がどんな反応をしているか、よく考えて書き出そう。少し時間を取って自分を観察し、どんな体験をするとそうした感情をかき立てられるのかを探り、自分の反応を書こう。

今でも［自分の現実が否定されている、と感じる体験を記入しよう］とき、私は

と感じて、

という反応をする。

タイプ2――あなたに目も耳も向けてくれない親だった

今もあなたが「無視されている」と感じる体験を観察しよう。大人になってから、目を向けてもらい、耳を傾けてもらうために、どんなことをしているかに気づくこと。たとえば、必死で他人の関心を引こうとしていないだろうか？　あるいは、「たいてい無視されている」という根深い感覚を持っていないか？　承認がほしくて、人間関係の中で何らかの役を演じていないだろうか？　「他人に認めてもらえない」と感じる思考や感情や自分の一部を隠していないだろうか？　大人になってから、「無視されている」と感じたとき、あなたはどんな反応をしているだろう？

今でも「目や耳を向けてもらえない、と感じる体験を記入しよう」とき、私は＿＿＿＿＿＿＿＿と感じて、
＿＿＿＿＿＿＿＿という反応をする。

タイプ3 ―― あなたを通して人生を味わう、あなたを型にはめる親だった

実は情熱も個人的な目的もないのに、形だけやっているふりをしている瞬間や人間関係や体験を観察しよう。あなたは恥の意識や、戸惑いや、満たされない気分を抱えている？ そうした気分はたいてい、自分の本質や目的から離れて生きていることを映し出している。少し時間を取って、今も外的要因 ―― 誰かが口にした願い、ほめ言葉、（「自分が変わったら愛してもらえなくなる」などの）恐れ ―― をもとに選択し続けていることがないか、考えてみよう。

気づいてもらいたいのは、自分が何者か（何者でないか）について語る他人のメッセージを、今も受け取り続け、頼りにし、それをもとに自分を変え続けていること。そして、他人のメッセージをもとに、自分自身の受け入れてもらえそうな部分だけを表現し、受け入れてもらえそうにない部分は抑え込み続けていることにも気づいてほしい。自分が本当は何者なのか、まだわからなくても大丈夫。多くの人が、幼い頃からそれを他人に吹き込まれているせいで、わかっていないから。次のひな型を使って自分の気持ちを書き出そう。

・私は今も、外的な要因をもとに日々の選択をしたり、他人のために生きたりしている。たとえば、次のように。

・私は今も、現在の自分の行動を形づくる、次のようなメッセージを受け取り続けている。

タイプ4 —— 境界線のお手本を示さない親だった

少し時間を取って、（友達や家族や恋人といった）他者との関係における自分自身を（判断したり批判したりせずに）観察してほしい。次のひな型を使えば、人間関係における自分の境界線を自覚できるだろう。もしかしたら、あなたには境界線がまったくないかもしれない。私もかつてはまったくなかった。自覚が高まるにつれて、自分の境界線や、他人の境界線に対する反応を新たに選び直せるだろう。覚えておいてほしい。これは練習なのだ。自分の限界について快く、自信を持って話せるようになるのには時間がかかる。次の問いについてじっくり考え、自分の気持ちを書き出そう。

・あなたは自由に「イヤだ」と言えるだろうか？　それとも、「イヤだ」と言うのに罪悪感や恐れがある？

・その状況についての自分の限界や本当の気持ちを、自由に口にできるだろうか？

・自分の見解や意見を採用するよう、他人に無意識に強要していないだろうか？

タイプ5 ── 見た目にこだわりすぎる親だった

少し時間を取って、見た目と自分との関係を（やはり判断したり批判したりせずに）観察しよう。自分の身体をどう感じているかは、自分自身との関係にも、他者との関係にも映し出されている。自分の見た目についての物語の大半は無意識のものなので、それを自覚すれば、今の物語を理解し、新しい物語をつくることができる。次の質問について気持ちを書き出してみよう。その際は自分に親切にし、思いやりを忘れないこと。あれこれ判断しないこと。目標は客観的な立場を保ち、好奇心を持つことだ。

・私は自分の身体について、自分にどう語っているだろう？

・私は自分の身体について、友達にどう語っているだろう？
・どれくらい頻繁に、自分の身体を他人と比べている？
・私は他人の見た目について、どのように話している？

タイプ6 ―― 感情をコントロールできない親だった

少し時間を取って、大人になった今、あなたが自分の感情をどのようにコントロールしているかを観察しよう。感情を経験し、対処している自分自身を、自分がどのように見ているかをしっかり見ること。具体的には、少し時間を取って、日常生活や人生のさまざまな分野で、いろんな形で、特定の感情を否定し続けていることに気づこう。常に「ポジティブでいよう」「人気者でいよう」と努めていないだろうか？　あるいは、友達やパートナーに「自分が感じていることを伝えられない」と感じている？　ある感情は隠し、別の感情はしっかり表現している、ということはない？　じっくりと考え、次の質問の答えを好きなノートやスマホに書き出してみよう。

・強い感情を経験したとき、あなたはどんな反応をしているだろう？
・自分の感情にストレスを感じたときの、コーピングを持っているか？　持っているとしたら、どのようなものか？

・強い感情を経験したとき、周りの人たちにどのように伝えているか？
・強い感情を経験したあと、自分をケアしているか？　あるいは、自分の反応を恥ずかしく思っている？
・私は今も自分の感情を否定し続けている。たとえば、次のように。

Chapter 10

境界線を引く

私の患者のスーザンは、「家族がすべて」をモットーとする「典型的な」中流家庭で育った──うちの家族とよく似ている。癒やしの旅を始めたばかりの頃、スーザンは家族を美化し、両親がくれた幅広いサポートや愛情について、何かをごまかすかのように大げさに語っていた。喪失感や満たされない思いに苦しんでいることについては、「私はなんでこうなんだろう? ほしいものは何だって持っていたのに」とよく言っていた。両親は安定した結婚生活を送り、学校行事には必ず顔を出して、スーザンに惜しみなく愛情を注いでくれた。

スーザンはとくに母親を美化し、もはやヒーロー崇拝の域に達している。「インナーチャイルドのワーク」について初めて耳にしたときは、「何かうさんくさい」とはねつけた。トラウマを恐れるあまり、両親を大げさにほめちぎって、過去について話すときも、不愉快な話はおくびにも出さなかった。ただし、さらに正直に自分を見つめていくうちに、重大な告白をし始めた。実は、母親は威圧的で、支配的にふるまうことが多かったのだ。子ども時代のスーザンを無意識に型にはめるような行動を、山ほど取っていた。母親は娘に、自分が送れなかった人生を送らせたかったのだ。その関係性は、スーザンが共依存の巣を出てから、さらにキツくなったようだ。母親は1日に何度も電話してきて、スーザンが電話を取らなかったり、すぐに折り返さなかったりすると、罪悪感を武器に使った。

母親の重さに悩むスーザンの場合

とくにスーザンを困らせたのは、母親が頻繁にアポなしで家に来ることだった。いきなり現れて、娘がすべてを中断してくれることを期待する。これには彼女も心底腹を立て、思わず子ども時代を振り返った。母親はよくずかずか子ども部屋に入っては、勝手に日記を読んでいた。それでもスーザンは、一度も文句を言わなかった。もっとあからさまなルール違反をされたときでも。「世話役」のインナーチャイルドを抱えるスーザンは、常に母親をなだめようとしていた。人生でずっと「母親役」を演じ、周りのみんなに忍耐と限りない愛情を注いできたけれど、そのどちらも、実の母親との間には一度も存在したことのないものだった。

興味深いことに、スーザンが癒やしの旅を始めたのは、何年も「どうしても他人とつながれない」と悩んだあとのことだ。彼女はたびたび「友達にないがしろにされる」と悩み、そう説明していた。彼女は、周りのみんながありとあらゆるストレスや厄介事を持ち込む「相談係」

なのだ（私はこれを「感情の投げ捨て」と呼んでいる。この章でのちほど詳しく説明する）。とくにある友人は、スーザンの従順さと我慢強さにつけ込んで、恋人と大モメするたびに電話してくるのだけれど、これが大迷惑なのだ。夜中に平気で電話してきて、愚痴をぶちまける。スーザンもさすがにあんまりだと感じていたけど、必ず電話を取った。友達の電話を拒むなんて、考えただけで具合が悪くなる。「友達が必要としてくれているのに」と、罪と恥の意識でいっぱいになるからだ。

スーザンはいつだって「いい友達」で、「いい子」で、「いつもそばにいてくれる人」だ。それが彼女の物語で、そこから抜け出せない。延々と電話を取り続け、自分の時間と感情のリソースを、何のお返しもくれない人たちに与え続けている。そうしてクタクタになるような関係を続けながらも、ずっと思っていた。一方的で、不公平で、薄っぺらな関係だ、と。「私のことを本当にわかってくれてる友達なんているのかな？」。まさに透明人間の気分だった。スーザンはセッションで、よく泣いていた。「私を心から大切にしてくれる人に出会えるんだろうか？」と。

その後も母親との間にストレスを抱え続けるうちに、気づいたことがある。それは、母親が自分を不安にさせていること。本音を自由に話せないのは、母親の願いをかなえるために、自分の願いをずっと無視してきたからだ。そんなに会いたくないのにたびたび会いにいくのは、罪悪感と恥の意識と恐れのせいだ。依存心の強い友達の電話を無視できないのと同じ。スーザンは、「他人の機嫌を取る」という自分のアイデンティティに気がついた。自分を守るための境界線がまったくないから、他人にばかり尽くして、本当の自分とのつながりは残らず失ってしまった。

子どもを「自分を満たす手段」にする親

多くの人は「境界線」という考えを知ると、目からうろこが落ちる。境界線――自分（自分の思考、信念、欲求、感情、心身のスペース）を他人から隔てる明確な限界――は、本物の人間関係を育み、維持するために必要だ。明確な境界線を設け、時間をかけて守っていく能力は、心身の健康にとって極めて重要だ。

子ども時代に境界線がなかった人は、大人になってからも、境界線を引くのに苦労しがちだ。子ども時代に自分がみんなとは別個の存在であること――別個の感情、別個の意見、別個の現実――を表現するスペースがなかったら、あるいは、家族が「集団思考」（「私たちは、あれではなくこれをする」「私たちはあの人たちが好きじゃない」「私たちはこういう家族だ」といった思考）に陥っていたら、本当の自分を表現するチャンスは得られなかったはずだ。親の中には、人生で経験したことや心に負った傷のせいで、無意識にわが子を「自分の欲求を満たす手段」だと考えている人もいる（これには、子どもを信用して秘密を打ち明ける、子どもを「親友」扱いする、といった行為も含まれる)。

そういう関係性において、感情の境界線があいまいなのは、家族の誰も、自主性を養い、本当の自分を十二分に発揮できるスペースを持っていないからだ。その状態は「絡み合い」と呼ばれる。絡み合っている状態では、誰も別個の存在でなどいられない。親は子どもの人生を必要以上にサポートし、誰かの感情が高ぶると家全体にぱっと広がる。家族と別行動を取ろうとすると盛んに邪魔されて、罰を与えられることすらある。そんなふうに家族が絶えず交流し合う最大の理由は、交流していないと全員が不安になって、感情的に反応するからだ。親は「子どもを支配できない」と恐れ、子どもは「家族に疎外される」と恐れる。そこに本当のつながり――魂の結びつき――がないのは、誰一人本当の自分ではないからだ。往々にして、絡み合いのパターンに陥っている人は、家族に対する誤った親近感や親密感を抱いている。高ぶった感情を共有することで家族が一つになり、境界線もないから、一つの現実を共有せざるを得ないのだ。そこに本当のつながりはない。このあとお話しするが、本当に親密になるためには、各自の現実が同時に存在できるよう、明確な境界線と自由を共有し合う必要があるからだ。

スーザンの例でおわかりのように、絡み合いによる子ども時代の傷は、大人になってからの人との関わり方を決める(つまり、トラウマ・ボンドだ)。その人が、内側のではなく外側の誘導システムに従っているからだ。自分自身とのたしかな絆がない上に、自分の欲求を徹底的に否定してきたせいで自分の欲求がわからない。ましてやそれを明確に伝える方法など知るわけもない。おまけに、自分の限界を決めるのすら他人任せにしている。スーザンは絡み合いの状況で育った子どもの典型だった。他人の機嫌を取り、殉教者さながらに何の見返りも求めず、自分の感情的・心理的・精神的健康を犠牲にしてしまうのは、それが子どもの頃に愛されるために必要なことだったから。そうこうしているうちに、無価値感や味気なさ、落ち込み、といった気分が、どっとわいてくる。最大の欲求が一度も満たされなければ、そのうち怒りも増してくる。そんなすべてが罪悪感や「捨てられる不安」と絡み合って、人を感情中毒にし、悪循環に陥らせる。

今からお話ししていくが、本当の親密さには、明確な境界線を引き、それを共有することが欠かせない。境界線の引き方を学べば、自分も周りの人たちも自分らしくいられるスペースがつくれるだろう。

「感じよさの檻」に自分を閉じ込めていないか?

境界線には、ここまで学んできた「ワーク」のすべての要素が詰まっている。「最も重要な」概念を一つだけ挙げるなんて気が進まないけれど、本書を読んで忘れずにいてほしいことがあるとしたら、まさにこの章だ。境界線はあなたを守ってくれる。境界線があれば、身体のバランスが保たれるし、直感的自己とつながれる。だから、境界線は本物の愛を経験するのに欠かせないのだ。

境界線は、すべての人間関係――何よりも、自分自身との関係――に必要な基盤をくれる。境界線は、「不適切だ」「受け入れがたい」「本物じゃない」と感じるものや、単に望まないものから自分を守ってくれる擁壁《ようへき》だ。あるべき場所に境界線があれば、安心して本当の望みや欲求を表現できるし、自律神経系の反応もうまく調整できる（安全を守ってくれる境界線を引いたら、「社会的関与ゾーン」を楽しめるのだ）。そうすれば、自分の本質的な欲求を否定して憤ることもなくなる。境界線はなくてはならないものだ。ただし、ひどく恐ろしいものでもある。とくに、境界線が存在しないか、それを絶えず侵されていた絡み合いの家庭で育った人にとっては。

ほとんどの人は、「イヤだ」と言うすべを一度も学んだことがない。その結果、あまりに多くの欲求をはいはいと満たし続けた結果、ついに限界に達して「断固とした拒絶」に至ってしまう。そして、あとになって、いきなり方向転換したことを後ろめたく、恥ずかしく思うのだ。そ「ごめんなさい」と謝ったり、自分の欲求をはねつけたり、ぐだぐだ余計な説明をしたり。そんな行動に身に覚えがあるなら、人生に新しい境界線を引くことは、きっとあなたのためになるだろう。

境界線のワークの最初のハードルは、「感じよさ」だ。これは、見直しが必要な性格特性なのだ。自信に関する第一人者であるアジズ・ガジプラ博士の著書、『Not Nice: Stop People Pleasing, Staying Silent & Feeling Guilty . . . and Start Speaking Up, Saying No, Asking Boldly, and Unapologetically Being Yourself（未邦訳：感じよくしない――他人の機嫌を取り、黙って罪悪感を抱くのをやめて……声を上げ、イヤだと言い、大胆に頼み、悪びれずに自分らしくいよう）』によると、感じよさはこんな誤った信条に基づいている。「みんなを喜ばせれば……みんなが私を好きになって、愛してくれて、たっぷりほめてくれて、ほしいものをたくさんくれるだろう」[75]。ガジプラ博士はこの現象を「感じよさの檻《おり》」と呼んでいる。要するに、「評価されたい」という衝動のせいで、自作の落とし穴にはまり込んでいるのだ。実は、「感じよくしない」（本当の自分に正直に生きる）ことで、人は自分の価値を主張できる。それは意地悪になったり、傲慢になったり、思いやりのない人間になる、という意味ではない。自分の望みや限界を知り、それを相手に伝えることだ。「イヤだ」と口にし、絶えず言いなりにならないことを学ぶのは、自分自身を取り戻す重要な要素だ。「イヤだ」と断わることを学ぶのは、あなたが自分自身と愛する人たちにできる、何より親切な行為だったりする。

境界線が強すぎる「感情の引きこもり」

多くの人は境界線を侵されることや、境界線がないことで悩んでいるが、それとは正反対の人も相当数いる。あまりに強固な境界線を引いている人たちだ。どんなつながりも認めず、自分の周りに壁を築いて、「感情の引きこもり」という堀で囲んで、自分と周りを遮断している。壁を突破してくる人たちには、厳しい行動のルールを課す。子ども時代に愛着を感じる相手から繰り返し境界線を越えられると、その後も人間関係全般に不安を感じるようになる。中には、子ども時代に絡み合いを経験したせいで、防御の壁を築いている人もいる。自衛のために殻に閉じこもった人は、他人とのびのび自由につながることができなくなり、自分や他人を制限し続ける。そのほうが安全だ——あるいは、そう思える——からだ。そのうち直感の声を抑え込むようになり、結局は境界線がまったくない人たちと同じように、孤独で信頼できない場所に身を置くことになる。

少し時間を取って、人生のさまざまな側面を観察してみよう。そして、下記の自己診断ツールを使って、自分の境界線が三つのカテゴリー——「ガチガチ」「あやふや」「しなやか」——のどれに当てはまるのか確認しよう。

カテゴリー1「ガチガチ」

・親密な／親しい人間関係がほとんどない。
・常に拒絶される恐れを抱いている。
・往々にして、助けを求めるのが苦手だ。
・かなりの引っ込み思案だ。

カテゴリー2「あやふや」

・人の機嫌を取らずにいられない。
・自尊心を他人の意見に左右される。
・たいてい「イヤだ」と言えない。
・常に個人情報を開示しすぎる。
・いつも、まとめ役／援助者／救済者／救助者だ。

カテゴリー3「しなやか」

・自分の思考、意見、信念を自覚し、大切にしている。
・欲求を他人に伝える方法を知っている。
・個人情報を適切に開示している。

・必要に応じて「イヤだ」と言えるし、他人が「イヤだ」と言うのも受け入れられる。
・感情のコントロールができるし、他人が自分を表現するのを認められる。

あらゆる境界線について、理解しておくことが大切だ――境界線は他人のためではなく、自分のためにあるのだ。境界線は、他人にある行動を取れと迫る「最後通牒」ではない。最後通牒とは、相手の行動を変えるために、相手がその行動を取り続けた場合、どうなるかを伝える声明文のことだ。境界線とはむしろ、自分の欲求をそのまま満たすために表明する、自分の限界のことだ。これは相手がどんな反応をしようと、自分のために取る行動だ。相手が何らかの変化を示したなら、それはおまけのようなもの。また、自分の境界線を守りながら、相手にも限界や境界線があることを認め、それを尊重することも大切だ。

自分の欲求が満たされず、境界線を盛んに踏み越えられても、相手を指さして「あなたが変わるべきだ」なんて言ってはいけない。問うべきことは、「私の欲求を満たすために、私は何をする必要があるのだろう?」ということ。

3種類の境界線

境界線は（身体、心、魂にまつわる）人間としての幅広い経験に対応するものなので、その幅に見合ったさまざまな境界線が必要になる。

一つ目の境界線は、「身体的な境界線」だ。身体的な境界線があいまいだと、外見へのこだわりが強くなる。つまり自分の価値を、見た目や、自分の身体に何ができるか、どの程度性的対象として見られるか、などに置くようになる。あるいは逆に、身体がないかのようにふるまう場合もある。つまり、心が身体とつながっていないかのようにふらふらとさまよい、身体の欲求と完全に切り離された状態になる。一方、身体的な境界線がガチガチに強固な場合は、身体に圧倒されるあまり、自分の身体の感覚を抑えたり閉じ込めたりしたくなり、自分の欲求や性欲を否定するようになる。

身体の望みや欲求を尊重するなら、自分の対人空間《パーソナル・スペース》を明らかにし、自分にとって望ましいスキンシップの程度を相手に説明する必要がある。また、（自分の身体やセクシュアリティについて、コメントされるのが心地よいかどうかを含め）自分が何についてなら議論し、何についてはしないのか、の境界線を引く必要もあるだろう。それから、セルフケア――たとえば、必要な睡眠時間、食事、身体の動かし方――を意識し、実践する必要もある。

二つ目の境界線は、「リソースの境界線」だ。リソースに関して気前がよすぎると、常に呼び出しに「待機」している状態になる。スーザンが友達に対してそうだったように。リソースの境界線がほとんどない人は、際限なく与えるお人好しなので、友達やパートナーや家族と不公平かつクタクタになるようなやりとりをすることになる。与えて与えて与え続けるのは、たいてい「無私無欲でいればいるほど愛される」「自分の時間は惜しみなく与えるべきだ」といった思い込みがあるからだ。でも、これは現実を正しく反映していない。時間は人間の最も貴重なリソースの一つだ。それでも、私が出会ったリソースの境界線で悩む人たちは、自分があまり関心のない事柄に時間とエネルギーを費やすよう頼まれると、「イヤだ」と言えない。

これとはまったく逆を行く人たちもいる。リソースにまつわるガチガチの境界線を持つ人たちだ。時間をめぐって、ガチガチなリソースの境界線を持つと、内外の状況がどうあっても、毎日の予定を死守することになる（決まった時刻にジム通いをする、というのがおなじみのパターンだ）。家族の緊急事態でも、ガチガチなリソースの境界線を持つ人たちは、「決められた」活動をする。周りの状況がどんなに切迫していても。私も以前は、計画についてはかなり頑固で、テレビを観る時間も細かく計画していた。でも結局のところ、リソースをどう消費するかをガチガチに決めてしまうと窮屈だし、「本当の自分」のさまざまな欲求に応えられない。

三つ目は、「精神的／感情的な境界線」だ。この境界線は、絡み合いの問題を抱える家族内では、侵されることが多い。精神的／感情的な境界線があやふやだと、自分が周りの人たちの精神的／感情的な状態に責任があるように感じ、他人を「救う」、全員を幸せにする、といった欲求を身につけてしまいがちだ。他人を毎回幸せにすることはできないので、そうした境界線のない状態は、自分のリソースに害を及ぼし、疲労困憊することになる。常に他人の欲求を満たすのは達成できない目標であり、結局は自分の欲求を無視することにもなる。

絡み合いの問題を抱える家庭では、精神的／感情的な境界線があやふやなので、「集団思考」に陥りやすい。集団思考は、思考や信念が「集団概念化」された場合に起こる。とくに信仰心の強い家庭であからさまだが、そこでは全員が同じ習慣や信念に従う、と理解されている。直接的にも間接的にも家族全員が受け取っているのは、「従わないと仲間はずれにされる」という恐れを伴う服従のメッセージだ。

精神的／感情的な境界線がガチガチな人は、たいていの場合、他人の世界観にまったく関心を示さない。自分の信念や感情に頑固にこだわるので、周りから完全に距離を置き、心からつながり合うことができない。常にガードが固すぎると、心や魂が出会う場《スペース》がないので、離れ小島のようになってしまう。そんなに極端なケースはまれだ、と言い添えておく必要はあるけれど、ちょっとした行為の中に、そうした傾向が垣間見えることはある。たとえば、そんなにほしくない物を「とにかく半分よこせ」と主張するのも、その一例だ。

精神的／感情的な境界線があれば、自分自身と自分の感情の世界を区別できるし、他人が感情の世界を持つことも認められる。境界線をきちんと引けば、人はもっとたやすく直感の声にアクセスできるし、感情の状態をもっと上手にかじ取りできる。感情が安全な場所にあれば、人はもっと安心して思考や意見や信念を他人と分かち合える。常に「他人の機嫌を取らなくては」「意見に賛成しなくては」と焦る必要もなくなる。

相手にすべてぶちまける「感情の投げ捨て」

「感情を開示しすぎること」は、「セルフ・ヒーラーズ」のコミュニティでもよく話題に上る。多くの人は子ども時代に、物事を胸にしまっておくことを許されなかった。とくに、絡み合いの問題を抱えた押しつけがましい親から、過剰に情報開示するお手本を示されたり、情報を丸ごと開示しろと迫られたり、発達段階にふさわしくない大量の情報を与えられたりしていたケースがそれに当たる。「友だち母娘《おやこ》」が、幼い頃に母親から不適切な情報を打ち明けられたときに始まった――という話を、私は山ほど耳にしている。「セルフ・ヒーラー」仲間のオリビアは、自分の情報をむやみに漏らしたくなる衝動と闘っているが、友だち母娘の関係が始まったのは、まだ6歳のときのこと。母親が「友達に頼んで、パパをストリップクラブから連れて帰ってもらったの」と話したのがきっかけだった。幼い娘に、あまりに多くの情報を漏らしている。母親の境界線のなさが、オリビアの他人との境界線を形づくったせいで、ストレスや不快感を覚えると、つい情報を漏らしすぎてしまう。自分を「間《ま》を埋める人」と称する彼女は、誰かといて気まずくなると、しゃべりまくってしまうという。これは無意識の反応なので、時には、あとで後悔するようなことまで話してしまったりする。

心の世界の周りに境界線を張れば、自分自身のためになる。境界線があれば、会話に沈黙ができても耐えられるので、頭に浮かんだことを口走って、慌てて沈黙を埋める必要はない。「これは内緒にしておこう」と決めても構わないのだ。適切な境界線を引けば、感情のエネルギーをいつ、誰に向けるのかを選べる。選択はとても重要だ。それは、思考、感情、信念は自分のものであり、それをみんなと分かち合うのか、誰とも分かち合わないのかは、自分が決められる――そう理解することだからだ。

精神的／感情的な境界線や、リソースの境界線がない場合に起こりがちなもう一つの現象は、「感情の投げ捨て」だ。これは、相手の感情の状態を思いやらずに、相手に感情を吐き出すことだ。人生を振り返ると、これをやる人が一人は思い当たるだろう（もしかしたら、あなた自身かもしれない）。これを「ガス抜き」と呼ぶ人もいるけれど、この表現は的確ではない。ガス抜きにはポジティブな印象がある。それはある一つのテーマをめぐって起こり、ストレス解消に役立ち、おおむね建設的な結果を生む。一方、感情の投げ捨てとは、ネガティブで、堂々めぐりの、強迫観念を吐き出すこと。感情を投げ捨てがちな人は、たいてい感情中毒のループにはまり、感情を高ぶらせてはさらに投げ捨てをエスカレートさせる。周りの人たちが、それをよしとしていないときでも。他人と思いを分かち合い、助けやアドバイスを求めるのは人間の本能だし、それで心がラクになることもある。でも、感情の投げ捨ては、助けを求めることとは違う。これは「自制がきかないまま繰り返されるコーピング」であり、そこに相手の事情、ましてやアドバイスが入り込む余地はない。感情の投げ捨ては、両者の境界線のなかから生まれるコーピングだ。感情を投げ捨てる側は、精神的／感情的な境界線があやふやで、受け手側も（日常的にこの状況に置かれているなら）、それをやめさせる十分な境界線を引いていない。

人は、一人では抱えきれない感情から抜け出したくて、感情をぶつけることがある。でも、ネガティブな感情エネルギーを他人にぶちまけると、害をもたらしかねない。感情の投げ捨てが、相手を罰しているように見えることもある。相手からよいニュースを聞いたのに、一貫して暗い話をぶつけ返す人がいるのだ。たとえば、友達に「昇進したよ」「最近旅行したんだ」なんて話をしても、相手がさっと話題を変えて、自分の家の悩みや、あなたの夫婦問題に話を戻したりする。あなたは「攻撃されている」と感じるかもしれないが、悪気があるとは限らない。感情を投げ捨てる人が安心し、慣れ親しんだホメオスタシスの状態に戻れるのは、気がめいるような話をしているときだけなのだ。だから、なじみのないポジティブな話題に遭遇すると、つい会話をいつもの悲惨な話に戻してしまう。そこでは、全身のシステムがリラックスするからだ。

感情の投げ捨てが、一方的であるとは限らない。感情の投げ捨てを通してつながり合うような人間関係もあるからだ。たとえば、人間関係が大きな共通のもめごとを軸に育まれているケースがそれだ。二人の人間がお互いのつらい離婚によって絆を深め、パートナーのひどい思い出話を延々と詳細に語り合っていたりする。結婚生活が終わったのはもう何年も前なのに。二人して感情中毒に陥って、自律神経を活性化させる悪循環から抜け出せないのだ。

境界線を引く3ステップ

境界線を活かすための第一歩は、境界線を定めることだ——自分の人生をよく観察して、どこに境界線が欠けているかに気づこう。境界線がまったくないとしたら、どこに引くかを決めるのは難しいだろう。よくわかる。まずは、人生に登場する人たちと出来事に目を向けてみよう。

たとえば、大学時代の友人とブランチを取るとしたら、どんな気分になるだろう。胸が締めつけられるような感じ？　その日が近づくにつれて、強い憤りを感じる？　会っている最中はどんな気分だろう？　開放的で、のびのびとした、豊かな気分だろうか？　それとも、ひどく疲れて、締めつけられるような、窮屈な気持ちになる？　会ったあとはどう感じただろう？「またすぐに会いたい」と思った？　それとも、もうすでに「次の電話をどうやってかわそうか？」と考えている？

境界線があると、直感の声とずっとつながっていられる。（あの胸がぎゅっと締めつけられる感覚が、大きなヒントだ！）。境界線を設けるためには、自分の感覚と波長を合わせる必要がある。覚えておいてほしい。自分の感覚を観察しているとき、人は思考の中にいるのではない。何かや誰かが自分の身体にどんな印象を残しているのかに注意を払っているのだ。

身体の感覚に気づき始めたら、今どこに境界線が欠けているのかを分析しよう。人との関わりの中で安心・安全を感じるためには、何を変える必要があるのだろう？　この分析をするのは、自分のためだ。あなたが絡み合いのパターンの中で育ったなら、つい他人への影響を考えてしまうだろう――「予定をキャンセルしたら、ジャネットがどう思うだろう？」と。分析する目的は、自分自身のエネルギーを取り戻し、何が自分をもっと幸せにし、安心させ、心地よくさせてくれるのかを自問することだ。数日かけて人間関係にしっかり目を向けて、とくに越えられがちな境界線を明らかにし、リストにしよう。それは、どこから境界線を設け始めるかの指針になるだろう。

では、境界線を越えられてしまう事例を、境界線の種類別にいくつか挙げてみよう。

・**身体的な境界線**：母親が、「あの人、太りすぎじゃない？」などと他人をこばかにする。
必要な変化：母親に悪口をやめてもらいたい。

・**精神的／感情的な境界線**：友達がよく、昔の恋人に対する感情をぶつけてくる。

必要な変化：友達ともっと対等な関係になりたい。

・**リソースの境界線**：同僚が、昼休みのたびに「一緒にランチしよう」としつこく誘ってくる。
必要な変化：一人の時間がほしい。

さて、どこに境界線があれば役立つか、境界線を使って何を達成したいのかが明らかになったので、そろそろ境界線の引き方を決めよう。進め方はもちろん、何を達成したいかに左右されるが、次の3ステップを踏むといい。

・**ステップ1 —— 自分の境界線について相手に伝える**

最初のステップは、自分の境界線を相手に伝えることだ。明確に伝われば、あなたも（あなたの人間関係も）変わっていく。

自分が心を決めると、自分の「なぜ」を明らかにする余地や機会が生まれる——「私が境界線を引くのは、○○や××のためだ」と。たとえば、「私が境界線を引くのは、この関係を長く続けたいからだ」「友情を大切に思っているからだ」などなど。それを相手に伝える必要はないが、自分自身に明らかにしておくことは大切だ。あなたの「なぜ」を相手に伝えたい場合は、こう話すといいかもしれない。「あなたを本当に大切に思っているから、私がコミュニケーションの取り方を少し変える必要があるんだ」

境界線を相手に伝えるときは、なるべく客観的な言葉を使うこと。事実に集中しよう。「夜私が寝てる間に電話があっても、取れないからね」と。「あなた」を主語にした文章は避けたほうがいい。相手のエゴが身構えるからだ。難しいかもしれないけれど、自信を持って、相手に敬意を払う努力をしよう。「間違ったことはしていない」と自分に言い聞かせよう。あなたは自分自身と人間関係を大切にしているのだ。あなたの背中を押すために、境界線を引く際のひな型をご紹介しよう。必要に応じて手を加えてほしい。

・「私は［新しい境界線を設ける目的を記入しよう］するために、いくつか変えたいことがある。これが私にとって大事なことだと理解してもらえたらうれしい。おそらく［相手の行動に対するあなたの理解を記入しよう］なのだと思う。あなたが［相手の問題行動を記入しよう］とき、私はたいてい［あなたの気持ちを記入しよう］と感じているけど、あなたはたぶん気づいていないと思う。今後は、［起こってほしいこと、または、二度と起こってほしくないことを記入しよう］。もし［そもそもの問題行動を記入しよう］がまた起こったら、私は［自分の欲求を満たすために、これまでと違うどんな行動を取るつもりかを記入しよう］」

・ステップ2――「相手にどう思われるか」を気にせずに境界線を引く

タイミングが重要だ、と心に留めておこう。境界線を伝えるのは、お互いの感情が安定しているときにしよう。感情が高ぶっているときは、難しいことを受け入れられる状態ではないからだ。（思い出してほしい。迷走神経に火がつくと、中耳の筋肉が閉じてしまうのだ）。できる限り、お互いの感情が落ち着いているタイミングを見計らって、新しい境界線のことを伝えよう。

新しい境界線を引きたいなら、相手がどう感じるかに気を取られないこと。自分が今後、これまでと違ったどんな反応をするつもりかに焦点を絞ろう。多くの境界線は、相手に伝える前に消されてしまう。新しい境界線がどれだけ相手を傷つけるか、相手がどんな反撃をして自分を傷つけるかを想像し始めるからだ。そうして自分を責める。「おまえは恩知らずだ」「自分勝手だ」と自分をたたいてしまう。いわゆる「申し訳ない気持ち」というやつだ。すでにご紹介した「ホリスティック・ワーク」――調整不全な神経系のバランスを取り戻す、インナーチャイルドの傷を認める、トラウマ・ボンドのパターンを理解する――に取り組んでいないと、この「申し訳ない気持ち」にいとも簡単に邪魔される。最終的に絆を守り、さらに強化してくれる相手との「協調行動」には至らないのだ。

境界線について積極的に話し合うことが、現実的ではない場合もある。そんなときは、事前に話さずに、新しい限界を伝えるとよいだろう（これは、同僚とランチを取るかどうか、といった、それほど親密ではない相手とのやりとりには、とくに効果的だ）。では、たった1行で境界線を引くための例文を、いくつか紹介しよう。

・「できたらよかったんだけど。今は都合が悪いんです」
・「私は気が進まないな」
・「私はできそうにないです」
・「わあ、ご提案／お誘いありがとうございます。でも、今は無理なんですよ」
・「それについては、改めてご連絡しますね」

私の場合、境界線の設定は、仕事から始めた。パートナーや家族に「イヤだ」と言うより、見知らぬ相手にメールで断わりを入れるほうがラクだったからだ。また、ある活動（たとえば、ソーシャルメディアをスクロールすること）やある人たちに、どれだけ感情エネルギーを費やすかについて、「制限時間」を設け始めた。

とくに、境界線を設定するのが初めてなら、小さく始めることをお勧めする。たとえば、同僚とランチを取るかどうかのような、あまりストレスを感じない、ささいな事柄で練習してみよう。これは、境界線を引く練習にもってこいだ。気楽な関係なら歴史も浅く、精神的な負担も小さめなので、境界線を引く筋肉をほぐし、「イヤだ」と言うのに慣れる絶好のチャンスをくれる。練習すればするほど、慣れていくだろう。そのうちわかってくるのは、境界線を引いた結末は二つに一つ――相手が気を悪くするか、しないか――しかない、ということ。ありとあらゆる最悪のシナリオを想像してみよう。本当に最悪だと思う？　そして、実行してみたら、冗談抜きで、たいていひどいことにはならない。

境界線を設けている最中はキツくても、長年の強い憤りから解放される。境界線を引いたあとの人間関係は、引く前のそれとはまったく違ってくるだろう。前より強くて、誠実で、結果的に長く続く関係がつくれるはずだ。あらゆる健全な人間関係に、境界線は不可欠だ。境界線を引くのは、サービスだと考えよう。

・ステップ3――境界線を維持する

最後は簡単に見えるけれど、たいてい一番難しい――新しい境界線を維持することだ。いったん境界線を引いたら、相手がどんな反応をしても、自己弁護やあれこれ説明したくなる衝動を抑えて、穏やかに今この瞬間にい続けることが大切だ。もしかしたら誰かの反応や、（家族や職場といった）集団からの反応に、ストレスを感じるかもしれない。それでも、いったん境界線を引いたら、それを維持することがとても重要なのだ。

人間関係で見せる姿を変えるときは、覚えておいてほしい。関係が長ければ長いほど、多くの期待が生まれ、固まっている。だから、あなたに対する期待が（相手から見れば）ある日突然覆された、という事実を受け止めることも大切だ。おまけに、新しい境界線を受け取った側が――とくに、捨てられた傷を抱えている場合は――身構えた反応や、失礼な反応をするかもしれない。

境界線のメンテナンスの大半は、こっそり近づいてくる内なる声（いわゆる「申し訳ない気持ち」）を静めることだ。その声はこうささやくだろう。「私には境界線を引く権利なんかない。私は自分勝手で、失礼で、意地悪だ」。境界線を引いてそれを維持していると、混乱や抵抗や嫌みな言葉に出会う（「あなたは変わったね」というのが相手の常套句《じょうとうく》だ）。場合によっては、ひどい怒りを買うこともある。同時に、あなた自身も恐れや疑問がわいて、いつもの状態に戻りたくなるだろう（厄介なホメオスタシスの衝動が働いているのだ）。それでも、自分を大切にし、もっと安心させると決めたなら、決して振り返らないこと。本当に変化が必要で、変化したいなら、いつものパターンに戻ってはいけない。せっかく境界線を引いたのに、誰かが取り乱すからといって消してしまったら、相手は勝手な行動であなたの限界をなぎ倒す力をさらに強めるだろう。それは典型的な負の強化にほかならない。あなたに抵抗されるたびに、相手は勝手な行動を繰り返すだろう――「私が叫んだり怒鳴ったりすれば、全部いつも通りに戻るから」と。

期待に応えず思いやりを差し出す

あなたにうわさ話を聞かせたい母親、毎日あなたとランチしたい同僚、感情をぶつけたいときにあなたに電話を取らせたい友達――彼らはみんな、自分の期待（や欲求と思しきもの）が満たされなくなると、がっかりしたり、動揺したり、怒ったりするだろう。それでいいのだ。期待の代わりに、あなたは彼らに選択肢を与えている。これまで通りの行動を取って境界線（おおむね、あなたの存在やサポートを失うこと）にぶち当たるか、境界線を尊重し、新しい形であなたとつき合うかだ。これが、境界線の設定が力をくれる所以《ゆえん》だ。あなたは、相手にも選択肢を与えているのだ。

覚えておいてほしいのは、相手があなたに期待しているように、あなたも相手に期待していること。境界線にまつわる内なる取り組みとは、自分の期待のかじ取りをし、相手ができることと、できないことを認めることだ。多くの人が――少なくとも、今すぐには――変わらないこと、そして、中には絶対に変わらない人もいることを、受け入れるのは大切なことだ。相手が境界線にどんな反応をするかは、過去の経験から予想しておこう。母親がこれまでずっと悪びれずに押しつけがましい態度を取っていたなら、こちらが少し歩み寄る必要があるかもしれない。ママはきっと今していることをし続けるだろう。その場合、あなたは絶対的な限界を決めて、「妥協できないライン」として活用するのがお勧めだ。また、「他人はもっと完璧に変わってくれるはず」という自分の期待を修正し、相手の限界や能力や意識レベルに合わせて、柔軟に対処するとうまくいくかもしれない。柔軟に対応できない状況なら、やりとりやおつき合いから完全に身を引く必要があるかもしれない。つまり、最も極端な境界線を引くことになる。そう、連絡を断つのだ。

「セルフ・ヒーリング」の手法を実践し始め、自分が繰り返しているパターンに対する理解が深まると、他人のことも俯瞰的《ふかんてき》な目で見ることができるようになる。すると、相手を思いやる気持ちがわいてくるだろう。たとえ連絡を断つことを選んだ相手でも。先ほど例に挙げた、ほかの女性たちの体重をこばかにする母親の話に戻ろう。「セルフ・ヒーラー」仲間のゾーイは、母親がそんな行動を取るので、長い間「私をこきおろすために言ってるんだ」と思っていた。ゾーイは昔から、体重でよく悩んでいるからだ。癒やしの旅を始めた彼女はあるとき、一歩下がって状況を見た。私がこう尋ねたからだ。「体重の重い女性たちの何がそんなに、お母さんの気持ちをかき立てるんだろうね？」

あっ、とひらめいたみたいに、ゾーイが目を大きく見開いた。「父が母を捨てて一緒になった女性が、少し太っていたんです」。しばらく沈黙が流れた。「ママには『捨てられた』という大きな心の傷があって、それが父の不倫でうずいたんです。でもその傷は、子どもの頃に本当に『捨てられた』と感じたときのものだった。父親が、突然亡くなったんです」

なるほど！　突如として、母親のジョークは娘を傷つけるためのものではなかった、と判明した。それは、親を失ったことに対処する、深く傷ついた子どもの言葉だったのだ。ゾーイは今も母親の悪口に与《くみ》することを拒んではいるけど（新しい境界線を設け、母親が体重の話を始めると、すぐ会話を打ち切ることにしている）、今では母親に同情し、母親のインナーチャイルドに愛情を感じている。その子は、「私はかわいらしくないし、価値がない」と思うあまり、他人をこき下ろして自信を持たなくてはならないのだ。他人の限界を理解し、以前は残酷だと感じていた部分に痛みや不安を見出すと、そこに癒やしが生まれる。

究極の「境界線のワーク」

「境界線のワーク」は、ごく自然に私の人生にやってきた。「さあ、身体と心のワークに取り組んだから、そろそろ『対人のワーク』をやろう」と思ったわけではない。過去や現在の自分を掘り下げていくうちに、「自分を守りたい」という欲求が生まれたのだ。

私はこのプロセスを、友達や同僚といるときの自分の内なる体験を観察する、というささやかなことから始めた――「この人からメールをもらっても、あまりわくわくしないな」「あの人とランチしたあとは、どっと疲れる」……。

そういう人たちと一緒に過ごす時間を、徐々に減らしていった。そして、自分の境界線のなさが、他人に及ぼしている影響にも気がついた。ある友達に対しては、日常的に感情を投げ捨て、最近見たドラマの話や自分の人生の悩みについて長々と聞いてもらっていた。この気づきには、顔面をピシャリとはたかれた気分だった。彼女が私を知っているほど、私は彼女のことを知らない。そんな自分の姿を直視するのはいい気分ではなかったけれど、友達との関係を救うことができた。今も彼女と友達でいられるのは、関係性を変えようと積極的に取り組んだからだ。

こうして境界線の旅を続けるうちに、結局、絡み合い状態にあったうちの家族に行き着いた。時間はかかったけれど、こう自問する準備ができた――「私は家族と健全な関係をつくれるのだろうか？」

それは、食べ物から始まった。イタリア系の大家族では、食事が家族の絆の源であり、愛情表現だ。お代わりをしないと後ろめたい気持ちになるし、「食べ物に気を使ってるから」と、出された料理を辞退すると、とがめるようなまなざしを向けられる。ロリーと一緒に食生活を根本的に見直し始めた頃、私は食べ物と家族に対して、自分のために新しい境界線を引くことにした――食べたくないものは一切食べない。たとえ抵抗に遭っても、揺るがない。相手に食習慣を変えてもらいたいとか、私のために特別メニューをつくってほしいとか期待しているわけじゃない。ただ自分の新しい選択を大切にしたい、と。

その後、仕事で使っているのとよく似た手法を使って、「制限時間」という境界線の練習を始めた。休暇のときに、自分のためにタイマーをセットしたのだ。「クリスマスイブには、家族と2時間過ごすけど、クリスマス当日のディナーには行かない」と。両親から誘いの電話がかかってきたときは、折り返す前にわざと1～2分、時間を置いた。

そうしたら、当然ながら、家族や親戚からメールや電話が殺到した。「大丈夫？　ほんとに大丈夫なの？」と。

「大丈夫」と答える私。「ちょっとスペースが必要なだけだから」

でも、2～3日すると、また取り乱した電話やメールが始まった。それに対して、自分が本当にそうしたくなるまで、電話もメールも返さない、という境界線を引いた。あのときから、自分の現実を認めることで、家族の絡み合いから距離を取り始めた。私は自分の望みや欲求や願いを持っていいし、相手もそれに合わせなくていいのだ。

その後、姉と境界線についての交渉をした。こちらのほうが大変だったのは、姉が一番親しい家族だからだ。姉との境界線の周りにはさまざまなやりとりがひしめいていたけど、すべては母にまつわることだった。母の薬の管理、通院、メンタルヘルス。まずは、通院にどれだけ付き添えるかに、制限を設けようと決めた。それから、電話についても境界線を引いた。「もうママのことで、1時間もおしゃべりしない」と。どのステップも簡単にはいかなかった。「イヤだ」という新しい（しかも、思いがけない）メッセージを伝えるたびに、インナーチャイルドが激しく揺さぶられた。絡み合いのパターンや条件づけが、私の「中核《コア》的アイデンティティ」と固く結びついていたからだ。頭の中の声は、境界線をあきらめるべきありとあらゆる理由を語っている。「おまえは悪い娘／妹／おばだ」と。私は、自分が姉との関係を守るために取り組んでいることを知っていたし、何もしなかったら、物事が何一つ変わらないとわかっていた。当時、家族は、何かを変える必要があるなんて夢にも思っていなかったから、「自分勝手だ」と言われた。姉は甲高い声で「それはあんまりよ！」と叫んだし、母には罪悪感をつつかれ、父には叱りつけられた。姉を信頼して「母から疎外されている」とずっと感じていたことや、自分の気づきを打ち明けたけれど、姉がみんなに話してしまい、姉との信頼も絆もぷつんと切れてしまった。だから、姉に胸の内を打ち明けるのはやめた。

自分を癒やすことと家族の問題に同時に全力で取り組むのは、どんどん難しくなっていった。「家族の関係に対処していたら、自分の癒やしを犠牲にすることになるんじゃない？」と自問したところ、その通りだ、という結論に達した。私は疲労困憊し、不満をためて、憤慨していた。だから、究極の境界線を引くことに決めた。そう、完全に家族から離れることにしたのだ。これは、インナーチャイルドのための決断だった。「そうだよ、時間的にも空間的にも家族から離れていいし、たとえ他人を『犠牲』にしても、自分のためになる選択をしてもいいんだ」と彼女に示した。私は生まれて初めて、本当の意味で自分自身のために姿を現し、同時に、本当の意味で他人のために姿を現すすべを学んだ。

あの境界線――とてつもなくつらい思索を重ねて生まれた境界線――が、私の人生の方向性を完全に変えた。あの境界線に背中を押され、自分のコミュニティ――新しい家族のような人たち――を見つけた。境界線は、使命につながる道へ、本当に魂を揺さぶられる人生へと導いてくれた。

Work 新しい境界線を設ける

ワーク1　境界線を定める

あらゆる人間関係に設定できる、下記に挙げた、いろいろな種類の境界線に目を通してほしい。少し時間を取って、さまざまな人間関係における自分自身を観察しよう。たとえば、多くの人には、日常的にやりとりしている友達や家族、同僚や恋人がいるだろう。彼らとの関係のパターンを掘り下げれば、それぞれの関係において、常に存在する境界線（もしくは、存在しない境界線）がわかるだろう。

- **身体的な境界線**

・自分にとって最も心地よいパーソナル・スペースやスキンシップの程度、スキンシップのタイミングなど。

・見た目やセクシュアリティなどに言及されることへの快・不快。
・（アパート、寝室、オフィスといった）個人的な空間を、（友達、パートナー、同僚といった）他人と共有すること、および個人的なデジタルパスワードなどを共有することに対する快・不快。

●精神的／感情的な境界線

・自分の思考や意見や信念を――相手に合わせて変えたり、相手に「私に合わせて変えなさい」と求めたりせずに――相手に伝えることへの快・不快。
・どの思考や意見や信念を相手と共有すべきかを――過剰に情報開示しなくては、と感じたり、相手に過剰な情報開示を求めたりせずに――選択する力。

●リソースの境界線

・他人の機嫌を取らずに、どこでどのように時間を使うかを選択する力。また、他人がそうした選択をするのを認める力。
・「まとめ役」を演じたりせず、他人の感情の責任を背負うのを拒み、自分の感情の責任を他人に背負わせない力。
・感情をぶつけたり、ぶつけられたりする問題に費やす時間を制限する力。

少し時間を取って、今紹介した各領域で、あなたがよく侵されている境界線はどれかを明らかにしよう。よくわからない？　それでも大丈夫だ。多くの人は「境界線」について一度も聞いたことがないから、そもそも自分が境界線を引いているかどうかすらわからない。あなたもそうなら、少し時間を取って、人生のすべての領域における境界線（もしくは、境界線のなさ）をよく調べよう。もしかしたら、人間関係全般において、ある境界線は設けて維持しているけれど、別の境界線はまったく持っていないかもしれない。あるいは、人間関係によって、対応にばらつきがあるかもしれない。たとえば、職場や友達に対しては、時間の境界線をきちんと引けるのに、恋人には引けていないかもしれない。家族の誰かや恋人から「時間を取って」と言われたら、いつも断われないかもしれない。

それぞれの領域で何を変えたいかを明らかにすると、役に立つだろう。そのために、例を参考に、文章を完成させてほしい。

身体的自己についての例

・私の「身体的自己」が不快な／不安な気分になるのは、同僚（おじ、友達など）が、私の見た目をこばかにするのをやめないときだ。

・私の「身体的自己」がより心地よく／安心して過ごせる場をつくるために、私はもう、そういう冗談を言う人たちのそばにいたくない。

・私の「身体的自己」が不快な／不安な気分になるのは、

ときだ。

・私の「身体的自己」がより心地よく／安心して過ごせる場をつくるために、私は

。

精神的／感情的自己についての例

・私の「精神的／感情的自己」が不快な／不安な気分になるのは、家族（友達、パートナーなど）が、健康に関する私の新しい選択について、とがめるようなことばかり言うときだ。

・私の「精神的／感情的自己」がより心地よく／安心して過ごせる場をつくるために、私はもう健康に関する選択について、何か言われたり、言い争ったり、自己弁護したりしたくない。

・私の「精神的／感情的自己」が不快な／不安な気分になるのは、

ときだ。

・私の「精神的／感情的自己」がより心地よく／安心して過ごせる場をつくるために、私は、

。

リソースについての例

・私のリソースが不快な／不安な気分になるのは、友達が昼夜を問わず電話してきて、恋愛問題についての感情を投げ捨ててくるときだ。

・私のリソースがより心地よく／安心して過ごせる場をつくるために、私はもうある時間帯には電話を取らないし、感情の投げ捨てをいつ受け止めるかを主体的に選ぶことにする。

・私のリソースが不快な／不安な気分になるのは、

ときだ。

・私のリソースがより心地よく／安心して過ごせる場をつくるために、私は、

。

ワーク2　境界線を設ける

新しい境界線を伝えるのには、練習が必要だ。新しい境界線を明確に伝えれば伝えるほど、変化できる可能性も高くなる。例を参考に、新しい境界線を他人に伝える練習を始めよう。

人間関係についての例1

「私はあなたを大切に思っているから、私たちの関係を今後も続けていくために、いくつか変えたいことがあるの。これが私にとって大事なことだと理解してもらえたらうれしい。たぶんあなたは、私の新しい食べ物の選び方をよく思ってないんだと思う。あなたが私の食べるもの、食べないものについていろんなことを言うとき、私はそばで食べるのは気まずいな、と感じているけど、あなたはたぶん気づいていないと思う。今後は、食べ物や食べ物の選び方についいては、話したくないの。もしまた食べ物について何か言われたら、私はもう話をしないし、今一緒にしている活動もやめるつもり」

「私は［新しい境界線を設ける目的を記入しよう］するために、いくつか変えたいことがある。これが私にとって大事なことだと理解してもらえたらうれしい。おそらく［相手の行動に対するあなたの理解を記入しよう］なのだと思う。あなたが［相手の問題行動を記入しよう」とき、私はたいてい［あなたの気持ちを記入しよう］と感じているけど、あなたはたぶん気づいていないと思う。今後は、［起こってほしいこと、または、二度と起こってほしくないことを記入しよう］。もし［そもそもの問題行動を記入しよう］がまた起こったら、私は［自分の欲求を満たすために、これまでと違うどんな行動を取るつもりかを記入しよう］」

人間関係についての例2

「僕はあなたを大切に思っているから、この関係を今後も続けていくために、いくつか変えたいことがあるんです。これが僕にとって大事なことだと理解してもらえたらうれしい。たぶんあなたは、パートナーとの関係が不満で、話を聞いてほしいんだと思う。あなたがいつも電話で感情をぶつけてくると、僕は疲れてしまうんだけど、あなたはたぶん気づいていないと思います。今後は、あなたが感情をぶつけたくなっても、いつもいつも耳を傾けることはできないでしょう。もしまた問題が起こるたびに電話をくれても、毎回リアルタイムで支えることはできません」

次のひな型を自由に使って、あなたが望む新しい境界線について、空欄に詳しく記入しよう。最初は、新しい言葉遣いに違和感があるかもしれない。それはよくわかる。でも、覚えておいてほしい。潜在意識のせいで、ほとんどの人が慣れないことに居心地の悪さを感じる。けれど、練習すれば、この新しいコミュニケーションのスタイルにもだんだん慣れてくるだろう。こうした台本を使って、一人でリハーサルするのも、よい練習になる。そうすれば、ほかの人に伝える前に、自信が持てるようになる。

「私は［　　　　　　　　　　］するために、いくつか変えたいことがある。
これが私にとって大事なことだと理解してもらえたらうれしい。おそらく［　　　　　　　　　　］なのだと思う。あなたが［　　　　　　　　　　］とき、
私はたいてい［　　　　　　　　　　］と感じているけど、あなたはたぶん気づいていないと思う。今後は、［　　　　　　　　　　］。
もし［　　　　　　　　　　］がまた起こったら、私は［　　　　　　　　　　］」

人間関係の境界線を引くヒント

・タイミングが大切だ！　コミュニケーションに最適なタイミングは、お互いが感情的に反応していないときだ。もめごとの最中に新しい境界線のことを伝えようとしても、うまくいかないだろう。感情が落ち着いているタイミングを見つけよう。第5章で学んだ深い腹式呼吸を忘れないこと。腹式呼吸は、神経系がどんな反応をしても静めてくれるし、身体を穏やかな状態に戻してくれる。

・伝えるときは、相手の反応や変化に気を取られるのではなく、自分が今後、これまでと違ったどんな反応をするつもりかに焦点を絞ろう。

・なるべく自信たっぷりに、積極的に、敬意を込めて話をしよう。最初は、新しい経験（だし、ほとんどの人にとって怖いこと）だから、難しいかもしれないが、練習すればラクになるだろう。

・事前に計画を立て、練習することが大切だ。まずはリスクが低めの、それほど親密ではない相手に新しい境界線を伝えることから始めよう。そうすれば、さらに難しいやりとりの練習になる。

・場合によっては、歩み寄るのも悪くない。相手の境界線を尊重する努力も、忘れないでほしい。だから、あなたの最初のリクエストを修正したって構わない。ただし、自分が譲れること、譲れないことを知っておこう。たとえば、感情面で誰かを支えるためにリソースを使うことは受け入れても、身体的な境界線については妥協したくないかもしれない。それでいいのだ。

ワーク3　境界線を維持する

新しい境界線を伝えたら、それを維持することがとても重要だ。いつものパターンに戻ってはいけない。多くの人にとって、ここが一番難しいところだ――人は、自分に「境界線を引く権利がある」という確信が持てない。だから、そんなことをするなんて「自分勝手だ」「失礼だ」「意地悪だ」と感じたり、相手のどんな反応にも申し訳ない気持ちになったりする。相手が「捨てられる」という大きな愛着の傷を抱えている場合（実は、多くの人がそうだ！）、新しい境界線を提示すると、傷が開いてしまう可能性がある。傷ついて、つい暴言を吐いてしまう人もいるだろう。感情的に反応し、混乱し、抵抗し、皮肉を言ったりするかもしれない（「変わったね。ずいぶん上から目線じゃない？」など）。あるいは、あなたのほうが「申し訳ない気持ち」（恥の意識、罪悪感、自分勝手だという思い）を抱いて、「いつものパターンに戻りたい」という強い衝動に駆られるかもしれない。でも、覚えておいてほしい。どれもこれも、変化の正常なプロセスなのだ。

境界線を引くことは、癒やしの旅で遭遇するとびきり難しいワークの一つだ。また、おそらくこれは、愛する人を尊重・尊敬しながら、自分の本当の望みや欲求とのつながりを取り戻す、とくに重要なステップでもある。一人一人が目を向けてもらい、話を聞いてもらい、本当の自分を表現できる場をつくる――これが「ワーク」の本質なのだ。

Chapter 11

自分で自分を育て直す

世間の認識とは違って、目覚めは一瞬にして起こるものではない。ドラマチックなひらめきが降ってくるのは、伝説（やハリウッド）ではおなじみの光景だけど、たいてい現実を反映していない。稲妻に打たれたかのように「なるほど！」と気づく瞬間はあるかもしれないが、ほとんどの目覚めは、時間をかけてコツコツ気づきを積み重ねた結果、起こるものだ。

心理学者のスティーヴ・テイラー博士は、自身が「目覚め」と呼ぶ現象――「直感のひらめき」「悟り」など、ほかにも呼び方はあるだろう――を研究している[76]。自身のスピリチュアルな目覚めがきっかけで研究を始めた博士は、こうした目覚め体験には、三つの共通要素があることに気がついた。

1. 心が不安定な状態から生まれることが多い。
2. 自然環境の中で起こることが多い。

3．目覚めた人を、何らかの（かなり広い意味での）スピリチュアルな活動に導くことが多い。

目覚めは、現実――私たちがただの肉の塊ではなく、魂でありスピリットであること、そして、自分自身よりも大きな何かとつながりたいと願っていること――に気づかせてくれる。目覚めが教えてくれるのは、自分だと思っているものが、必ずしも自分ではないことだ。

たいていの場合、こうした気づきは、苦しみを通して得られる。混乱や悲しみを乗り越えてはじめて、気づきに至ることが多いのだ。目覚めとは、自身が新たに生まれ変わること。だから、無意識の自動運転状態で生きていた頃の自分自身を解体することになる。たとえ身体を正しく整えていても、まったく新しい世界に目覚める衝撃は痛みを伴う。無意識な世の中で意識を立てるのは、死ぬほど居心地が悪いものなのだ。脳のｆＭＲＩ検査によると、スピリチュアルな目覚めの最中や目覚めのあとは、鬱病のときに活性化するのと同じ神経経路が発火するという。これは、研究者たちが「表裏一体」と呼ぶ現象だ[77]。両者の決定的な違いは、常にスピリチュアルな活動に携わっている人は、（顕在意識の居場所である）前頭前皮質が活性化され、大きくなっているが、鬱病やネガティブ思考に苦しんでいる人の場合、その領域の活動が低下している。

私の目覚めは、段階的に展開していった。それが起こったのは、身体と心と魂のバランスが崩れ、心身が極度のストレス状態に陥っていた時期だ。まさに、「自己」にとっての危機だった。

人生が耐えがたいものになり、古い悩みも新しい悩みもこじれて、対処せざるを得ないのだけど、どれもこれも手に負えず、私の「当たり前」になりつつあった。あのときまた外に助けを求めていたら、以前と同じように鬱病か不安と診断されていただろう。でもあのときは、直感的に内側に引き寄せられて、自分自身を観察した。すると、自分がいかにずっと心ここにあらずの状態だったかに気づかされた。そして、生まれて初めて、そうした気づきを抑えつけたり避けたりするのではなく、メッセージとして受け止め始めた。

思い出すのは、20代後半のある日のことだ。セルフ・ヒーリングの旅を始める何年も前のこと。友達に「二つの方向から、ぐいぐい引っ張られてる気分なんだ」と、つい愚痴をこぼした。どこで休暇を過ごすべきか、当時の妻と私の家族の意見が割れていたのだ。友達は私を見つめ、無邪気にこう言った。「で、あなたはどうしたいの？」

思わず、椅子から転げ落ちそうになった。自分がどうしたいかなんて、考えてもみなかったからだ。

それから何年も経ち、私は自らが課した孤独の中にいた。家族とのつながりを断ち、波長が合わないと感じる人や場所から遠ざかり、あまり人と会わなくなっていた時期のことだ。誰ともつながれない感覚にまた悩まされ始めていたけれど、このときは、おなじみの「解離グセ」のせいではなかった。過去に知っていたほとんどの人を捨ててしまった気分だったから、「私をうらんでいる人もいるだろう」と想像していた。孤独で、とてつもなく寂しくて、心の中でこうつぶやいた。「いつか仲間を見つけられるかな？」

　当時は気づいていなかったけど、私はスピリチュアルな変容のただ中にいた。スピリチュアルな変容！　こんな言葉が、データが命の心理学者の頭の中から出てくるなんて。私は少なくとも自分を、「神がいるかどうかなんて証明できない」と考える「不可知論者」だと思っていた。私にとっての神様は科学だったから、「スピリチュアル」なんて概念は敬遠していたし、当時の私の意識の中にはないものだった。

　他人としっかりつながることができるようになる前に、私は自分の感情的・身体的・精神的欲求を理解しなくてはならなかったし、人生で初めて、自分の欲求を満たす取り組みを始めなくてはならなかった。それは、とてもつらいプロセスだ――古い殻を脱ぎ捨てて、今までにない形で自分を知ることになるのだから。自分を愛するためには、自分を見なくてはならない。そして、他人からもらえなかったものを自分に与えるためには、自分を愛さなくてはならないのだ。

賢い「インナーペアレント」になる

　子どもの健全な成長は、本質的な欲求が満たされるかどうかにかかっている。子どもは依存状態にあるから、身体的・感情的・精神的な栄養をくれる親や家族に頼っている。誰もが心から「目を向けてほしい」「話を聞いてほしい」「本当の自分を表現したい（ただ自分らしくありたい！）」と願っている。親がサポートしてくれる場合は、「自分の欲求を表現し、他人に助けを求めても大丈夫だ」と学ぶ。でも、ほとんどの親は、自分の欲求の満たし方はもちろん、他人の欲求の満たし方など学んだことがないから、自分の未解決のトラウマや、条件づけされたコーピングをわが子に順送りする。子ども思いの親でさえ、子どものためになるものを与えてくれるとは限らないのだ。そもそも誰かの多様かつユニークな欲求を、常にもれなく満たすなんてほぼ不可能だ。

とくに、精神的に未熟な親と暮らしていた場合、欲求は常に満たされず、はねつけられていたはずだ。精神的な未熟さは、感情面のレジリエンス不足から生まれる。つまり、感情を処理し、境界線を伝え、神経系のバランスを取り戻す能力が足りないのだ。精神的に未熟な親はかんしゃくを起こし、自分本位に行動したり自己防衛に走ったりしがちで、家族全体がその気分に振り回される。サイコセラピストのリンジー・ギブソンが、私の大好きな本、『親といるとなぜか苦しい――「親という呪い」から自由になる方法』の中で語っているように、親の精神的な成熟度（もしくは未熟度）を理解すれば、人は「孤独感から解放される。親が否定的だったのは自分のせいではなく、親自身のせいだった、と気づくからだ」[78]。

私は、精神的に未熟な親と暮らした結果、どうなるのかを繰り返し目にしてきた。精神的に未熟な親は、自分の欲求がわからず、愛と承認を得るために自分自身を裏切って、強い憤りを抱えて生きている。他人が自分の欲求を「わかってくれる」べきだ、と信じているからだ。彼らの子どもが大人になると、（さまざまなエゴの物語で）守られたおなじみの場所を拠点に生きることになりがちだ。だからたいてい、「正しくありたい」という強烈な欲求を抱え、他人の意見をはねつける。そして、自分がかつてそうだったように、他人に肩身の狭い思いをさせて、「取るに足りない存在だ」と感じさせる。あるいは、自分自身のアバターをつくり出し、いつも仮面をかぶっている人もいる。素顔を見せたらみんなが怖がって逃げてしまう、と恐れているからだ。中には、どんな形にしろ親密になるのを避ける人もいれば、親密でいようと必死でしがみつく人もいる。その現れ方は実にさまざまだけど、傷を癒やす方法は、子ども時代にもらえなかったあらゆるものを自分で自分に与えることだ。前に進む方法は、子ども時代に持てなかった「自分自身の賢い親に自分がなれる」という自覚を持つこと。これが「育て直し」と呼ばれるプロセスだ。育て直しに取り組めば、毎日の、ひたむきで、意識的な行動を通して、インナーチャイルドの満たされていない欲求を満たす方法を学び直すことができる。

　育て直しとよく似た概念は、何十年も前から精神力学の分野に存在している。それは「セラピストとの信頼関係が、人生でより健全な人間関係を築く土台になる」という、主流派のセラピーの手法から生まれたものだ。精神分析は、「転移」という概念を伴うこの枠組みの上に築かれている。転移とは、子ども時代の感情をセラピストに向けることを言い、治療のプロセスに欠かせない要素だ。ただし、(セラピストのサポートを得る手段や機会に恵まれた場合は)プロのサポートは大いに役立つけれど、実は、あなたの望みや欲求や、それを満たす方法を、あなた以上に知っている人も、うまく見つけ出せる人もいない。あなた以外に、毎日欠かさず姿を現し、絶えず変化する欲求に対処できる人も、しなくてはならない人もいない。それは、あなたがすべき努力なのだ。そうしてあなた自身のパワーを活用していくうちに、自分自身とのさらに深い、本当のつながりを築くことができるだろう。

自分の欲求を満たす手段を自分に教えるのは、あなた自身の責任だ。育て直しは、自分の身体的・感情的・精神的欲求を明らかにする方法を学ぶことから始まる。次に、そうした欲求を満たすべく、それまで使っていた、条件づけされた方法に気づく練習をする。多くの人が気づくのは、大人になった自分が、批判的な「内なる親《インナーペアレント》」を抱えていること。インナーペアレントは、自分の現実を否定し、自分の欲求をはねつけ、自分の欲求よりも周りの人たちの欲求と思しきものを優先させる。罪悪感や恥の意識が、直感の声をかき消しているのだ。

育て直しのプロセスは人それぞれのようだが、みんな、内なる批評家を静め、自尊心や思いやりを受け入れたい、と願っている。「賢いインナーペアレント」の助けを借りれば、自分の現実や感情を無意識に批判したり無視したりするのではなく、観察し、認める方法を学べるだろう。賢いインナーペアレントは受け入れる力を育て、インナーチャイルドの「目を向けてほしい」「話を聞いてほしい」「本当の自分を評価してほしい」という欲求を尊重できる。あなたが優先事項になるのだ。

賢いインナーペアレントを育てるためには、（たぶん人生で初めて）自分自身を信頼する方法を学ぶ必要がある。まずは、自分と小さな約束をして、失われた信頼を取り戻すことから始めよう。毎日自分を大切にする行動を取り、志を貫くのだ。痛がっている子どもに接するように、自分に優しく話しかけるという新しい習慣を始めるのがお勧めだ。毎日、自分にこう尋ねることから始めよう。「今この瞬間、自分のために何ができる？」。そう尋ねれば尋ねるほど、それは無意識の行動になり、あなたは直感と再びつながっていくだろう。

育て直しの4本の柱

今からこの取り組み《ワーク》の基礎となる4本の柱の説明をしていくが、このプロセスは人それぞれだし、直線的にすいすい進んでいくステップではない、と心得ておくことが大切だ。人は絶えず変化する、うつろいやすい生き物だ。欲求も日々変化し、進化する。だから、欲求への対処法も進化しなくてはならない。

・第一の柱 ―― 感情のコントロール

つまり、感情の状態をうまくかじ取りするスキルのことだ。感情のコントロールとは、柔軟に、我慢強く、臨機応変にストレスに対処する能力をいう。本書を通してこのステップについてお話ししてきたけれど、とくに、神経系の役割について話したときに詳しく取り上げた。感情をコントロールする方法とは、みなさんがすでに学んだあらゆる練習のことだ。たとえば、深い腹式呼吸でストレス反応を調整する、あれこれ判断せずに身体の感覚の変化を観察する、感情をかき立てるエゴの物語のパターンに気づく、といったことだ。すでにご紹介した基本的なワークで、次のプロセス（育て直し）に進む準備はできている。とはいえ、多くの人がこの段階に来て、はじめて気づいたかもしれない。すでに学んだ調整のボディワークに、もっと地道に深く取り組んだほうがためになるかもしれない、と。もしそうだとしたら、本を置いていったんストップし、読み進めるのではなく少し前に戻ることをお勧めする。

・第二の柱 ── 愛ある規律

この柱には、自分自身との間に境界線を設け、時間をかけて維持していくことも含まれる。それは小さな約束を守り、それを日課や習慣にすることで達成される。規律は癒やしのプロセスの重要な要素で、規律を身につければ、人は自分のために姿を現せるようになる。多くの人は、規律を「恥にまつわるもの」ととらえて育ったのではないだろうか。「悪い子」は罰を与えられたので、そのたびに「批判された」「拒絶された」と感じたはずだ。でも、規律は自分を裏切ることとは対極にある。新しい習慣を身につけることを選んだ人は、「自分のために姿を現すのは価値のある行為だ」と自分に証明することで、心に信頼とレジリエンスを構築していく。それが大きな自信となって、人生のほかの面にもよい影響を及ぼすだろう。愛ある規律があれば、思いやりのある柔軟な日課を身につけられる。

約束は、ささやかなことで構わない。第1章で紹介したアリーが、毎日コップ1杯の水を飲んでいたように。もちろん、癒やしの旅の邪魔をするような事柄に「イヤだ」と言うすべを学ぶような、大きなことでも構わない。私は「セルフ・ヒーラーズ」のコミュニティで、ほかにもたくさん参考になる事例を見てきた。毎晩デンタルフロスを使う、毎夕洗顔をする、毎日クロスワードパズルをする……。重要なのは、毎日何かをすること。着実にこなし、自分が今後も一貫して自分のために姿を現す、という信頼を育てることが大切なのだ。

これまでに話をした多くの親が言っていた。「子どもが起きる1時間前に目覚ましをセットしています。そうすれば、一足先に1日のスタートを切れるから」。スマホを機内モードにして、ほかのみんなの欲求に気を取られる前に、自分のために一つ、何かしているのだ。朝食をつくる、ウォーキングする、本を読む、運動する、あるいは、ただくつろぐことでも構わない。あるセルフ・ヒーラーは、こう書いていた。「この1時間をあなたから奪える人はいない」と。

強く言いたいのは、この毎日の規律が「愛ある規律であるべきだ」ということ。多くの人は、自分に何を許すかについて、ガチガチの境界線を引いている。軍隊式の規律だから、融通はきかないし、当たり前のミスも許されないから、本当の自分の望みも欲求も反映しない破壊的なパターンに陥りがちだ。一日中ベッドに寝そべっていたい日もあるし、ワインをたしなみたい、パイを食べたい、洗顔をサボりたい、という日もあるだろう。それでいいのだ。徐々に自信がついてくると、「一休みしても習慣は逃げ出さない」「自分が選べばまた戻れる」とわかるだろう。1日休んでゆっくりしたくらいで、人はダメになったりしないのだ。

・第三の柱 ── セルフケア

これは愛ある規律と密接に結びついているものだが、セルフケアという言葉は、最近あまり評判がよくないようだ。すっかり商品化されてしまった上に、「わがまま」の象徴として取り沙汰されがちだ。真のセルフケアは ── 自分の欲求を応援し、自分の価値を高く評価することだから ── わがままからはほど遠く、ホリスティックな健康に欠かせないものだ。セルフケアとは、自分の身体的・感情的な望みや欲求 ── とくに、子ども時代に否定されてしまったもの ── を明らかにし、大切にすることを学ぶ行為なのだ。

1日の中にセルフケアを盛り込む方法はたくさんある ── 5分間（か、それ以上）瞑想する、身体を動かす、日記を書く、自然の中でくつろぐ、一人の時間を取る、お肌に太陽のキスを受ける、愛する人と深くつながる、などだ。セルフケアのとくに重要な要素の一つは、よい「睡眠衛生」［訳注：質のよい睡眠を取る条件を整えること］を身につけることだ、と私は信じている。質のよい睡眠は人を幸せにし、認知機能を高め、寿命さえ延ばしてくれる。今より30分早く寝よう。寝る2時間前には、スマホをオフにしよう。午後1時を過ぎたら、カフェイン入りの飲み物は控えよう。今挙げたことを一つ、もしくはすべて試して、身体と心がどれほどすっきりするか、ぜひ確かめてほしい。

・第四の柱――「ワーク」「子どものような驚き」の再発見

この柱は「ワーク」の最終目標の一つだ。この状態は、創造性と想像力、喜びと自発性、そしてもちろん、遊び心が一体になったものだ。

『遊びスイッチ、オン！――脳を活性化させ、そうぞう力を育む「遊び」の効果』（バベルプレス）の著者で精神科医のスチュアート・ブラウンが、遊びを「公共の必需品」と呼んだのは、殺人を犯した若者たちの子ども時代に、遊びが欠けていたことを学んだからだ。ブラウンは以来ずっと、何千人もの人生における遊びの役割を研究し続けた。わかったことは、遊びのない人生は、鬱病や、慢性のストレス性疾患や、犯罪行動の一因になることだ。「遊びがないことは、栄養不足と同じように扱われるべきだ。遊びの不足は、心身に対する健康上のリスクなのだ」と彼は記している[79]。

実のところ、ほとんどの人は、子どもらしい驚きがよしとされないか、許されないような家庭で育ったために、創造性を育めなかった。「芸術はお金にならない」からと、絵筆を片づけなさいと言われた人が、一体何人いるだろう？　「もっと現実的な道を選べ」と、親からクリエイティブな試みを無視され、やめさせられた人が何人いる？　「勉強」すべきときに、とりとめのない遊びをして、罰を受けた人はどれくらいいるだろう？　私には、子ども時代に母と遊んだ思い出がない。一つも。これは私にとってもちろん悲しいことだけど、母にとっても悲しいことだと思う。

大人になってから、（お金や成功や崇拝といった）二次利得のためでなく、人生にただ喜びをくれる物事を優先するのは、とても大切なことだ。子どものような驚きの感覚は、好きな音楽を流したり、自由に踊ったり歌ったりしているうちに、取り戻すことができる。思いつきで何かをしたり、衝動で動いたり、情熱に従ったりしても構わないのだ。「ただやりたいから」という理由で、うまくできなくてもいいから、ずっとやりたかったことに挑戦してみるのもいい。たとえば、裁縫を学んだり、新しい言語を勉強したり、サーフィンのレッスンに通ったりしてみよう。庭で植物に触れて手を汚したり、知らない人の服をほめたり、昔の仲間とまた連絡を取り合ったりしよう。今挙げた例には、重要な共通点がある——どれも外からのご褒美ではなく、喜びのためにやっている。

孤独感とまわりの反発に対処する

育て直しは、骨の折れる継続的なワークだ。これは変化をもたらす最も大きな要因の一つだが、時間がかかる上に、山ほどの微調整が必要になる。人間の欲求は毎日――実は毎瞬――変化するからだ。育て直しは習慣だ。どんどん進化していく自分の欲求やコーピングを常に明らかにしなくてはならない、すこぶる個人的な取り組みでもある。一つ忠告させてほしい。思わぬ副産物に見舞われることもある。私は何人かのセルフ・ヒーラーから、「悩みを親／家族／友達に伝えたところ、育て直しのプロセスを始めることに強く反対されました」というメールをもらっている。中でもとくに印象的だったのは、あるセルフ・ヒーラーの母親から届いたメールだ。「あなたが『洗脳』したせいで、うちの子が私との接触を断って、育て直しのプロセスとやらを始めてしまいました」と、私をとがめるメールだった。でも、家族の外に怒りを向けているこの母親を、どうして責められるだろう？　彼女は今娘が必死で変えようとしている、条件づけされたパターンの中で人生を送ってきたのだ。世代を超えて受け継がれたそのパターンが、娘の決心にどんな役割を果たしたのかに目を向けるより、部外者を責めるのは当然の流れだし、おそらくそのほうが気がラクなのだろう。

遭遇するのは外からの批判だけじゃない。批判の声は自分の内側からもわいてくる。孤独感は、癒やしの旅を通してよく浮上するテーマだけれど、とくに育て直しの過程で、孤独を感じやすい。育て直しをすると、本当の自分と深く触れ合わざるを得ないので、そこに強い絆がないと、不安に陥ってしまうのだ。不安を覚え、育て直しを始めたときよりも、孤独感が募るかもしれない。自分自身と率直に向き合うなんてじれったくて、非生産的な気分になることもあるだろう。それでも、自分自身をしっかり自覚してはじめて、育て直しに深く取り組むことができるのだ。

セルフ・ヒーラーの多くが、育て直しの最中に気づくことがある。それは、自分が無言の怒りを抱えて生きてきたことだ。過去にどんなふうに失望し、拒絶され、トラウマを抱えたのかにしっかり目を向けると、潜んでいた怒りや、時には激しい憤りが目を覚ますことがある。中には、親をなじったり責めたりしたくなる人もいる。あるいは、子どもの頃にしてほしかったように、親がさっと駆け寄ってきて「痛いの痛いの飛んでいけ」をやってくれないか、と願う人もいる。少なくとも、多くの人が自分の苦しみを認めてほしい、と望み、問題解決が得意な人は、具体的な解決策をほしがる。実際、かなりの数のセルフ・ヒーラーが親のところへ戻って、「話を聞いてほしい」と求めたり、「謝ってほしい」と要求したりする。

中には、こうした話し合いに前向きな親もいる。私も多くのセルフ・ヒーラーから、「つらいけど親に正直に話したら、関係が改善されて、仲が深まりました」という話を聞いている。このステップ――本心を伝えること――が育て直しの旅に役立つ、と感じるなら、ぜひそうしてほしい。ただし、この会話の最大の目的は、相手の体験を変えることではなく、あなたの現実を言葉にすることだ。自分がどう感じ、過去をどう見ているのかを表現することには、深くて本質的な価値がある。あなたがそのことに価値を見出し、どんな反応が返ってきても耐えられるし、冷静に受け止められる、というなら、話し合いに参加する準備ができている。でも、「親が謝ってくれる」「自分の気持ちを認めてくれる」「体験を肯定してくれる」と期待しているなら、どんな結果にも耐えられる自信がつくまで、話し合いは見合わせたほうがいい。優先すべきは、あなたの心が癒やされることだからだ。往々にして親たちは、私たちの多くが望むほど、この手の会話に前向きではない。それもそのはず。親は生まれてこのかた、ずっと条件づけされた状態で生きてきたのだ。あなたに指摘されたからといって、何十年にもわたる学習行動がさっと消え去るわけがない。間違いなく、混乱が起こるだろう。実りが少なく、傷つけ合うばかりの会話に終わるかもしれない。逆に、相手の怒りがあなたに向けられる可能性だってある。

つまり、抱えていた怒りが掘り起こされるのは自然なことで、下手をすればその怒りに、やすやすと飲み込まれてしまうだろう。ここで大事なことは、怒りを受け入れ、怒りに浸り、そうしたいなら、怒りを伝えることだ。ただし、あなた以外の誰かがあなたの現実や体験を認めてくれる、と期待せずに伝えることをお勧めする。あなたの現実や体験を認められるのは、あなただけだ。あなたの現実が正当なのは、あなたがそれを体験したからであって、誰かや外部の何かがそう認めているからではない。

さて、そろそろ子どもを持つ読者に、「深呼吸して」とお伝えしたほうがよさそうだ。親たちはとてつもない恐れと罪悪感を抱いて、育て直しのプロセスに入ることが多い。彼らは、あれやこれやで子どもをダメにしてしまう（もしくは、すでにダメにしてしまった）のではないか、と考えずにいられないのだ。

「わが子にこれをやっちゃわないなんて、言い切れるでしょうか?」。私は毎日のようにそう聞かれる。

答えを言ってしまおう。「言い切れません」

子育ては難しい上に、びっくりするほど感情をかき立てられる。自分にしっかり寄り添い、自分と波長を合わせていれば、他人に寄り添い、波長を合わせ、相手の欲求に気づいて満たしてあげられる——そんな単純な話ではないのだ。現実には、ミスもするし、力不足だし、何らかの形でしくじるだろう。それでも構わないどころか、実は長い目で見ると、そのほうがいいのだ。いくぶんストレスを経験すれば、子どもはレジリエンスを身につけられる。レジリエンスは、精神的に成熟するための重要な要素だ。これについては、のちほどさらに詳しくお話ししたい。

選択の「無限の可能性」を信じる

目覚めの原因が相当不快なものだったとしても、目覚めは私に、在り方を丸ごと変えるチャンスをくれた。ついに家族から離れて、家族と関わらずに存在する場《スペース》を自分に与えたとき、ずっと否定し、抑えつけてきたさまざまな欲求がはっきりと見えてきた。共依存の状態だったとき、私の欲求はいつだって他人に定義されていた（それに、「欲求なんてまったくない」と思ったことが何度あっただろう）。自分が私という独立した存在となって、自分を家族と別個の存在として見るスペースを設ける必要があったのだ。恐れと破壊のあとに、私は自分自身に出会った。生まれて初めて、自分が本当に求めているものを見つけた。

人生で三度だけ、自分の決断で誰かを傷つけても、自分の欲求を大切にしたことがある。一度目は、大学時代にソフトボールをやめる決心をしたとき。もうやっても楽しくなかったからだ。両親――とくにママ――ががっかりするし、チームのみんなも落ち込むとわかっていたけれどやめた。自分のために。二度目は、何年も心が通わなかった末にとうとう結婚生活を終わらせたときだ。永遠にそこにいようとする自分もいたけれど、もう一人の自分が決めた。「こんなの私のためになってない。変えなくちゃ」と。

三度目は、ロリーと一緒に「カリフォルニアに引っ越そう」と決めたときだ。西海岸への引っ越しはやりたいことの一つだったが、可能性すら打ち消していたのは、家族が動揺する、とわかっていたからだ。家族とのつながりを断ってからは、「ここにいてもためにならない」と直感していた東海岸にしばりつける、見えない鎖も解けていた。でも、ほんの10年前に、「フィラデルフィアやニューヨークシティから何千マイルも離れた土地に住むことになるよ」と言われたら、大笑いしていただろう。それくらい、感情をかき立てる都市環境の中毒になっていた。カオス、騒音、まぶしい光、うつろな顔をした群衆……どれもこれも私の内なる世界をそのまま映し出していた。当時の仲間たちは私の変化を「早めにやってきたミッドライフ・クライシスの兆候」と受け止めた。私は人生のすべて――開業したクリニック、家族、仲間、過去――をなげうって、国を横断し、新しい人生をスタートさせた。親しかった何人かに、自分が見つけた新しい真実を伝え始めたところ、眉をひそめたり、ずけずけ立ち入った質問をされたり、時には敵意を向けられたりしたのだった。

ロリーとカリフォルニアを訪れたとき、二人とも「自分たちにぴったりの場所だ」とわかった。さらに内側のバランスが整ってくると、私は体内のバランスを自然と整えてくれるものに引かれるようになった。自然そのものや、太陽の暖かさ、自由に呼吸ができて身体を動かせる場所……。ついに引っ越そうと決めたとき、それは育て直しのプロセスの象徴的な出来事になった。自分の欲求を認めて、自分の願いに耳を傾け、「欲求も願いもかなえていいよ」と自分に許した。内なる誘導システムの直感の声に気づいて、このときは耳を傾けたのだ。

引っ越しは、ラクではなかった。変化は難しいものだ。どんなに完璧な状況でも、やはりホメオスタシスは混乱し、少なくとも不快感を覚える。人間は習慣の生き物だから、いつものパターンをなぞれないとなると、うろたえ、自分を無力だと感じ、変化に敵意すら覚える。（転職、引っ越し、死、誕生、離婚など）身体が変化に適応しなくてはならない出来事に遭遇すると、人は安全地帯から引っ張り出され、まったく未知の、当然ながら不安をかき立てられるような場所に追い込まれる。

「カリフォルニアが運命の地だ」と決めた以上は、一生懸命立ち上げたクリニックをたたんで、愛情を感じるようになった多くの患者さんたちにも別れを告げなくてはならない。大切な人間関係の中には、新たにオンラインでつながる方法を模索しなくてはならないものもあった。

また、家族とのつながりを断つ決心も、まさに現実のものになった。トラウマ・ボンドから物理的にも離れることになり、解放感だけでなく恐怖心もわいてきたけど、当時はもう不快感や不安に対処するスキルや習慣を身につけていた。ようやく、自分の中に備わった自身への信頼を頼りに、素晴らしい気分を味わえるようになったのだ。まだ孤独感や自分の未来に対する数々の疑問を抱えてはいたものの、かつてないほど心身のバランスが取れているのを感じていた。睡眠の質が向上し、消化が良くなり、便秘も改善された。肺がきれいな空気を求めて広がるのを感じ、魂は軽やかになり、気分も高揚していた。魂が身体を通して話しているのを感じれば感じるほど、自分が強烈に喜びを求めていることがわかった。そして、自分にその価値があることも、実感できるようになった。

ある日、この本を執筆していたときのこと。ふと頭をすっきりさせたくなって、散歩に出かけた。新しい地元のビーチをのんびり歩き、周りの世界の感覚を身体の中に取り込みながら、私は愛とサポートに満ちた優しいメッセージを口にし始めた。そして、「今この瞬間、自分のために何ができる?」という問いが頭に浮かんだそのとき、フォークロックバンド「マムフォード・アンド・サンズ」の「ゼア・ウィル・ビー・タイム」という曲がイヤホンから流れてきた。私はボリュームを上げると、パーカッションのビートやキーボードのうねり、ボーカル・ハーモニーに飲み込まれた。

「だから、新しい光に目を開く……
そしてきっと、その瞬間はやってくる」

この言葉は、予言めいていた。私はそこに立ち、ようやく意識の目を開いて、心の奥底にある望みや欲求とつながる方法を学ぼうとしていた。そして生まれて初めて、どんな瞬間にも人間に与えられている選択の無限の可能性を、心から信頼しようとしていた。

私はさらに大きくボリュームを上げると、頭を上下に振って、腰を左右に揺らし始めた。

これはまったく、柄にもない行動だった。長年にわたって、ダンスが大っ嫌いだったからだ。思えば、ダンス嫌いは子ども時代のバレエ教室がきっかけだった。鏡に映った自分をちらっと見たら、教室のほかの女の子たちより、おなかがぽっこり出ていたからだ。それからというもの、自分の肌の色や自分の身体にますます違和感を覚え、窮屈に感じるようになった。間もなく人前で踊らなくなり、そのうち自由に踊る人たちを軽蔑のまなざしで見るようになった。それなのに今ここで、30年以上ものちに、見知らぬ新しい世界の空の下で、音楽に合わせて身体を揺らしている。やがて空に向かって両手を伸ばし、跳び回り始めた。私は踊っていた。全力で。みんなに見えるように。

「他人にどう思われるか」という恐れ、「常に批判されている」という思い、傷ついたインナーチャイルドの痛み――そんなすべてを手放すのは、育て直しのプロセスの楽しい一面だ。ビーチで踊ったことは、自分を受け入れるための過激な行動だった。これは、私の癒やしの旅を内側から前進させてくれた、大きな一歩だった。

Work 育て直しのメニューをつくる

少し時間を取って、育て直しの4本の柱のどれに最初に取り組むかを考えよう。スタートを切る最高の方法は、自分に尋ねることだ。「私が今、一番必要としているものはどれだろう?」

第一の柱――感情のコントロール:子どもの頃に多くの人は、感情を自覚することの素晴らしさや、その練習法を教わらなかった。大人になった今も、その練習をすることが癒やしに欠かせない。次の行動によって、感情のコントロールを身につけることができる。

・深い腹式呼吸を練習する。
・さまざまな感情がかき立てる、体内の感覚を観察する。
・何が自分の感情をかき立てているのかに気づく。
・感情が反応するのを、判断せずに許す。あらゆる感情をただ観察し、それが通り過ぎていくのを許す。

今挙げた例を（必要なら）使って、「感情のコントロール」の分野で、今自分に与えてあげられるもの（もしくは、自分のためにつくれるもの）を書き出したり、リストにしたりしよう。（そのうち、毎日の新習慣を身につける新たな方法が見つかるかもしれない）。

第二の柱 ―― 愛ある規律：子どもの頃に多くの人は、簡単で役に立ち、自分を支えてくれる習慣や儀式を教わらなかった。大人になった今も、次の行動によって、愛ある規律を身につけることはできる。

・毎日、自分との小さな約束を守る。
・毎日の儀式や日課をつくる。
・自分のためにならないことには、「イヤだ」と言う。
・たとえ気が進まなくても、きちんと境界線を保つ。
・人との関わりを断ち、自分を省みる時間を取る。
・客観的な（偏りのない）言葉で、自分の欲求を明確に伝える。

今挙げた例を（必要なら）使って、「愛ある規律」の分野で、今自分に与えてあげられるもの（もしくは、自分のためにつくれるもの）を書き出したり、リストにしたりしよう。（そのうち、毎日の新習慣を身につける新たな方法が見つかるかもしれない）。

第三の柱 ── セルフケア：子どもの頃に多くの人は、質のよい睡眠、運動、栄養、自然とのつながりの素晴らしさを教わらなかった。大人になった今も、次の行動によって、セルフケアを身につけることはできる。

・ほんの少し早く寝る。
・家庭料理をつくる／食べる。
・5分間（か、それ以上）瞑想する。
・5分間（か、それ以上）身体を動かす。
・日記を書く。
・自然の中で過ごし、自然とつながる。
・お肌に太陽のキスを受ける。
・愛する人とつながる。

今挙げた例を（必要なら）使って、「セルフケア」の分野で、今自分に与えてあげられるもの（もしくは、自分のためにつくれるもの）を書き出したり、リストにしたりしよう。（そのうち、毎日の新習慣を身につける新たな方法が見つかるかもしれない）。

第四の柱――子どものような驚きの再発見：創造性・想像力・喜び・自発性・遊び心など、子どもの頃に多くの人は、ただのびのびと創造的に遊び、ただそこに存在することを楽しむ素晴らしさを教わらなかった。大人になった今も、遊ぶことや、趣味を楽しんだり広げたりすることはとても重要だ。次の行動によって、その喜びを育むことはできる。

・自由に踊ったり歌ったりする。
・予定外のことをする。
・新しい趣味や関心事を見つける。
・好きな音楽を聴く。
・見知らぬ誰かをほめる。
・子どもの頃に大好きだったことをする。
・友達や好きな人とつながる。

今挙げた例を（必要なら）使って、「子どものような驚き」の分野で、今自分に与えてあげられるもの（もしくは、自分のためにつくれるもの）を書き出したり、リストにしたりしよう。（そのうち、毎日の新習慣を身につける新たな方法が見つかるかもしれない）。

Chapter 12

本物の大人になる

精神的に成熟しているかどうかは、実年齢とはまったく関係がない。中には思春期に入る前に、親の成熟レベルを超えてしまう人もいる。あるいは、子宮を出た時点で、もう超えている人もいる（半分ジョークだ）。

精神的に未熟な人のほうがはるかに一般的だけど、原因は忍耐力のなさだ。精神的に未熟な人は、自分自身の感情にも耐えられない。ドアをピシャリと閉めることで怒りに対処し、相手を無視することで失望に対処する。精神的に未熟な人は自分の感情が不快でならないので、感情を抱えると暴言を吐き、自己防衛に走るか、完全に殻に閉じこもる。

たとえば、子どもが自分のよしとしない感情を見せたときに、「おまえは大げさなんだよ！」と怒鳴る父親もそれに当たる。あるいは、意見が食い違ったあとに、完全に心を閉ざして無視を決め込んでくる友人もそうだ。この手の行動はたいてい、相手の不快感を観察できないか、意見の相違があること自体に耐えられないせいで起こる。他人の物の見方を恐ろしく感じて、恐れから厳しい態度を取ってしまうのだ。

「精神的な成熟」を目指す

サイコセラピストのリンジー・ギブソンは、精神的な未熟さとは（子育てに的を絞って言えば）「子どもの感情面の欲求を満たすのに必要な、感情反応が不足していること」だと説明している[80]。親が精神的に未熟な場合、子どもは孤独感を抱える。それは「うつろな自分だけの体験で……空虚感、もしくは世界で一人きりの感覚と言っていい」[81]。

私は、この空虚感を深く理解していた。何を体験しても十分に味わうことも、ましてや楽しむことなどできなかった。人生の大半を通して、「腹の底から笑う」――人生を純粋に楽しむ――ことがなかなかできなかったのだ。「自分の本当の欲求がわからないのに、何が自分を幸せにするかなんてわかるはずがない」そう思っていた。

この空虚感の原因は、本当の自分と分離し続けていることだ、と私は信じている。長年条件づけされた人生を送り、自分の身体的・感情的・精神的欲求を十分に満たすことができない状態には、たいてい「誤解される不安」がくっついている。自由に自分を表現することを歓迎しない家庭で育った人は、他人にどう思われるか、どんな感情を抱かれるかにばかり気を取られるようになる。これは多くの人が日常的に経験していることで、だからこそ今、社交不安がこれほど蔓延しているのだろう。社交不安や見た目重視の傾向が、人々が毎日訪れるソーシャルメディアという新しい仮想空間にはびこるのを、私たちは目にしている。多くの人が「閲覧数」や「いいね」の数にこだわるのは、「目を向けてほしい」「話を聞いてほしい」という満たされない欲求によるところが大きい。ほとんどの人が心のエネルギーを大量に投じて、理解してもらおうと頑張っている。誤解される不安が身体の生理的反応を引き起こし、ストレス反応の中に放り込まれると、人は堂々めぐりの思考パターンやエゴの物語に行動を支配されるようになる。この不安のせいで、自分らしさ《アイデンティティ》の感覚まで、他人の肯定や否定と思しきものにしばられてしまうのだ。人間は社会的な生き物で、進化がコミュニティやそこで受容されるか否かに左右されていたから、群れからの拒絶は悲惨な、ことによっては致命的な結果を招きかねなかった。疎外される不安は、そんなリスクが低くなった今日でも続いている。進化の過程で生まれた社会的受容に対する衝動のせいで、人は不安な状態になると、周りの人たちとつながれなくなる。感情的に反応し、理性のない行動に走るからだ。そして、人前で好きな曲に合わせて踊るような、たわいのないことをするのも怖くなる。

　多くのセルフ・ヒーラーによると、苦しいのは自分を理解することではなく、他人への理解が深まることだ。人は条件づけされた生き方をしている自分に気づくと、周りの人たちが堂々めぐりのパターンに陥っていることにも、同じように気づき始める。だから多くの人は、「実家」を訪れるのがつらくなるのだ。家族に会うと、自分の習慣やパターン、さらには深い心の傷に目が向くし、多くの傷がうずき始める。中には大衆文学において「生存者の罪悪感《サバイバーズ・ギルト》」として描かれるものによく似た感情反応を見せる人もいる。これは、「脱出した人」の感情だ。この感情のせいで、自分の成長や成果を「置き去りにした」人たちに詳しく話すのをためらう人もいる。あるいは、かつての役割を捨てて成長したことを申し訳なく思い、愛する人たちにも自分と同じ「変革の道」を歩んでほしい、と願う人もいる。そうすれば、家族との関係が壊れずにすむからだ。

多くの人は家族を心から大切に思い、「変化が必要なことに気づいてほしい」と願っている。そうすれば、家族も癒やされるからだ。それは素晴らしい志だけれど、現実を言えば、誰もが同じ道をたどるわけではない。もうおわかりかと思うが、癒やしには日々の努力が必要で、癒やしは本人が選び取るべきものなのだ。たとえ愛する人たちが自分と同じ道を選ばなくても、あなたのエネルギーを解放してくれる今の現実に抵抗するのはやめよう。そして、今の現実に対する自分の思いのすべてを受け入れよう。

精神的な成熟がくれる大きな成果の一つは、誤解してもされても穏やかでいるすべを学べることだ。それを学べば、本当に自分らしく人生を生きていくことができる。(どんな副産物に見舞われようと)自分の意見、信念、現実が正当なものである限り。(ちなみに、あなたの意見が正当なのは、他人が認めているからではなく、それがあなたの意見だからだ)。たとえ自分のすべての要素を好きになれなくても、その要素が存在している以上、認めてやらなくてはいけない。「核となる自己意識」が変わりやすく、依存しやすく、外からの影響を受けやすい場合は、他人が自分に抱いていると思しき考えで、自分自身に対する見方を形づくってしまいかねない。人は境界線のない状態では、精神的に成熟できないのだ。

ほとんどの人は感情の世界の手綱の握り方を学んだことがないから、感情面のレジリエンスがほとんどない。だから、物事が思い通りに行かないと、立ち直れなくなる。たとえ本当の自分を生きていても、非難や批判にさらされることも、他人をがっかりさせることもある。それは避けては通れない人生の現実で、精力的に生きる一人の人間として当たり前のことだ。あなたが本質的に間違っているとか正しいとか、そういう問題ではないのだ。人は精神的に成熟していくにつれて、見た目や発言や行動や考え方が自分と違う人たちを受け入れられるようになる。（たとえ自分と正反対であっても）違いを受け入れるすべを学ぶことは、精神的な成熟の証しなのだ。

感情の「90秒ルール」

精神的に成熟すると、自分のあらゆる感情を受け入れられるようになる。たとえ自分が抱いていると認めたくないような醜い感情でも。精神的な成熟の基本とは、他人が自分を表現できるよう、自分の感情を自覚してコントロールする能力のこと。もしくは単純に、理性を失わずに、自分のあらゆる感情を受け入れる能力のことだ。これは、本書で行っているあらゆるワークの核をなしている。

信じられないかもしれないが、感情には「90秒ルール」がある[82]。生理現象として、わずか1分30秒しかもたない。感情は90秒で消える。身体はホメオスタシスに戻りたいのだ。ストレスが発生すると、体内のコルチゾールが急増し、不安の回路が活性化される。その後、「ストレスが処理された」と認識されると、逆のシステムがすみやかに作動し、身体のバランスを元に戻してくれる。当然ながら、これが起こるのは、心が邪魔をしないときだけだ。

感情を100パーセント身体やホルモンの現象として処理できる人はまずいない。ほとんどの人は感情を心の世界に持ち込んで、物語を紡ぎ始め、あれこれ思いをめぐらす。そうして堂々めぐりの思考に陥って、感情中毒のフィードバックループに戻ってしまう。90秒の苛立ちがにわかに何日ものイライラや怒りに進化し、場合によっては、長年のうらみや憤りに変わる。解離して感情を感じることを自分に許していない場合も、自分が安全地帯に避難しているせいで、感覚のほうは体内をうまく通過できず、閉じ込められたままになってしまう。

頭の中でつらい思いを再生するたびに、つらい経験を何度も繰り返しているかのように神経系の反応が活性化される。身体は過去の出来事なのか、今起こっていることなのか区別できないから、どちらも恐ろしいのだ。つらい感情はたいてい、ポジティブな感情よりも長く強烈に感じられる。研究によると、強烈な感情を抱いている瞬間は、時間の感覚が歪む。さっと速く流れる感じがしたり、カタツムリのように遅々として進まないこともある。

この現象にもよい面がある。顕在意識のパワーを使えば、よりポジティブな別の「現実」を生み出せるのだ。私は、身体と再びつながり始め、さまざまな感情の違いを学び始めると、ストレスと興奮の違いに気がついた。それまでは感情をかき立てられるたびに、「今ストレスを感じている」ととらえて心を閉ざしたり、理性を失ったりしていた。でも、自分自身を観察し始めると、自分が興奮とストレスを混同しがちだと気がついた。今では、自分の感情に「不安」というレッテルを貼りたくなったら、一息置いて、違う角度から見るようにしている。そして場合によっては、「興奮」のような若干プラスの感情としてとらえ直している。たとえば、今熱中しているテーマについてインスタグラムに投稿しようとしたときに、胸がざわめくのがストレスだとは限らない。それは私の熱意や興奮が、身体に現れたものだ。無意識に反応するのではなく、一歩離れてみると、心身が高ぶる回路を断ち切って、ただ身体の感覚に寄り添うことができる。その感情の原因をめぐって、つい物語を紡いでしまうクセに抵抗すれば、ともすれば長引きがちな身体の生理的反応を短くできる。そうすれば、「感情は通り過ぎていくものだ」という真実を体感できるだろう。

変わりゆく感情の感覚を観察すれば、感情を区別する方法を学べる。そうすれば、身体が送ってくるさまざまなメッセージを理解できるだろう。変わりゆく身体の感覚――筋肉の緊張、ホルモンの低下、神経系の活性化――を意識し、じっくり客観的に見る練習をすれば、身体の英知にアクセスできる。そうすれば、その情報を使って、内なる状態を十分に把握した上で、他人に伝えられるようになる。

感情の波に溺れない「スージング」

ただ感情を分類すればいい、というわけではない。目標は、なるべく早く心身のバランスの取れたホメオスタシスの状態に戻ることだ。人生にストレスはつきものだ。精神的に成熟すれば、外の世界にどう反応すべきかを選べるようになる。そうすれば、また多重迷走神経《ポリヴェーガル》の梯子《はしご》［訳注：ポリヴェーガル理論では、三つの自律神経を梯子を使って表現し、心身がどの状態にあるのかを示す］を上って、「社会的関与」という安全な基本状態に戻ることができる。そこは自分自身にも、他人とのつながりにも、安心・安全を感じられる場所だ。多くの人が子どもの頃に学んだ、必ずしも本当の自分の役に立たない、条件づけされたコーピングを繰り返している。では、どうすれば精神的に成熟した方法で、自分の欲求を見つけ、満たすことができるのだろう？

スージング［訳注：心をなだめ、落ち着かせること］は、不快感に対処する望ましい方法だ。私たちが子どもの頃に身につけたスージングは、環境に適応することだった。端的に言えば、私たちは過去の環境や経験に、状況が許す限り最善の対処をしたのだ。大人になってから、新しく得た情報をもとに、自分の感情的欲求を満たす方法をアップデートすれば、大いに役立つだろう。ついいつものクセで子どもの頃のコーピングに戻ってしまうのではなく、積極的にスージングを行うためには、意識的な選択をする必要がある。心をなだめることができるのは、主体的・積極的に行動し、問題に真正面からぶつかったときだ。そうすればたいてい、大きな満足が得られる。自分の感情に名前をつけ、偏りのない分類をしたら、感情的な反応をやわらげる方法を見つけよう。

スージングが自然に行えるとは限らない。とくに、逆境への適切な対処法のお手本を見たことがない場合は。私も、精神的な成熟を目指す旅を始めたばかりの頃は、怒りや動揺を覚えたときに気分をラクにする方法がまったくわからなかった。私が見たお手本は、無視することと怒鳴ることだけだったから。大人になってから自分の中に、何の役にも立たないそんな習慣のかけらを見つけては、新しいことをいろいろ試してみた。役に立つものもあれば、さらに気分が悪くなるものもあった。わかったことは、怒りや動揺——いずれも、ずっと不安と混同していた感情だ——を覚えたときは、身体を動かせばラクになることだ。一方、身体を動かさずにやることはどれも逆効果だった。つまり、つらいときには散歩したり、皿洗いしたりすればいい。どんな形にしろ身体を動かせば、その感情とつながっている生理的エネルギーを発散できる。一番の趣味である読書や入浴など、リラックスすることで気分をやわらげようとしても、さらに不安になった。あなたの場合は、逆かもしれない。エネルギーが活性化したときに試してみないことにはわからないだろう。

あまりピンとこないかもしれないが、スージングと同じくらい重要なコーピングは、苦しみに耐える能力を高めること。（大人版おしゃぶりではないけれど）自分をなだめる手段が一つしかないなんて望ましくない。逆境に見舞われても、ささっとかわせるしなやかさを身につけておきたいものだ。感情が高ぶったときに、散歩や入浴ができるとは限らない。状況によっては、苦しみにただ耐えなくてはならないこともあるだろう。幼い頃は、他人の助けを借りてイヤな気分に耐えたり、なだめてもらったりしていたはずだ。年齢と共に、さまざまな感情に耐える方法を身につけていけば、役に立つだろう。

多くの人にとって難しいのは、体内で生じた感情を大切にすることだ。心の中で展開される物語を観察するとよいだろう。感情が生じていることに気づき、今この瞬間に身を置いて、あれこれ判断しないこと。スージングと違って、耐えることには内なる信頼が欠かせない。「私なら乗り越えられる」という自分に対する信念がなくてはならないのだ。それが自信につながれば、「イヤな気分」を取り除いてくれる自分以外の何かに頼らなくても、困難に立ち向かえるようになる。

感情面での忍耐力を養いたいなら、「内なるリソースは決して無限ではない」と理解しておくことが大切だ。リソースは限られているのにクタクタになるまで自分を駆り立てると、（暴言を吐く、殻に閉じこもる、ソーシャルメディアにハマる、といった）おなじみのコーピングに頼ることになる。自分のリソースのレベルを受け入れることは、成功への近道だ。打ちひしがれた気分になったら、感情が高ぶる前に、今いる状況から抜け出そう。ストレスを抱え、疲れているなら、感情のリソースを極限まで試すのではなく、家でじっとしていよう。それが自分のためになるなら、「イヤだ」と言う許可を自分に与えてほしい。精神的な成熟とは、自分の感情的な境界線を理解し、恐れたり恥じたりせずにそれを他人に伝えることだ。

コーピング（スージングもそうだが、とくに耐えること）は教えてくれる。私たちは不快感に耐えられる。今まで気をまぎらわすものに囲まれていたとしたら、「自分はつらい状況に対処できない」と思い込んでいたからだ。でも、忍耐の窓を広げるたびに、「そう、私はこれを乗り越えられる」と自分に教えることができる。よく耳にするのは、「精神的に極限まで追い込まれ、崖っぷちだった」などという神経系にとって迷惑極まりない話だ。そうではなくて、忍耐の窓を少しずつ広げていくことをお勧めする。窓が全開になる頃には、十分にたくわえた忍耐の力で、内外の世界のすべてに対処できるだろう。

親として子どもにできること

あなた自身と同じように、子どもも精神的に成熟できるよう、サポートする方法はたくさんある。親として、子どもにできる最善のことは、あなたが大切にされるよう、時間と労力を費やすことだ。あなたが自分の身体を大切にし、神経系の反応のパワーを活かす方法を学び、本当の自分とつながって、感情のコントロールと柔軟性《しなやかさ》のお手本を示せば、子どもは共同調整によって、すべてを身につけるだろう。あなたがバランスの取れた、自己表現ができている状態ならば、子どもは調整不全に陥ってもきちんと対処できる。あなたを安全基地にして、安全な状態に戻れるからだ。

あなたが精神的に成熟し始めると、内なるリソースの一部を使って、子どもが感情に対処するのをサポートできるようになる。子どもに、身体を動かす、一人の時間をつくる、十分な睡眠を取る、といった行動を勧めることで、「セルフケア」や「愛ある規律」を教えられる。また、ストレスが生じたときには、自分が使っているのと同じ方法で――体内の感覚に気づくことで――子どもがストレスを把握できるよう導ける。「身体はどんな感じかな?」と聞いてあげよう。「サマンサにからかわれたら、顔が熱くなる」「ティミーとおもちゃを一緒に使わなくちゃいけないときは、心臓がドキドキする」と子どもは答えるだろう。そうした身体の感覚に対応している感情に、(恥、怒り、嫉妬などと) 名前をつけるのを手伝おう。そうした感覚をなだめるいろいろな方法を試させてあげよう。覚えておいてほしい。あなたに役立つ方法が、子どもにも役立つとは限らない。このプロセスを、わが子の個性を学ぶチャンスだと考えよう。

現実問題として、家の外で何かが起こって、子どもがストレスを感じても親がそばで手を貸してやれないこともある。だから、親が手本を示して、子どもに耐える方法を学ばせるのはとても重要なことだ。子どもの将来に何が起こるかは、親にもわからない。愛する人がつらい出来事に見舞われるなんて想像したくもないけれど、それを防げるとは限らない。親がストレスへの抵抗力を示し、厄介な感情にじっと耐え、感情をうまく通過させているのを見れば、子どもは心に忍耐力をたくわえる。それが子どもの世界を生き抜く支えになり、大人になってからも役立つだろう。

もう気づいているかもしれないが、親として何より重要なことは、完璧でなくてもよしとすること。とはいえ、多くの人にとって、不完全さを受け入れるのはたやすいことではない。とくに、子ども時代の傷が、他人の機嫌を取る、好成績を目指す、といった習慣の原動力になっている場合は。私も、ロリーや大切な誰かにがっかりされるなんて耐えられない。「最高じゃない自分を見られている」と感じるだけでぞっとする。どんなときでも、どんな理由があっても、大切な人が私を必要としているのに、サポートできないなんてイヤなのだ。

生きていればがっかりすることもされることもあるけれど、親は安心していい。子どもの頃に体験したトラウマは、本物の愛の空間が育まれ、子どもがそれを心に取り込めば、決して悪化しないのだ。親が子どもの現実に耳を傾け、それを受け入れる能力を身につければ、子どもが物事に疑問を抱き、自分の本音や体験を世の中に表現するのを許してあげられる。その安心・安全があれば、子どもはその誠実さと安心をすぐ体現し始める。親子の間で、本当の自分を表現できる関係が共同創造され、共同体験されるだろう。こうして相互に本当の表現ができること、それは、すでにご紹介した「安定型の愛着スタイル」の根底にある。安心・安全な場所で育った人は、自由に世の中を歩き、ミスや挫折をしてもまた立ち上がれる。そうして内なるリソースを築き、レジリエンスを養っていくので、人生につきものの苦難の中でもかじ取りしていける。

自分の不完全さを優しく受け入れる力がついてくると、（親に対しては難しく感じる人もいるだろうが）愛する人たちに思いやりを示せるようになる。もちろん、「彼らも人間だから間違える」と受け入れるのは苛立たしく、激しい怒りがわくこともあるだろう。でも、時間をかけてさらに掘り下げ、彼らの条件づけや生活環境を理解しようと努めるうちに、問題に納得はいかなくても、相手の気持ちはくみ取れるようになる。自分の精神的・身体的・感情的な健康を守る境界線は維持しながらも、彼らの傷に共感し、苦しみに心を寄せることができるようになる。精神的な成熟とは、必要なときに優しさと強さを併せ持てること。（親、子ども、友人といった）身近な人たちに対してだけでなく、自分自身に対しても。

瞑想で成熟を目指すジョンの場合

私が出会ったセルフ・ヒーラーの中で、精神的にかなり未熟な部類に入るジョン（彼の名誉を傷つけるために言っているのではない。本人もこの評価には１００パーセント同意している！）

を一言で説明するなら、「堂々としている」だろう。部屋の中の酸素を残らず吸い尽くしてしまうような人物で、ウェブ会議も仕切らずにはいられない。自分の権威に疑いを差し挟まれたと感じたら——とくに、差し挟んだ人物が女性なら——怒りを爆発させる、いわゆる群れを支配するオス《アルファ・メール》だ。「精神面での発育不全」と称しても差し支えないだろう。すべては常に自分にまつわる話だ、という幼い子どものような自分本位な世界観を持っている。物事が思い通りに行かないと怒鳴り散らすし、本気で腹を立てると、険悪かつ不吉な空気をまとって黙り込んでしまう。ジョンは大嫌いな営業の仕事をしているが、アイデンティティは、毎月の売上目標を達成する——いや、なぎ倒す——ことに基づいている。会社では成功しているけれど、親密な関係がうまく築けない。生まれてこのかたリラックスできたことは一度もないし、誰かとただ一緒にいるなんて落ち着かない。とくに恋人といるときは。

癒やしの旅を始める前は、そんな感じだった。玉ねぎの皮をむくように感情的な反応に一つ一つ対処していくと、その中心に、柔らかくて傷ついた子ども時代のトラウマが見つかった。自己愛の裏には、根深い傷が隠れていたのだ。ジョンは父親の話を始めた。父親はお酒が入るとよく「怒りを爆発」させていたけど、飲んでいなくても簡単にブチ切れた。時には、ジョンをベルトで殴ることもあった。母親もその場にいたけれど、いつも部屋から出ていってしまい、あとから父親の行為の言い訳をした。実を言えば、ジョンは虐待を働く父親よりも、守ってくれない母親に強い怒りを感じていた。

人は自分と同じくらい精神的に未熟な相手を求めることが多いものだが、ジョンもまさにそうだった。ジョンが惹かれる(そして惹きつける)女性たちは、受け身で従順そうに見えた。ジョンが怒鳴り散らすのを許し、口を挟んだり首をかしげたりすることもほとんどなかった――激しい口論になって関係が破綻し、ジョンが再び「一人ぼっちだ」「目を向けてもらえない」と感じるその瞬間までは。そして前回の破局が、彼を癒やしの旅へ導いた。あのときはガラスの皿を10枚以上も、ガシャガシャと乱暴に床にたたきつけたのだった。

初めて「精神的な未熟さ」という概念を知ったとき、ジョンは困惑した。その言葉がどれほど自分にぴったり当てはまるのか、直視するのがイヤだった。あまりに耳障りで、しばらくの間、資料に向き合うのをやめたほどだ。人は突然正気に戻って、居心地の悪い思いをすることがある。そういうわけでジョンは、瞑想にのめり込み始めた。毎日5分の瞑想は徐々に10分に延び、最終的には1日20分の習慣になった。また、自分の人生に「境界線」が定められていないことにもまったく気づいていなかったが、今はそこに情熱を注いでいる。身近な人たちのリストをつくり、それぞれの人間関係に対する自分の欲求を書き出して、相手の接し方に対する自分の期待を変える努力を始めた。厄介な感情がわいても、苦しみや苛立ちを相手にぶつけるのではなく、それが去っていくまでじっと見守る努力をしている。

今のジョンは、あえて自分を「成熟した大人」だとは言わない(私はそれが、大人になりつつある証しだと思う）。実際、驚くほどに成長している。感情的な反応には――とくに、子ども時代のトラウマをかき立てられるような「批判された」「誤解された」と感じる場面では――相変わらず苦労しているけれど、何とか対処する手段を身につけた。怒りのような厄介な感情がわいても、「これは生理的な反応であって、僕が何者かを表しているわけじゃない」と理解している。だから、感情に駆られて動くのではなく、その感覚が身体を通過していくようにうまく導けるようになった。今も営業の仕事を続けているが、瞑想家としての免許も取得した。「これが僕の好きな道だ」と本人は語っている（ジョンにとっての、育て直しの4本目の柱だ）。つい感情的に反応してしまう自分とは、毎日向き合っているという。そうすることが日常生活の一部になったのだ。

自分への信頼を育てていく

自分のリソースにどっしり負担がかかるようなストレスフルな状況に陥ったときこそ、精神的な成熟度が試される。ジョンは「常に自分の反応をチェックしている」と言う。コーピングや育て直しの最中に精神的な未熟さがちらりと顔をのぞかせないか、目を光らせているのだ。どんなに努力しても、またぞろ未熟な自分が姿を現しそうになることはある。どんなときに自分のリソースが限界に近づいてストレスに対処しきれなくなるのか、何が自分をとことん追い詰めるのかをしっかり把握したいなら、「自分の責任」という観点から事態をチェックしてみるのがお勧めだ。人生にストレスを抱えたときや、ストレスについ感情的に反応してしまったあとに、その経験に影響を及ぼした出来事を振り返ってみよう。次のように問いかければ、心身を感情の反応に乗っ取られる前に、しっかり手綱を握れるだろう。

・起こったことから、自分自身について何を学べるだろう？
・どんなパターンが私をこんな状況に陥らせたのだろう？
・どうすればイヤな気分を受け入れて、そこから成長できるだろう？
・どうすれば批判を絶対的な真理だととらえずに、受け入れる方法を学べるだろう？
・どうすれば自分や他人を許せるだろう？

自分の責任を学べば学ぶほど、自分に対する信頼も育つ。すると、失敗を許せるようになるだろう。決めた道から転がり落ちることも当然あるけれど、広い心でしなやかに対処できる。自分を信じていれば、「道はどこへも行かず、そこで待っていてくれる」とわかる。これが自己責任の本質であり、私たちに力をくれる。

あなたも、つい禁酒の誓いを破ってしまうことがあるだろう。もうクタクタで何もできないことが数週間続くかもしれない。疲れ果てて、自分でも恥ずかしくなるような行動を取ってしまうこともある。どんな形にしろ人生に新しいストレスが入り込んできたら——病気の親戚の世話をしたり、赤ん坊との生活が始まったり、破局を経験したり……といった場合は——対処の手法《ツール》などどこかへ飛んでいってしまうかもしれない。誰にだって、精神的に未熟な瞬間はある。それが人間だからだ。精神的な成熟の恩恵を受けられるかどうかは、そのときの環境やホルモンの状態、おなかが空いているか、疲れているか、といったことによっても変わる。目標は、周りの世界の変化に合わせて、自分の感情の状態にとってベストな選択ができる力を自分に与えること。

精神的な成熟とは、リストにチェックマークを入れていくたぐいの目標ではない。ビデオゲームで（さあ、完璧な人間になれたからクリア！　と）次のステージに進むような、そういうものではないし、魔法のような状態でもない。つまりは、悟りを開いた状態なんかじゃない、ということ。精神的な成熟とは、最終的に私たちをより大きな絆へと導いてくれる取り組みの一つであり、自分を許すことにほかならない。

Work 精神的な成熟とレジリエンスを身につける

ステップ1　自分の感情と再びつながり、自分の感情を再発見する

感情とは体内で起こる出来事であり、体内のホルモン、神経伝達物質、感覚、エネルギーの変化を引き起こす。身体がさまざまな感情にどう反応するかは、人それぞれだ。感情を明らかにする（そして、最終的になだめる）能力を身につけるには、まず、自分の身体が感情的な出来事にどう反応するかに、もっとつながらなくてはならない。

そのためには、毎日ユニークな自分の身体とつながる、瞑想の習慣を新たに身につけることをお勧めする。

・身体とつながる瞑想

1日のどこかでこの瞑想をすれば、絶え間なく変化する身体の感情の状態と、つながりを保つことができるだろう。まずは静かな場所と心地よい姿勢を見つけ、数分間座るか横になるかしよう。次の瞑想のスクリプトを、ぜひこのプロセスに役立ててほしい。（音声版をお望みの方は、私のウェブサイトへどうぞ。https://theholisticpsychologist.com）

・今この瞬間に身を置いて、注意を自分自身と自分の内なる体験に向け始めよう。心地よさを感じたら、優しく目を閉じるか、どこか一点、じっと優しく見つめる場所を決めよう。

・大きく息を吸って、肺に空気を届け……おなかがふくらむのを感じよう……さらにほんの少し時間をかけて、ゆっくりと長く息を吐こう……では、もう一度繰り返そう……肺が空気で満たされ、広がるのを感じよう……ゆっくり吐き出そう。［この呼吸は、好きなだけ繰り返しても構わない。身体が瞑想体験に、少しずつ深く浸っていくのを感じよう］

・準備ができたと感じたら、注意を身体と、今感じているあらゆる感覚に向けよう。頭頂部から順に身体をスキャンしていき、あらゆる場所に緊張やこわばり、温かさ、うずき、軽さなどを感じるかをチェックしよう。ほんの少し時間をかけて、頭、首、両肩へと下りていき、それからさらに下に向かい、両腕と両手にある、あらゆる感覚に気づこう。ほんの少し下りて、胸のあたり、おなかのあたりの感覚にも気づこう。足のつけ根から膝まで、膝からくるぶしまで下りていき、くるぶしから下の部分とつま先に注意を向けて、終わりにしよう。［このボディスキャンも、心地よく感じるなら長く行っても構わない］

・「呼ばれた」と感じるあらゆる場所と再びつながる時間をたっぷり取って、準備ができたと感じたら、注意を呼吸に戻し、徐々に自分の周りの環境に広げて、今この瞬間に見えるもの、聞こえるもの、においに注意を戻そう。

ステップ2　身体がバランスを取り戻すサポートをする

感情による体内の変化を自覚できるようになると、身体を基本の状態に戻す練習を始められる。覚えておいてほしい。誰もがユニークな存在なので、今から紹介する活動に対する反応も人それぞれだろう。少し時間を取って、あなたの感情をなだめてくれるさまざまな方法を模索しよう。どれが一番効果的かを知るためには、少し実験が必要だろう。

身につけたい対処の手法は、主に二つある。スージングと、耐えることだ。

スージング活動

- **お風呂に入る**。お湯に浸かると、身体が落ち着くだろう（バスソルトがあれば、少し入れると筋肉がリラックスする）。
- **自分でマッサージする**。くるぶしから下の部分や、膝からくるぶしまでをさすったりマッサージしたりする程度でも構わない。ストレスをやわらげるさまざまなツボを紹介するYouTube動画も出ている。
- **読書する**。読むつもりだった本や記事を一気に読むのもお勧めだ。
- **音楽を聴く**、**奏でる**、**つくる**。どれを選ぶかはあなた次第だ！
- **心地よく横になる**。これは誰かや何かと一緒にしても構わない。たとえば、ペットや子ども、友達、パートナー、もしくは、心地よい枕など。

・**動く（できれば）**。どんな動きでも効果がある！

・**感情を表現する**。枕に顔をうずめて、シャワーを浴びながら、あるいは、広い空き地で叫んでみよう（隣人の神経系を活性化しないように！）。

・**書く**。自分の気持ちを手紙や日記や詩に書こう（ここでは、感情をかき立てるような出来事については書かないようにしよう。でないと、身体の生理的な反応を活性化し続けてしまう）。

耐える活動

・**休む**。そう、それでいい。たとえ予定をキャンセルしても。

・**今この瞬間と深くつながる**。五感を使って、注意を今の環境の中に見えるもの、におい、手触り、味、音に向けよう。すると、今この瞬間の安全の中に、完全に身を置くことができる。

・**ブレスワークを行う**。これは、次のような簡単なものでも構わない——片手をおなかに置いて、2〜3回深呼吸し、肺が広がって縮むのを感じ、身体のエネルギーの変化に気づこう。YouTubeやSpotifyに、誘導つきのブレスワークが山ほど出ている。

・**自然の中で過ごす**。外の環境を全身で体験し、そこに注意を向けよう。そして、そこに存在する、バランスを整えて心を落ち着かせてくれるさまざまなエネルギーに気づこう。

・**瞑想や祈りを行う**。これにはスピリチュアルな、もしくは宗教的な音声つきの深い瞑想や祈りも含まれる。

・**アファメーションやマントラを唱える**。意識的な言葉を、自分に静かに繰り返すこと。たとえば、「あなたは安全です」「あなたが主導権を握っています」「あなたは心穏やかです」など。

・**気をまぎらわす**。注意を自分の感情以外の何かに向け直そう。そう、もうおわかりだろう。常に気をまぎらわしてはいられないというなら、感情にどの程度注意を向けるかを選ぼう。

・**サポートを得る**。安心できる誰かに働きかけよう。あなたの考えや気持ちに快く耳を傾けてくれる人がいると、とても助けになる。（善意からアドバイスしてくれる多くの友人たちとは別に）「快く耳を傾けてくれる人がほしい」と自覚したなら、話を始める前に、まずその気持ちを伝えることが大切だ。また、心に留めておいてほしい。これはガス抜きや感情の投げ捨てとは違う。それらはただ感情が高ぶる出来事を繰り返し追体験しては、悪循環に陥っているだけだ。

未来の自分日記

感情面での身体のチェック

次の文例を、ぜひこのプロセスに役立ててほしい。あるいは、自分でよく似た文章を作成しよう。

・**今日私は、**身体の変わりゆく感情の状態を意識する**練習をします。**

・**私は、**精神的な成熟を目指して努力するチャンスに**感謝しています。**

・**今日私は、**自分の身体とつながって、自分の感情を理解する**ことができます。**

・**この分野が改善されたので、私は、**自分の感情の世界とさらなるつながりを**感じられます。**

・**今日私は、**1日のどこかで、身体の感覚に気づく時間を取った**ときに、この練習をします。**

Chapter 13

ヘルシーな「相互依存」の関係

精神的な成熟に「終わり」はない。それは自分を知り、受け入れる、という日々進化を重ねるプロセスなのだ。成長する時期もあれば、それまでの進歩を試されるかのように後退する時期もある。実は私も、まさにこの章の執筆中に試される出来事があった。

過酷な1週間を過ごしたある日のこと。働きすぎで疲れていた上に、すっかり元気をなくしたのは、知らない誰かがオンラインで私を激しく批判しているのを見たからだ。一気にやる気をなくし、あと一つでも批判コメントを見たら、泣いてしまいそうだった。荷物をまとめて、せっかく築いた人生から、さっさと逃げ出したくなった。人からひどい誤解を受けるのが、イヤでたまらないからだ。

でも、逃げ出さずにうじうじしていた。ソファに座ってインスタグラムをチェックし、ほかにもひどいコメントがないかを探した。自分を苛立たせ、ずたずたに引き裂き、さらに傷つけてくるような悪口を。

「さあ、立って。出かけよう」とロリーが言った。「ビーチに行こうよ」ただ家から連れ出して、うじうじするのをやめさせようとしたわけじゃない。ヴェニス・ビーチの特別な日だったからだ。夕方に異常発生した藻類《そうるい》が生物発光するせいで、ライトアップされた波が見られる、というめったにないチャンスだった。それでも、「やめとく」と誘いを断わった。

それでも心が揺れてしまうなら？

ロリーがビーチに出かけると、一人くよくよ思い悩んだ。自己憐憫《れんびん》にどっぷり浸っているうちに、ますます腹が立ってきた。憤慨したエゴは、物語をこしらえた。「いつもいつも大変なときに、よくもまあ私を放っておけるよね！　失礼じゃない？」。自分が「行っておいでよ」と言ったくせに、心は彼女が裏切り者で私は被害者だ、という物語を紡いでいた。でも、この頃にはもう自分をしっかり見つめていたから、気づいていた。このエゴの物語には、私がずっと抱えていたインナーチャイルドの傷が投影されている。「誰も私のことなんか考えていない」というコア・ビリーフ。それは、さらに暗い場所へとつながっていく。「私ってほんとに情けない。ロリーだってそばにいるのに耐えられないのよ」。心は、ある思考の周りをぐるぐる回りだした。「私は一人ぼっちだ、私は一人ぼっちだ、私は一人ぼっちだ……」

この内なる対話はすべて見えていたけれど、堂々めぐりの思考から抜け出す気力はなかった。そのまま数分間はインナーチャイルドにふくれっ面をさせておいた。その後、さっと顔を上げ、これまで磨いてきた（そしてみなさんに紹介した）ツールを活用し始めた。

まずは呼吸からだ。空気が肺を満たし、また出ていくのに意識を向ける。しっかり観察する。それから、体内の生理的な反応に名前をつける――動揺の衝撃、失望によるおなかの重み、ソーシャルメディアの悪口に対するほとばしるような憤り。そうした感覚とつながっている感情にも名前をつけ始めた――怒り、恐れ、悲しみ。感情に名前をつけると、それぞれの周りに物語が忍び寄り、私の意識にも群がってきた。エゴが「無価値な私」を証明するような事例を集め始めると、私は顕在意識の中にゆったりと腰を下ろした。偏りのない目で見つめると、感情が現れては消えていった。

顕在意識の手綱を握ると、私は自分に尋ねた。「今この瞬間、自分のために何ができる？この『イヤな気分』にどう対処すればいい？」。そして、流し台まで歩いていき、片づけや皿洗いをしながら、自分にまったく逆の物語を聞かせ始めた。「私は価値のある人間だ。私は愛されている。私は一人ぼっちじゃない。たとえ今この瞬間、物理的には一人でも」。両手を泡まみれの温かいお湯に浸して、注意の筋肉を今身体がしていることに向けると、感情のエネルギーが外に吐き出され、自分の感情の状態をありのままに観察する余裕ができた。「私は疲れているし、働きすぎだ。しかも、誰かに批判されて、感情を思いきり崩壊させてしまった。でも、ここでふてくされてなんかいたくない。私は、パートナーと一緒に美しいものが見たい」

そこで行き詰まって、感情を締め出そうともがいていてもいいし、いつもの状態に引き戻されるのをやめて、その日自分と約束していたこと——美しいブルーの波を見ること——を実行してもいい。結局私は、自己嫌悪の繭《まゆ》から出ることを選んだ。

ビーチに着くと、ハッとするほど美しいブルーの海を見つめているロリーを見つけた。ロリーの周りには、母なる自然がくれた壮麗な贈り物をうっとりと見つめる何十人もの人たちがいた。

私はロリーのそばへ行くと、何も言わず、一緒にキラキラ輝く神秘的な海を見つめた。

私はまだ「誤解されてる」と悲しむ傷ついた子どもだったけれど、一人ぼっちで自分の思考や感情にがんじがらめにされているわけではなかった。物語に飲み込まれていたら、こうしてビーチに立つことはできなかった。この美しさの一かけらも、私には届かなかったのだ。

ビーチに立ったあの瞬間には、「精神的な成熟」を超える大きな意味があった。他者——とくに一番大切な人たち——と関わる際の感情の状態を変えてくれたのだ。これこそが「ワーク」の最終目標だ。境界線を設ける、インナーチャイルドに会う、自分を育て直す、といった一連のワークはすべて、人と正直につながり合う状態へと導いてくれる。

自分の心と脳を変え、本当の自分とつながれば、人は喜びや創造性、共感、受容、協力を生み出し、最終的には、より大きなコミュニティとの調和《ワンネス》に至る。第11章に登場したスティーヴ・

テイラー博士も、研究したすべての目覚めにおいて、愛情、思いやり、深い英知、心の平穏が増していることに気がついた。これらの要素は、いわゆる「相互依存」――信頼とつながりの状態――の本質であり、ホリスティック・ヒーリング・パワーの究極の証しでもある。「ワーク」はこれまでに私たちを今この瞬間まで、調和《ワンネス》を体現できるところまで導いてくれた。私たちを戻して、戻して……純粋な気づきと、あらゆるものとつながっている状態まで連れ戻してくれた。私たちは文字通り、心と身体を変容させて、最も純粋な魂の表現に戻りつつある。自分の中に神を見出せば、それが周りの世界にも広がっていく。

セルフ・ヒーラーの仲間をSNSで見つける

私の癒やしの旅の重要なパズルのピースについて、まだお話ししていなかった。そう、自分のコミュニティを見つけた話だ。コミュニティを見つけることは、「相互依存的な自己」の目標だ。コミュニティとは、とても柔軟な概念だ。オンラインのソーシャルネットワークでコミュニティにたどり着く人もいれば、隣近所で見つける人もいる。あるいは、関心事や教会、学校、趣味を通してめぐり合う人もいる。私は、自分探しをしていた孤独な時期に、自分のコミュニティを見つけた。「私の新しい気づきに共感してくれる人なんてめったにいない」と感じていた頃だ。あの時期は、本当に孤独だった。眠りこけている世の中で、ロリーと私だけが目覚めているみたいに。育て直しの方法を学び、境界線を引いて、自分のためにならない人間関係を終わらせたところ、かつては一番大事だったコミュニティのメンバーともつながりを断つことになった。それから、社会の常識に反する選択を始めた。仕事のあとに飲みにいくのをやめたし、あれこれ計画して自分を追い詰めるのも、睡眠やモーニング・ルーティンに差し障る夜更かしもやめた。

やっとここまできた。本当に誇らしかった。すると、直感の声が「ほかの人たちや、もっと大きな世界とつながろうよ」とささやいた。みんなから切り離されたままでは満たされない。仲間を見つけて、自分の気づきを伝え、みんなからも学ぶ必要があった。そんなときロリーが、「あなたの経験を、オンラインで投稿してみたら？」と勧めてくれた。当時はまだフィラデルフィアにいて、王道の心理学の手法でセラピーをしていたし、本業を続ける必要もあった。自分の信念を表明したら同僚たちから浮いてしまいそうだし、従来の手法で診ている患者さんたちを遠ざけることになるかもしれない。それが怖かったし、食べていかなきゃならなかった。それでも、「自分を表現する」という面では、やはり不誠実だったと思う。

結局のところ、「つながりたい」という願いが、私の旅についてインスタグラムに投稿する最大の動機になった。「セルフ・ヒーリング」という言葉を理解できて、「ホリスティックな健康」というこの新しい世界に共感してくれる人たちを探していたからだ。２０１８年に「The Holistic Psychologist」の活動を始めると、間髪入れずに反応があった。それはたくさんの人たちが私と同じようにつながりに飢え、人生でよく似た体験をし、よく似た知識に出会っていた。この深い取り組み《ワーク》に関わる準備ができた大勢の人たちが、喜んで参加してくれた。わっと評判が広がって、そのうち別の目的が生まれた。最大級の癒やしの場を育む、安心・安全なコミュニティをつくることだ。メンバーはどんどん増えていった。「セルフ・ヒーラーズ」の仲間入りを果たした一人一人が、ここで発信しているメッセージに対する私の信念を裏づけてくれたので、私も自信を持って全力で「ホリスティック心理学」の概念を主張できるようになった。

私が講師役を引き受け、自分の生活に取り入れている情報をシェアしていくうちに、コミュニティはさらに大きくなって、惜しみなく与えるコミュニティに育った。「自分の本質に戻る」という共通の旅をする仲間たちが、新しいコミュニティを意識的に共同創造してくれたのだ。世界中の人たちが、さまざまな手段《ツール》や活動をシェアしてくれた。私がシェアすればするほど、ますます多くの人たちが加わって、ヒーリングの体験を提供してくれた。私がそれに適応し、進化すればするほど、まるで大規模な共同調整が起きているみたいに、コミュニティも成長していった。このソーシャルメディアでの交流は、私の人生で最も深く、最も実り多いふれ合いになった。私は仲間を見つけ、その過程で、自分の声のパワーや使命、崇高な目的、相互依存する自分を発見したのだった。

「みんなでやる」パワー

研究によると、アメリカ人の五人に三人が孤独を感じているという[83]。この数字は、実はもっと高いのではないか、と私は思う。人は「寂しい」と認めるのを恥ずかしがるものだから。「孤独だ」と認めると、人は無防備になって、心の奥にある不足感をさらけ出してしまうようだ。「私はかわいらしくないから、愛されない」と。この言葉は、私の骨身にしみる。きっと多くの人も、同じではないだろうか。

私たちはみんな、かつては部族で暮らしていた。祖先はどこに住んでいようと、安全や労働の分担やストレスの緩和、さらには生活のあらゆる面での支え合いのために、集団生活をしていた。個人主義者であれ集団主義者であれ、どんな人も、健康に生きていくためにはほかの人たちが必要だ。人間の身体も脳も、つながり合うようにできている。

つながりは、人間の在りようにもともと備わっている。つながりがなければ、人は生き延びられない。だから、研究者たちは気づいている。今日の孤独の蔓延は、実は差し迫った公衆衛生上の課題なのだ、と。孤独は多くの点でトラウマと同じように、自己免疫疾患や慢性疾患の罹患率を上げる。オバマ、トランプ、バイデン政権で米国公衆衛生局長官を務めるヴィヴェック・マーシー博士は、著書『孤独の本質　つながりの力――見過ごされてきた「健康課題」を解き明かす』（英治出版）の中で述べている。孤独は「心臓疾患、認知症、鬱病、不安、睡眠障害、さらには早死にのリスクを高めかねない」[84]。明らかに、つながりの欠如は、人を心理的に傷つけるだけにとどまらないのだ。

「相反する感情を抱える」（感情的な葛藤を伴う）人間関係は、孤独に負けないくらい心身の健康をむしばむことが証明されている。「半数以上の夫婦が、相反する感情を抱えて配偶者を見ている」とジャーナリストのリディア・デンワースは著書『Friendship: The Evolution, Biology, and Extraordinary Power of Life's Fundamental Bond（未邦訳：友情――人生の基本的な絆の進化と生態と驚くべき力）』に記している。私の見解では、こうした相反する感情を抱える関係はたいていトラウマ・ボンドで、信頼に基づく仲ではない。なぜそんな関係でいられるのだろう？　自分の望みや欲求にアクセスすれば、好きでもない人と人生を送ることなど選べないはずだ。人間関係の多くが、一番親しい関係でさえ、本当の自分のためにはなっていない。それは、私たちが自分の直感とつながっていないからだ。

運よく支え合えるパートナーや友人やコミュニティを持っている人は、先ほどとはまったく逆の影響を受けている。幸せだし、健康だし、長生きできるのだ。これは運に左右されるような話ではない。あらゆる努力をして、自分のコミュニティを見つけよう。玄関をパッと開けた途端に、見つかるわけではないけれど。調査によると、オンライン上のつながりは、現実世界のつながりと同じくらい有意義なものになり得る[85]。そこを出て、仲間を見つけよう。大丈夫、必ず見つかるから。

本当の自分として人間関係を築き直す

相互依存――互いに協力し合える本当のつながり――とは、別個の存在として一緒にいられることだ。自分が一つに統合された存在であってはじめて、お互いの精神的・感情的・身体的欲求を満たす形で、相手と心からつながれる。もちろん、すべての人間関係が一様に自分を満たしてくれるわけではないし、すべての人間関係が、お互いのためになるわけでもない。互いに欲求を表現し合い、率直に境界線を設け合えたら、そこは安心できる場所になる。自分の内なる世界を信頼し、自分が「人生のさまざまな試練に立ち向かう手段を持っている」と知っていれば、その信頼と安心をコミュニティにも反映できる。自分自身への姿勢は、他者への姿勢を表しているし、逆もまた然り。すべては相互につながっている。

本物の人間関係を経験するためには、自分自身が本当の自分でいる努力をする必要がある。そうしてはじめて、「この人はつながるべき人だ」という直感の声が聞こえるし、それに反応することもできる。あなたもきっと、心当たりがあるはずだ。時にはちらっと見ただけで、わかることもある。「この人は、私の人生に関わるべき人だ」と。この人と出会う運命なのだ、と魂の震えが教えてくれる。

私がそんな経験をしたのは、再び自分とつながる努力を何年も続けたあとのこと。「ワーク」

を始めて数年が経ち、ますます心身が調和するのを感じていた。癒やしのメッセージを広め始めてからは、内なるリソースに自信が持てるようになり、こう確信するようになっていた。「私のメッセージは全員には響かないかもしれないけど、届くべき人には必ず届く」と。

そんな頃、ジェナに出会った。彼女は「セルフ・ヒーラーズ」のコミュニティを立ち上げてすぐに参加してくれた人だ。私はネット上でもジェナとのつながりを感じ、彼女のコメントにはいつも共感していた。直感の声が、デジタルインターフェイスを介して大声で叫んでいたのだ。

ヴェニス・ビーチで初の無料公開イベント、「インナーチャイルドの瞑想」――この本の序文で紹介した、「The Holistic Psychologist」の初イベント――が終了すると、私の周りに列ができた。全員に挨拶していると、感謝の気持ちがどっとあふれ出して、胸がいっぱいになった。数時間後、列の最後尾が見えてきて、一番後ろで待っている女性が目に入った。彼女は胸のあたりに両手を置いて、私に微笑んでいた。あの日はおびただしい数の人の顔を見たのに、直感の声がまた騒ぎ始めた。相手はまだ一言も発していないのに、親しみの感情がわっとこみ上げてきた。まるでずっと昔から彼女を知っていたみたいに。お互いの魂がすでに深く交わっているみたいに。

「ジェナです」と彼女は言った。

信じられなかった。私の直感は、何千人もの群衆の中から、彼女を選び出していた。私たちはおしゃべりを始め、直接つながれたことに二人ともうきうきしていた。ジェナはごく自然に、持っていたオラクルカードをくれた。美しいイラストに神託を添えたカードのセットだ。この贈り物の温かさ——大事にしているものをくれたこと——が、とてもうれしかった。その後、人生が変化していく間も、私はずっとカードを大切にしていた。1年後にフィラデルフィアからカリフォルニアに引っ越すときにも持っていった、数少ないアイテムの一つだ。

あの瞑想の数ヵ月後、ロリーと一緒に「The SelfHealers Circle」を立ち上げた。これは、誘導なしで自ら行うヒーリングの枠組みや、日々活用できる手段《ツール》を提供するバーチャル・コミュニティだ。ところが、立ち上げの初日は、大混乱に陥った。なんと1時間に6000人も申し込んで、システムがクラッシュしてしまったのだ。2日目には、すっかりお手上げ状態だと気づいて、私は精神的に追い込まれていった。ニーズが大きすぎたのだ。私たちだけで何とかできる態勢は、まだ整っていなかった。

現実から逃げだしたくなって、「もうやめる」と言おうとしたまさにそのとき、降ってわいたようにジェナからのメッセージが届いた。そこには、「サポートしたい」という内側からの強い衝動に従った、と書かれていた。

「私、この活動にすごく肩入れしているの。新しい世界がつくれることを私たちは知っていて、それを共同創造しているんです。魂が呼ばれた気がして、お二人とこの活動の未来をサポートさせてほしくて、連絡しました。相談できたらうれしいです」

まるで宇宙が、私たち三人にウインクしているみたいだった。うなずいて、こう言っている。「うん、君たちがみんなに門戸を開いている限り、これからもふさわしい人材を送り込むからね」と。

ジェナは翌日に、最初のメンバーとしてチームに加わった。以来ずっとホリスティック・ウェルネスの活動のあらゆる場面に、なくてはならない人物だ。1ミリの疑いもなく言える。この偶然のつながりを引き寄せるためには、私もジェナも直感の声とつながっていなくてはならなかった。調和の取れた状態にいると、波長の合う人を引き寄せることができるのだ。

集合的な「私たち」

もうおわかりのように、私たちは純粋な、スポンジのような状態でこの世に生まれてくる。ところが、どう生き延びて、どう未知の世界を歩いていくかを学ぶうちに、人はエゴを育てて自分の本質からどんどん離れ、他人との関係で自分を定義するすべを学ぶ。「私たちはああではなく、こうだ」「私たちはああいうことではなく、こういうことが好きだ」と。こうした分離は、「私たち」対「あの人たち」、「外」対「内」を明確にする物語として現れる。（私のように）共依存の家庭で育った人の場合、こんな比較の物語――「私たちは安全な内側にいて、あの人たちは外側にいる」という話――が、コア・アイデンティティにしっかりと刻み込まれている。

癒やしに取り組むと、人は幼い頃の自分、つまり、本当の自分とのつながりを取り戻していく。でも、多くの人は、あんなに傷つきやすい状態に戻るなんて、とても考えられないだろう。エゴはひどく繊細で、自分を安心・安全に守ることしか頭にないから、自分が何者であるかの物語は、「他者」とは正反対の何かと結びついている。そんな状態では不安のあまり、集合的な「私たち」——全人類の相互のつながり——にアクセスすることはできない。けれど、心の薄紙を一枚ずつ剝がして、自分の条件づけについて学び、自分の思い込みと距離を置き、自分の身体の状態を観察する、というプロセスを踏むと、大切な人たちだけでなく、コミュニティや世界全体に対しても、「自分とよく似ている」と感じられるようになる。

みんなが集合的な知性を活用し始めると、利他的で互恵的な社会に進化していく。利他主義は、進化の原動力である「適者生存」の対極にあるように思われがちだが、実は、人類の存続に欠かせない。

部族で生活していた時代は、個人のユニークな表現を認めることで、コミュニティの欲求も満たされていた。パズルのそれぞれのピースが機能を果たしていたのだ。人が集合的な「私たち」の一部であるとき、一人の欲求はみんなの欲求になる。

人がこの「集合的な連帯」に参加できるのは、神経系がつながりを受け入れる状態にあるときだけだ。つまり、他者とつながり、他者を大切に思えるようになるためには、自分が穏やかでバランスの取れた状態でなくてはならないのだ。社会的関与モードという幸せな場所にいるときや、安定した心地よい環境にいるときは、ストレスと思しきものの度合いが下がり、迷走神経が望ましい安静状態をもたらすので、人は楽しい表現、自発性、癒やし、つながりに満ちた最高の状態になる。本当の連帯感を覚えるためには、身体が完全に安心していなくてはならないのだ。

すでにお話ししたように、人間の生理機能は、この安心の度合いを「共同調整」というプロセスを通してほかの人たちに伝える。私たちの内側の状態は、たいてい周りの人たちにそのまま映し出されている。内なる世界は、周りに伝染するのだ。自分が安心していると、周りの人たちも安心している。問題は、逆もまた真であること。これが、多くの人がつながり合えない大きな理由だ。大多数の人が調整不全の神経系を抱えて生きているせいで安心できず、他人とつながれないのだ。そうしてますます孤独を感じ、具合が悪くなり、人生のストレスに対処するのが下手になる。そんな悪循環が続くうちに、坂道を転がるように人と完全につながれなくなって、ありとあらゆる病《やまい》に見舞われる。そうなるともうお手上げだ。闘争／逃走／凍りつきといった反応から抜け出せなくなって、本物の絆をつくるなんて生理学的に無理、という事態に陥る。その状態は周りの人たちにも伝染し、みんながそうならざるを得なくなり、孤独と断絶が世界中に蔓延していく。他者とつながれない現象は、身近な家族や友達だけでなく、より大きな集団にも広がる。私たちは、一人で苦しんでいるわけではない。あなたは組織のただの歯車じゃないのだ。あなたの心の状態が、よくも悪くも周りの人たちを形づくっている。

安心・安全を感じていれば、自分の内側の状態を――たとえ調整不全やネガティブな状態にあっても――周りにさらりと話せるだろう。コミュニティの助けを借りれば、また基本状態に戻れる、とわかっているからだ。一度もけんかをしたり、反対意見を口にしたりしたことがない人は、実は不自然にストレスを抑え込む調整不全のシステムに閉じ込められている。誰かと親しくなるためには、誤解されたり責められたりやり返されたりするのを恐れずに、（最高に謎に包まれている）本当の自分を表現する必要がある。互いに尊重し合える安全な場所にいれば、恐れずに違いを表現し合い、またホメオスタシスに戻ることができるのだ。この知識――安心な状態が手の届くところにある、と知っていること――が、不快感に耐えるしなやかさをくれる。調整不全の状態から共同調整の状態に至る、その経験の繰り返しが私たちのコア・ビリーフを育て、内なるリソースに対する信頼を育んでくれる。

ただし一つ、気づいてほしいことがある。アメリカのような国では、ＢＩＰＯＣ（黒人や先住民や有色人種の人たち）は、病んだ調整不全のシステムのせいで、安心な状態に戻るのが不可能に近いことだ。安全とバランスがそもそも欠けているからだ。彼らは、最初からアンバランスなシステムの中に閉じ込められていて、万人にとって安心・安全なコミュニティをつくるのに必要な変化も、延び延びにされている。

誰もが刻々と変化する人生のストレスを手放し、本来の安全な状態に戻るしなやかさを身につけるチャンスを与えられるべきだ。私たちが内なる世界と意識的に触れ合い、互いに支え合うつながりを育めば、誰もがその恩恵を受けられる。これが相互依存の本質だ。その本質が人類全体をつないでいる。そこに「私たち」と「あの人たち」の区別はない。

畏怖の念を受け入れる

個々の間にあるそうした壁を打ち破れば、人は人知を超えた物事とのつながりを受け入れられるようになる。それは、あなたが選んだ神様やご先祖様と語り合う、という形を取るかもしれないし、わが子の誕生を経験する、大自然の中で過ごす、心を動かす芸術に夢中になる、という形を取るかもしれない。それは大規模な調和《ワンネス》の体験だけど、日常のちょっとした瞬間にも、言葉にできないような崇高な畏怖の念を覚えることはある[86]。研究によると、この感覚は、進化の過程で生まれた未知のものに対する反応だという。その感覚は、祖先が人生のさまざまな神秘に遭遇してそれを理解しようとしたとき、他者とつながるよう促していた。たとえば、日食や月食を経験したとき、人々の畏怖の念がお互いを一つにした。人生の美しさと恐ろしさを共に味わうことで、最終的に深く安心することができたのだ。

畏怖の念を受け入れるただ一つの方法は、心の目を周りの人たちやより大きな世界に向けること。私たちの存在の真実は、一人一人のど真ん中に宿るユニークな魂の中に息づいている。ネイティブ・アメリカンのオグララ・スー族の祈禱師《きとうし》、ブラック・エルクの言葉によると、「一番重要な最初の平和は、人々の魂から生まれる。自分が宇宙や宇宙のすべてのパワーとつながり、それらと一つである、と気づいたとき、そして、宇宙の中心には創造主が宿っていること、しかもその中心は至るところにあり、一人一人の心の中にもあることを理解したときに、平和は生まれる」[87]。

この本の冒頭で、神秘的な超越体験が、山の頂やさらさら流れる小川のほとりのような、いかにも神々しい場所で起こることはまれだ、とお話しした。精神的《スピリチュアル》な進化を遂げるのは、少々厄介なことかもしれない。身体や心や魂を癒やすワークに取り組んで、大いなる宇宙とつながる力を取り戻すと、実にさまざまな超越体験が身近なものになるのだ。あなたがエゴのまやかしをはぎ取って、純粋な本当の自分につながれば、心を開いてコミュニティに働きかければ、目覚めが起こるだろう。真の悟りや癒やしが訪れるのは、そんな瞬間だ。

自分自身を癒やせば、周りの世界も癒やすことができる。

Work

ヘルシーな「相互依存の関係」をつくる

多くの人にとって、とくに、私のように共依存の条件づけを抱えている場合は、相互依存の関係をつくるのに時間がかかる。まずは、次のステップを踏むことから始めよう。

ステップ1　今の相互依存（もしくは、相互依存のなさ）を評価する

状況を自覚するために、少し時間を取って、次の各分野の自分を評価し、今の相互依存の程度を観察しよう。

・あらゆる人間関係において、難なく明確な境界線を設け、維持しているか？　それとも、少し時間を取って状況を確認し、新しい境界線を設ける必要があるだろうか？
・オープンな会話をしたり、自分や他人が感情を処理したりする場を整えているか？　それとも、少し時間を取って自分の感情を明らかにし、どんなときに相手に伝える前に一息置くべきかを自覚する必要があるだろうか？
・自分の真実や現実が他人のそれと一致していなくても、自由に話せるか？　それとも、相手

の反応を想像して、恐れや恥の意識や罪悪感を抱いてしまうか？

・行動するとき、自分の意図をはっきりとわかっているか？　何に選択を左右されているか、理解しているだろうか？　自分が人生の経験や人間関係に何を求めているか、明らかにできているだろうか？　それとも、もっと時間を取って、自分自身を観察する練習をするべきだろうか？

・わいてきた思考すべてに従って行動するのではなく、自分のエゴ（や影《シャドー》）を観察することができているか？　それとも、日々の経験を、そうした観点からもっと掘り下げる練習をするべきだろうか？

ステップ2　相互依存を身につける

ステップ１のリストを使って、強化したい分野を決めたら、「相互依存を身につける」という目標を達成するための、新しい選択を始めよう。一つの分野から始めて、変化をもたらすために、次の例文を使って、毎日意図を設定する練習をしよう。

未来の自分日記

相互依存を生み出す

・**今日私は、**人間関係に相互依存を生み出す**練習をします。**
・**私は、**人間関係をさらに充実させる**チャンスに感謝しています。**
・**今日私は、**本当の自分を表現しながら、他人とのつながりを感じることが**できます。**
・**この分野が改善されたので、私は、**本当の自分とのつながりや、あらゆる人間関係における自分の本当の欲求とのつながりを**感じられます。**
・**今日私は、**最近の口げんかについてどう感じたのか、自分の真実をパートナーに伝える**ときに、この練習をします。**

私と一緒にこの旅をするのに必要な、勇気と広い心と信頼を持ち合わせていてくださってありがとう。覚えておいてほしい。この旅はこれからも続き、あなたの進化や変化に合わせて進化し、変化していくだろう。私の目的は、「癒やしは可能だ」という真実をあなたに体現してもらうこと。「ワーク」に取り組み始めると、あなたの人生がその可能性を力強く証明してくれるだろう。最後にあなたに、「ワークに取り組む人生の1日」をお渡ししたいと思う。これはもちろん私が実践しているワークで、大雑把な指針として活用してもらいたい。あなたの「ワーク」を、あなたならではのユニークなものにしてほしい。だから、心に響くものは採用し、響かないものは無視しよう。あなたの最高のヒーラーはあなただから。

ワークに取り組む人生の1日

身体のバランスを整えよう

- 次の質問に答えることで、身体の欲求を掘り下げよう。
  - 何を食べると、身体の調子がよくなるだろう？　また、身体が本調子でなくなるのは、何を食べたときだろう？
  - 睡眠を何時間取ると（また、何時に寝ると）、身体が回復するのを感じる？
  - どの程度（また、いつ）運動すると、身体にたまった感情が解放されるだろう？
- （ブレスワーク、瞑想、ヨガといった）毎日の多重迷走神経《ポリヴェーガル》のワークに取り組むことで、神経系のバランスを整えよう。

心のバランスを整えよう

- 毎日、意識を高め、自分を観察する瞬間をもっと増やそう。
- エゴや影の自分《シャドー・セルフ》の物語を明らかにし、いかに自分の物語が、多くの感情反応やコーピングを引き起こしているかに気づこう。
- 毎日インナーチャイルドとの関係を育み、自分の育て直しを始めよう。賢いインナーペアレントを育て、自分ならではの身体的・感情的・精神的欲求を明らかにし、それを満たすのを助けてもらおう。

自分の魂と再びつながろう

- 心の奥底にある望みや情熱を掘り下げ、それらともう一度つながろう。人生のあらゆる分野で、本当の自分を表現する練習をしよう。

エピローグ

ピザの箱

この本を書こうと思い立ち、読者に伝えたい仕事や私生活の重要な瞬間を集め始めたのだけど、思い出せないことがそれはたくさんあった。私の脳はまだ幼い頃のトラウマの後遺症に対処し、身体はなおも、自分を上の空にして過去とつながる邪魔をする、神経系の反応に対処していた。私の記憶装置《メモリーバンク》には空白のスポットがたくさんあったのだが、何よりイライラさせられたのは、ニューヨークシティのルービン美術館の前を通りかかったときに出会った、あの格言を正しく思い出せないことだった。あの言葉がきっかけで、私の心は「意識」という概念に目を開き、まったく新しい在りようへと導かれたのだ。それなのに、どんなに頑張っても、どんなにたくさんのフレーズを検索しても、どんなに多くの展覧会のカタログを隅々まで調べても、見つからないままだった。

一方、カリフォルニアでの新生活への移行は継続中だった。新しい日課を身につけ始めたものの、何だかなじめなくて、またいつものパターンに戻ろうとしている自分がいた。かつての生活が恋しくなっていたのだ。あの生活は最高の自分のためにはならない、とわかっていても、かつてのニコールがまだそこに安全や親しみを感じていた。

そうして私の心が葛藤していた頃、ホリスティック心理学のメッセージは怒濤のように世界中に広がりつつあった。200万人以上が、ソーシャルメディアで私の投稿をフォローし、私が把握しきれない勢いでワークに参加し始めた。私はすっかり舞い上がった――正しさを認めてもらえた気がしたのだ。でも同時に、すっかり圧倒されてしまった。「目を向けてほしい」「話を聞いてほしい」と切に願っていた私のインナーチャイルドは、おびただしい数の目を向けられたプレッシャーで、ガタガタ震えだした。「誤解されるのでは」とおびえ、案の定誤解されたときには、出来損ないの気分になった。

その後、世界的なパンデミックが起こり、ありとあらゆる物事が浮き彫りにされる事態になった。そこには途方もない痛み、苦しみ、そしてトラウマがあった。誰も彼もが一緒にそこに陥って、閉じ込められ、気力の面でも肉体面でも、わけのわからない新しい世界で苦しんでいた。ストレスが猛威を振るい始めたのだ。多くの人たちと同じように、私も数年ぶりに、癒やしの旅に対する意欲をかなり失ってしまった。やる気をなくしたことは、小さなことにも現れていた。たとえば、自分のために料理するのをやめたのだ。料理は私が大事にしていた、毎日のセルフケアの一つだった。普段は喜んで、自分や愛する人たちに栄養をつけさせている。でも、ロックダウン中は、料理をつくるエネルギーがわかなくなった。ある晩、ロリーとジェナと三人で、フードデリバリーのPostmatesのアプリでピザを注文することにした。グルテンフリーの生地を提供するレストランを見つけたからだ。その店に注文したことはないし、実は聞いたこともない店だったけど、オンラインのレビューだけを頼りに選んだ。

ピザの箱が玄関前に届いた。持ち上げると、側面にかわいらしい文字で何か書いてあるのが見えた。その言葉を読んで、思わず箱を取り落としそうになった。そう、これだ。こうして、うちの玄関前に届いたのだ。

「われわれは日々を思い出すのではない。瞬間、瞬間を思い出すのだ――チェーザレ・パヴェーゼ」

ずっと探していた格言――私を自分探しのウサギの穴に放り込んだ、あの言葉だった。世の中には何百万――いや、何十億？――という名言があるはずなのに、まるでこだまのように私のところに戻ってきてくれた。私がどれほど成長したかを思い出させるために。過去が閃光のように心の目に映し出された。オートミールに顔を埋めて泣きじゃくったこと、初めて気を失ったマンションのプール、幼い頃、実家のキッチンテーブルの下でスクーターで遊んでいたこと……。すべての瞬間がそこに、私と共にあった。今の私を、過去の私を、そして、未来の私を構成するすべてのパーツが。息を吸っては吐きながら、その言葉を噛みしめた。感謝の気持ちが、私の細胞の一つ一つを満たしていった。

ピザの箱が、私の個人的・精神的な成長を次のステップに引き上げてくれた、とは言えないが、自分に対する信頼と目覚めを肯定してくれたのはたしかだった。私はかつて、体調が優れず、傷を抱え、無自覚に生きていた。今は一時的に旅を休んではいても、こうして格言通りの体験をした。そして、あのピザの箱が、もう一つの意識的な選択をする自信をくれたのはたしかだったと思う。そろそろもう一度、家族に連絡しよう、と決めたのだ。

しっかりと境界線を引いて家族との連絡を断ったときは、家族という圧倒的な存在なしに、自分が本当はどんな人間なのかを明らかにする必要があった。生まれて初めて、私は自分を見ることができたのだ。自分の強さを見て、自分の傷つきやすさを見て、自分のインナーチャイルドに会った。そして、自分の傷を受け入れた。あのとき家族と完全に連絡を断ったのは、私が自分を信じていなかったからだ。坂道を転がるように、あっという間に共依存に戻ってしまうことをよくわかっていた。あのときガチガチの境界線を引いたから、本当の自分とつながることができたし、ようやく他人とも正直につながることができるようになった——ひいては、読者のみなさんとも。そういうわけで、家族と再びつながる試みには、打ってつけの状態だった。今を逃せば、もうその瞬間は訪れないような気がした。

まずは、手紙から始めた。短く簡潔にまとめ、基本的にはこう伝えた。「私は、家族ともう一度つながる心の準備ができました。もし家族のみんなも心の準備ができていて、一緒に新しい関係をつくってても構わない、と思ってくれるなら」と。コミュニケーションの扉を開く準備ができた、と伝えたのだ。すると、家族も反応してくれた。家族はためらいながらも前向きで、「再会の場を、私たち自身の癒やしをスタートさせる機会だと考えています」と返事をくれた。

この新しい関係がどうなっていくのか、私にはわからない。だから、あえて融通のききやすい選択をすることにした。自分に大らかさと好奇心という贈り物を与え、自分への信頼と愛から生まれるこの関係の可能性を模索しようとしている。新しい関係が何をもたらすのか、はたまたもたらさないのか、それを確認するのにもわくわくしている。

どの瞬間にも、人は選択をしている。過去に生きることもできるし、さっと前を向いて、今とは違う未来を思い描くこともできる。人はあるシステムに戻るとき、一人でどんなに頑張っても、昔のパターンに戻ってしまいがちになる。慣れ親しんだ無意識の条件づけを受け入れたい、という衝動に駆られるからだ。でも同時に、なじみのない、先の見えない扉を開ける、という選択もできる。今の私は知っている。新しい道が自分のためにならないなら、必ずそれに気づけるだろう、と。そして、すぐ回れ右して扉を閉めて、また新しい扉を選ぶことができる。

これを書いている時点では、家族全員が自分なりのやり方で変化を遂げている。姉も自分を癒やす旅を始め、私は家族セラピーに参加するのをやめて、日常生活の中で家族関係の再構築に取り組んでいる。先日、父が家を空けたときには、母が寂しがっているとわかっていたので、寂しさをまぎらわせてあげようと電話をかけた。「母を元気にしなくちゃ」という義務感からではなく、そうしたいからした。だから、気分がよかった。

私は今もぐらついた橋の上で、バランスを取っている。家族をサポートしたいけれど、自分に都合のよい形で手伝っている。今もやりとりするたびに、ガイドしてくれる直感の声を頼りに、毎瞬毎瞬選んでいる。今では信じているからだ。最終的に、自分にとって正しい選択ができるはずだ、と。

それが、この取り組み《ワーク》の本質だ――そう、選択できる力を自分に与えること。自分の身体をどう扱うのか、人間関係でどんなふうに姿を現すのか、自分の現実をどう生み出し、未来をどう思い描くのか、自分で選ぶことができる。どんな道を選ぼうと、意識的に選び、その過程で自分を信頼している限り、どんな結果になっても、心の準備ができているはずだ。ロードマップもなければ、指示書もなく、グルも賢者もいない。あなたを整えてくれるチェックリストもなければ、治療してくれる魔法の薬もない。

私は自分の世界のパワフルな創造主で、私のエネルギーと思考が、私の周りの世界を形づくっている。そう、私にはどうしようもない物事もあるけれど、自分が世界をどう経験するか、その手綱を握っているのは私だ。自分の扱い方は、自分で変えられる。自分の環境をどう解釈するか、愛する人たちとどう関わるかも、変えられる。自分自身とどうつながるか、それによって、宇宙とどうつながるかも、自分で変えられる。どんなときも成長し、進化し、人を元気づけるチャンスはある。それがじわじわと集団に広がっていくのだ。この本の目的は、私たちを自身の本質、純粋な意識、つまり、条件づけが根づく前の自分自身に戻すことだ。人は集合的な「私たち」と再びつながることを願い、それによって、みんなの心の中にある、自分に力をくれる深い泉にアクセスしたい、と願っている。

未来が見える人はいない。でも、私たちには直感もあれば自信もあるし、最善の選択を助けてくれる感情――情報――もある。たとえ何が起ころうと、限りある人生をイキイキと生きるために活用できる手段《ツール》の選択肢を充実させ、それに対する信頼を育むこと。それが癒やし《ヒーリング》の真髄なのだ。

謝辞

この取り組み《ワーク》をみなさんにシェアし、「セルフ・ヒーラーズ #SelfHealers」のコミュニティがとてつもなく大きな活動に育っていくのを見守ることができて、心から光栄に思っています。お一人お一人がこの活動を体現してくれています。世界中のみなさんから届くヒーリングにまつわる数えきれないほどのメッセージのおかげで、この本を書くことができました。みなさんのサポートとこの教えに対する信頼に、これからも感謝し続けます。みなさんが私に、前進し続ける自信をくれました。一人が癒やされると、それに励まされてまた一人が同じ道を歩みます。みなさんが、集団としての私たちの未来をがらりと変えつつあるのです。

私と共に歩き、真実を信頼してくれたアリーへ。あなたの物語は、一人一人に宿る無限の可能性を示しています。力を取り戻す旅をあなたと分かち合うことができて、本当に幸せです。

私が選んだに違いない、私の両親へ。ありがとう。二人の物語、愛、そして未解決のトラウマは、私のトラウマを解消するきっかけをくれました。私はこのワークを、二人と、二人の前のすべての世代——この知識を持たず、祖先から受け継いだ恥の意識を抱えて人生を送った人たち——のために教えています。二人は私に、責任の取り方や、本当の自分に戻る方法を教えてくれました。思い出させてくれてありがとう。

おおむね遠いところにいるメンターのみなさんへ。枠組みの外に出て、道を切り開いてくれたことに、言葉にできないほど感謝しています。これが時に難しく、時に孤独な旅であることが私にもわかってきましたが、あなたの知恵が私の心の扉を開けてくれました。これは、学校では一度も教わらなかったことです。あなたの勇気が、私の勇気を奮い立たせてくれました。私が自分の真実を語るのは、あなたがしてくれたように、私もほかの誰かを奮い立たせることができるかもしれないからです。

私の著作権エージェントであるデイドー・ダーヴィスカディックにも感謝しています。この本を執筆している間、温かく賢いガイド役を務めてくれました。あなたが初めて本書のタイトルを考え、口にしたときには、全身がゾクゾクしました。あなたが使命《ワーク》を果たしてくれたのは、世界をよりよい場所にしたいから。そんなあなたと一緒に仕事ができて光栄に思います。

出版社であるハーパーウェーブ社のチームのサポートがなければ、初めての本の執筆はかなわなかったでしょう。みなさんは私のビジョンを見て、「世の中のみんなが見るべきだ」と信じてくれました。カレン、ジュリー、イェレナ、ブライアンをはじめ、この本の誕生を支えてくれたハーパーのチームのみなさん、ありがとう。とくに、いろいろな国の出版社のみなさんにも深く感謝しています。中でも、オリオン出版グループのピパ・ライトと彼女のチームに感謝しています。みなさんは、この作品がそれぞれの言語に翻訳されて、「セルフ・ヒーリング」というこの普遍的なメッセージが世界に広がっていくべきだ、と信じてくれました。

意識が高く美しい人たちのチームを持つ私は、驚くほどに恵まれています。メンバー一人一人がこの取り組み《ワーク》を体現し、このワークが集団の中で存在していけるよう、一緒に空間づくりをしてくれています。

何度も人生を送ってきたかのように魂年齢の高い、ジェナ・ウィークランドへ。あなたは、より大きな集団を助けようと、私の魂に合流してくれました。直感の声に耳を傾け、颯爽《さっそう》と登場し、この活動の重要な役目を担ってくれてありがとう。あなたの心が純粋な愛と日々のひらめきにあふれているおかげで、私もどんどん拡大しています。果てしない感謝の気持ちは、言葉にできません。

公私ともに私のパートナーであるロリーへ。私に目を向けてくれてありがとう。私が進化するよう、励ましてくれてありがとう。私が自分をどう信じればいいのかわからなかった時期に、私を信じてくれてありがとう。あなたは私に、新しいタイプの愛を教えてくれました。その愛がウソ偽りのない誠実な空間をくれたおかげで、私は自分のすべてをようやく認めることができました。あなたは私たちのビジョンをやみくもに信じてくれました。そして今も毎日欠かさず、私のそばで真実を信頼し続けてくれています。このビジョンの光を、これからも輝かせていくことを約束します。どんなときも。

読者のみなさんが今この本を持っているのは、準備ができたからです。あなたは今、本当の自分に戻ろうとしています。あなたの果てしない可能性《ポテンシャル》を私は心から信じているし、今後もあなたと一緒にこの旅を続けます。「自由になりたい」という願いによって、ここに引き寄せられたみなさんに、この本を捧げます。集合的な癒やしのために自分を守っている殻を脱ぎ捨てるのは、魂が選ぶとびっきり勇敢な旅です。私はみなさんお一人一人に目を向け、ここに敬意を表します。

ホリスティック心理学用語集

愛着《アタッチメント》：幼少期に親と築いた関係に影響される、二者間の人間関係や絆。

アロスタシス：ストレス反応（闘争か逃走か）の状態からホメオスタシスに戻る生理的なプロセス。

意識：現在の知覚状態。意識があれば、選択ができる。

インナーチャイルド：満たされなかった欲求、子ども時代に抑圧された感情、創造性、直感、遊ぶ能力を抱える、潜在意識の一部。

インナーチャイルドの傷：（目を向けてほしい、話を聞いてほしい、本当の自分を表現したい、という）子ども時代の身体的・感情的・精神的な欲求が満たされないまま、成人期に持ち込まれたつらい体験。

エゴの意識：エゴと完全に一体化した状態。たいていの場合、感情的な反応や、防御の姿勢、恥の意識を生み出す。

エンパワメント意識：エゴを理解して受け入れ、気づきの場を生み出すこと。この気づきの場があれば、人は反射的なエゴの反応ではない選択ができる。

解離：ストレスのあまり神経系が対処しきれずに、身体はそこにあるのに心が切り離されたり、麻痺したり、シャットダウンしたりする適応反応。

賢いインナーペアレント：批判せずに自分自身を観察する内なる物語をつくる、という育て直しの手順の一つ。賢いインナーペアレントは、あらゆる感情の状態や行動、反応を、愛情に満ちた意識で、見て、聞いて、認め、尊重することができる。

絡み合い：境界線がないことと、感情の状態が共有されていることによって、個人の自立や自主性が妨げられるような関係性。

感情中毒：潜在意識が慣れ親しんだ感情状態に引き寄せられる無意識の衝動で、身体の神経系と神経伝達物質がストレスホルモンの反応を活性化させている。

感情のコントロール：ストレスに柔軟に、大らかに、適切に反応し、神経系を基本状態に戻す能力。

感情の投げ捨て：相手の感情の状態を考えたり思いやったりせずに、自分の感情の問題を相手にぶちまけること。

感情面のレジリエンス：さまざまな感情の状態を処理しながら、柔軟に、すばやく立ち直る能力。

境界線：自分と他人の間に、どこが境目なのかを明らかにするために設けた、互いを守るための境界。明確な境界線があれば、お互いの欲求を尊重し、本物の人間関係を築くことができる。

共同調整：安心・安全がストレスに満ちたつらい感情体験を処理してくれる、二者間のやりとりや交流。たとえば、子どもがストレスフルな状態に置かれたとき、母親がなだめるような口調で声をかけながら／子どもを抱きしめながら、子どもの苦しみを認めてあげる行為もそれに当たる。

核となる信念／思い込み《コア・ビリーフ》：自分が何者であるかについての、心の奥底にある認識。人生の経験をもとに、7歳までに潜在意識に刻み込まれる。

交感神経系：ストレスと思しきものに対する闘争・逃走反応を司る、自律神経系の一部。

行動のモデル化：行為、選択、人との関わり方を通して、他者に行動を実地で教える行為。

コーピング（適切な／不適切な）：人が安心感を取り戻すために取る行動。

コルチゾール：脅威と思しきものと闘う、もしくは、そこから逃げるよう身体を活性化させる「闘争・逃走反応」に関わるストレスホルモン。

サルの心：人間の心の中を絶えず駆けめぐる、途切れることのない心のおしゃべり。

自己中心的な状態：子どもが自分以外の人の視点や意見を理解できない、発達の状態のこと。自己中心的な状態にあるときは、物事が「自分が原因で、自分に起こっている」ように見える。その結果、他人の行動が、自分が何者であるかに関係している、という誤った思い込みを持つようになる。

自動運転：無意識に自覚なく生き、条件づけされたパターン（習慣）をなぞっている状態。

自分を裏切ること：子ども時代に学習した対処《コーピング》メカニズムで、他人から目を向けてもらい、耳を傾けてもらい、受け入れてもらうために、自分の一部を否定すること。

社会的関与モード：他人とのつながりを受け入れるために、安心・安全にアクセスできる神経系が整った状態。

影の自分《シャドー・セルフ》：条件づけや恥の意識によって抑圧されたり否定されたりする、自分の「好ましくない」部分。

条件づけ：親、権威のある人、文化全体から受け継いだコーピングメカニズムや、習慣や、核となる思い込み《コア・ビリーフ》のことで、幼い頃に始まる。

自律神経系：心拍、呼吸、消化といった不随意機能を調整する、身体の中枢神経系の一部。

神経可塑性：脳が経験に基づいて新しいつながりや経路をつくり、回路の配線を変えて順応する能力。

スージング：ホメオスタシスに戻れるよう、感情の状態をやわらげる行為。

精神神経免疫学：心と神経系と免疫系の複雑な相互作用の研究に特化した、科学の一分野。

精神的な成熟：ストレスフルな経験においても、柔軟な思考や、オープンな会話や、レジリエンスを持てるよう、感情をコントロールする能力。
精神的なトラウマ：常に「目を向けてもらえない」「耳を傾けてもらえない」「本当の自分を自由に表現できない」という経験をしていたせいで、本当の自分と切り離され、苦悩、孤独感、恥の意識を抱えている状態。
精神的な未熟さ：自分の不安のせいで、他人の思考、意見、感情、物の見方を受け止める場を整えられないこと。
生存脳：脅威と思しきものに過度に集中する神経系の状態。物事を白か黒かできっぱり分けて考え、パニックに陥り、感情的になって見通しがききづらくなる。
潜在意識：深く埋め込まれた心の一部で、記憶、抑圧された感情、子ども時代の傷、コア・ビリーフをすべて抱えている。
前頭前皮質：問題解決、意思決定、将来の計画、メタ認知（自分の思考を観察し、自分の思考について考える能力）のような複雑な機能を司る脳の領域。
相互依存：境界線、安全、自主性、完全な自己表現が許される人間関係における、相互に支え合うつながり。
育て直し：毎日のひたむきな行動を通して、インナーチャイルドの身体的・感情的・精神的欲求の満たし方を学び直す練習。
腸神経系：腸のすべての活動を司る自律神経系の一部。

調整不全：神経系が生理的にアンバランスな状態。

直感：耳を傾けたときに、自分を本当の道へと導いてくれる内なる英知やひらめき。

直感的自己：条件づけされたパターンや反応の外に存在する、最も信頼できる、魂でつながる自分自身。

闘争・逃走：脅威と思しきものから自分を安全に守るための神経系の反応。

トラウマ：感情のコントロールや処理ができず、その後もその出来事を手放せないために、身体の神経系に調整不全を起こす経験。トラウマの影響は、各自の条件づけや、手本にしたコーピングによっても違い、トラウマを数値ではかることはできない。

トラウマ・ボンド：幼少期の親に対する愛着を映し出す、もしくは再現する形で他人と関わる、条件づけされたパターンのこと。トラウマ・ボンドは通常、感情的な放棄、境界線の欠如、絡み合い、回避といった関係性を伴い、恋愛関係でもプラトニックな関係でも起こる。

ネガティビティ・バイアス：進化の過程で脳に組み込まれた、ポジティブな情報よりネガティブな情報を優先する（ゆえに、重んじる）偏り《バイアス》。

脳幹網様体賦活系《ふかつ》**（RAS）**：脳幹にある神経の束で、環境内のたくさんの刺激をふるいにかけて、行動、覚醒、意識、意欲を保つのに重要な役割を果たす。

ノシーボ効果：治療や予後に対するネガティブな予想がネガティブな結果をもたらす、科学的に実証された現象。

場を整える：１００パーセント今この瞬間に存在し、誰かが感情や体験を表現しているときは、判断したり相手を変えようとしたりせずに、興味を持つこと。

批判的なインナーペアレント：子ども時代に自分の現実を否定したり、自分の欲求や感情や思考を辱めたり否定したりしていた親を自分の中に取り込んだせいでわいてくる心の声。

標準的なストレス：人生を通して予測・予想される、万国共通のストレスに満ちた出来事。たとえば、誕生、結婚、死など。

信念／思い込み《ビリーフ》：人生の経験を通して身につけた思考。信念／思い込みは、長年の思考パターンの上に築かれ、そのパターンによって神経経路が形成される。信念／思い込みが育つためには、内外からの裏づけが必要になる。

副交感神経系：（「休息と消化」のシステムと呼ばれることもある）自律神経系の一部。エネルギーを温存し、心拍数を下げ、消化管の筋肉を弛緩させる働きをする。

プラシーボ効果：（砂糖の錠剤のような）不活性物質が病気の症状を改善する、科学的に実証された現象。

ホメオスタシス：外の環境で何が起ころうと、体内の神経系を比較的バランスの取れた状態に保てる能力。

ホメオスタシスの衝動：「習慣のままに生きる自分」に心理的・生物学的に引き寄せられること。

ポリヴェーガル理論：精神科医のスティーヴン・ポージェス博士が提唱した理論で、社会的なつながり、恐れの反応、心身の健康全体に影響を及ぼす中枢神経系の調整に、迷走神経が中心的な役割を果たしている、という主張。

ホリスティック心理学：その人のすべての部分（心、身体、魂）を考察し、取り組む、実践的なヒーリング哲学。症状の原因を抑えるのではなく掘り下げることを勧め、宇宙の相互のつながりを認めている。

本物の愛：二人の人間、それぞれが目を向けてもらい、耳を傾けてもらい、本当の自分を表現できる、互いに進化し合える安全な空間。

未来の自分日記：意識的に新たな神経経路と感情状態をつくり、持続的な行動変化をもたらすために活用する日記。

迷走神経緊張：日々のストレスに応じて、交感神経と副交感神経のどちらを活性化させるかを切り替える、神経系の能力。迷走神経緊張が低下すると、環境内の脅威と思しきものに対して誤った反応をしたり、敏感になったりする。その結果、身体が過剰に反応し、感情や注意をコントロールする力が全体的に低下する。

67. Bowlby, J. (1988). *A secure base: Parent-child attachment and healthy human development.* Basic Books.
68. Leblanc, É., Dégeilh, F., Daneault, V., Beauchamp, M. H., & Bernier, A. (2017). Attachment security in infancy: A study of prospective links to brain morphometry in late childhood. *Frontiers in Psychology, 8*, Article 2141.
69. ジョン・ブラッドショー『インナーチャイルド　本当のあなたを取り戻す方法』（NHK出版）
70. Ibid.
71. Hazan, C., & Shaver, P. (1987). Romantic love conceptualized as an attachment process. *Journal of Personality and Social Psychology, 52*(3), 511–524.
72. Carnes, P. J. (1997). *The betrayal bond: Breaking free of exploitive relationships.* HCI.
73. Ibid.
74. Gottman, J. M. (2015). *The seven principles for making marriage work: A practical guide from the country's foremost relationship expert.* Harmony.
75. Gazipura, A. (2017). *Not nice: Stop people pleasing, staying silent & feeling guilty . . . and start speaking up, saying no, asking boldly, and unapologetically being yourself.* Tonic Books.
76. Taylor, S. (2017). *The leap: The psychology of spiritual awakening.* New World Library.
77. Miller, L., Balodis, I. M., McClintock, C. H., Xu, J., Lacadie, C. M., Sinha, R., & Potenza, M. N. (2019). Neural correlates of personalized spiritual experiences. *Cerebral Cortex, 29*(6), 2331–2338.
78. リンジー・C・ギブソン『親といるとなぜか苦しい――「親という呪い」から自由になる方法』（東洋経済新報社）
79. スチュアート・ブラウン、クリストファー・ヴォーン『遊びスイッチ、オン!――脳を活性化させ、そうぞう力を育む「遊び」の効果』（バベルプレス）
80. Gibson. *Adult children of emotionally immature parents.*
81. Ibid.
82. Taylor, J. B. (2009). *My stroke of insight: A brain scientist's personal journey.* Penguin Books.
83. Cigna. (2020, January 23). *Loneliness and the workplace: Cigna takes action to combat the rise of loneliness and improve mental wellness in America.* https://www.multivu.com/players/English/8670451-cigna-2020-loneliness-index/.
84. ヴィヴェック・H・マーシー『孤独の本質　つながりの力――見過ごされてきた「健康課題」を解き明かす』（英治出版）
85. Antheunis, M. L., Valkenburg, P. M., & Peter, J. (2012). The quality of online, offline, and mixed-mode friendships among users of a social networking site. *Cyberpsychology: Journal of Psychosocial Research on Cyberspace, 6*(3), Article 6.
86. Gottlieb, S., Keltner, D., & Lombrozo, T. (2018). Awe as a scientific emotion. *Cognitive Science, 42*(6), 1–14.
87. Brown, J. (1989). *The Sacred Pipe: Black Elk's account of the Seven Rites of the Oglala Sioux.* University of Oklahoma Press.

glutamate-glutamine-GABA cycle and schizophrenia-relevant behaviors in mice. *Science Advances*, *5*(2), eeau8817.

51. Li, Q., Han, Y., Dy, A.B.C., & Hagerman, R. J. (2017). The gut microbiota and autism spectrum disorders. *Frontiers in Cellular Neuroscience*, *11*, Article 120.
52. de Cabo, R., & Mattson, M. P. (2019). Effects of intermittent fasting on health, aging, and disease. *The New England Journal of Medicine*, *381*(26), 2541–2551.
53. Mattson, M. P., Moehl, K., Ghena, N., Schmaedick, M., & Cheng, A. (2018). Intermittent metabolic switching, neuroplasticity and brain health. *Nature Reviews Neuroscience*, *19*(2), 63–80.
54. Watkins, E., & Serpell, L. (2016). The psychological effects of short-term fasting in healthy women. *Frontiers in Nutrition*, *3*(7), 27.
55. Walker, M. (2018). *Why We Sleep: The New Science of Sleep and Dreams*. Penguin.
56. Brown, R. P., & Gerbarg, P. L. (2009). Yoga breathing, meditation, and longevity. *Annals of the New York Academy of Sciences*, *1172*(1), 54–62.
57. ジェームズ・ネスター『BREATH――呼吸の科学』（早川書房）
58. Hof, W. (2011). *Becoming the Iceman: Pushing Past Perceived Limits*. Mill City Press, Inc.
59. Sullivan, M. B., Erb, M., Schmalzl, L., Moonaz, S., Noggle Taylor, J., & Porges, S. W. (2018). Yoga therapy and polyvagal theory: The convergence of traditional wisdom and contemporary neuroscience for self-regulation and resilience. *Frontiers in Human Neuroscience*, *12*, Article 67.
60. Kinser, P. A., Goehler, L. E., & Taylor, A. G. (2012). How might yoga help depression? A neurobiological perspective. *Explore*, 8(22), 118–126.
61. Loizzo, J. (2018, April 17). *Love's brain: A conversation with Stephen Porges.* Nalanda Institute for Contemplative Science. https://nalandainstitute.org/2018/04/17/loves-brain-a-conversation-with-stephen-porges/.
62. Villemure, C., Čeko, M., Cotton, V. A., & Bushnell, M. C. (2014). Insular cortex mediates increased pain tolerance in yoga practitioners. *Cerebral Cortex*, *24*(10), 2732–2740.
63. Porges, S. (2015). Play as a neural exercise: Insights from the polyvagal theory. https://www.legeforeningen.no/contentassets/6df47feea03643c5a878ee7b87a467d2/sissel-oritsland-vedlegg-til-presentasjon-porges-play-as-neural-exercise.pdf.
64. Porges, S. (2007). The polyvagal perspective. *Biological Psychology*, 74.
65. Neale, D., Clackson, K., Georgieva, S., Dedetas, H., Scarpate, M., Wass, S., & Leong, V. (2018). Toward a neuroscientific understanding of play: A dimensional coding framework for analyzing infant–adult play patterns. *Frontiers in Psychology*, *9*, Article 273.
66. Gillath, O., Karantzas, G. C., & Fraley, R. C. (2016). *Adult attachment: A concise introduction to theory and research.* Academic Press.

health concerns among American attorneys. *Journal of Addiction Medicine 10*(1), January/February 2016, 46–52, doi: 10.1097/ADM.0000000000000182.
34. Dutheil, F., Aubert, C., Pereira, B., Dambrun, M., Moustafa, F., Mermillod, M., Baker, J. S., Trousselard, M., Lesage, F. X., & Navel, V. (2019). Suicide among physicians and health-care workers: a systematic review and meta-analysis. *PLOS ONE*, *14*(12), e0226361. https://doi.org/10.1371/journal.pone.0226361.
35. Lazarus, R. S., & Folkman, S. (1984). *Stress, appraisal, and coping.* Springer.
36. ガボール・マテ『身体が「ノー」と言うとき――抑圧された感情の代価』（日本教文社）
37. Punchard, N. A., Whelan, C. J., & Adcock, I. M. (2004). The Journal of Inflammation. *The Journal of Inflammation*, *1*(1), 1.
38. ベッセル・ヴァン・デア・コーク『身体はトラウマを記録する――脳・心・体のつながりと回復のための手法』（紀伊國屋書店）
39. Matheson, K., McQuaid, R. J., & Anisman, H. (2016). Group identity, discrimination, and well-being: Confluence of psychosocial and neurobiological factors. *Current Opinion in Psychology*, *11*, 35–39.
40. Paradies, Y., Ben, J., Denson, N., Elias, A., Priest, N., Pieterse, A., Gupta A., Kelaher, M., & Gee, G. (2015). Racism as a determinant of health: A systematic review and meta-analysis. *PLOS ONE*, Article 10.1371. https://journals.plos.org/plosone/article?id=10.1371/journal.pone.0138511.
41. Goldsmith, R. E., Martin, C. G., & Smith, C. P. (2014). Systemic trauma. *Journal of Trauma & Dissociation*, *15*(2), 117–132.
42. Paradies et al. Racism as a determinant of health.
43. Williams, D. R., & Mohammed, S. A. (2013). Racism and health I: Pathways and scientific evidence. *American Behavioral Scientist*, *57*(8), 1152–1173.
44. Porges, S. (2017). *The Polyvagal Theory*. W. W. Norton & Company.
45. Center for Substance Abuse Treatment. *Trauma-informed care in behavioral health services.*
46. Håkansson, A., & Molin, G. (2011). Gut microbiota and inflammation. *Nutrients*, *3*(6), 637–682.
47. Campbell-McBride, N. (2010). *Gut and psychology syndrome: Natural treatment for autism, dyspraxia, A.D.D., dyslexia, A.D.H.D., depression, schizophrenia.* Medinform Publishing.
48. Peirce, J. M., & Alviña, K. (2019). The role of inflammation and the gut microbiome in depression and anxiety. *Journal of Neuroscience Research*, *97*(10), 1223–1241.
49. Caspani, G., Kennedy, S. H., Foster, J. A., & Swann, J. R. (2019). Gut microbial metabolites in depression: Understanding the biochemical mechanisms. *Microbial Cell*, *6*(10), 454–481.
50. Zheng, P., Zeng, B., Liu, M., Chen, J., Pan, J., Han, Y., Liu, Y., Cheng, K., Zhou, C., Wang, H., Zhou, X., Gui, S., Perry, S. W., Wong, M.-L., Lincinio, J., Wei, H., & Xie, P. (2019). The gut microbiome from patients with schizophrenia modulates the

how women can heal their bodies to reclaim their lives. Harper Wave.

18. Meador, C. K. (1992). Hex death: Voodoo magic or persuasion? *Southern Medical Journal, 85*(3), 244–247.
19. Holder, D. (2008, January 2). Health: Beware negative self-fulfilling prophecy. *The Seattle Times.* https://www.seattletimes.com/seattle-news/health/health-beware-negative-self-fulfilling-prophecy/.
20. Reeves, R. R., Ladner, M. E., Hart, R. H., & Burke, R. S. (2007). Nocebo effects with antidepressant clinical drug trial placebos. *General Hospital Psychiatry, 29*(3), 275–277.
21. Kotchoubey, B. (2018). Human consciousness: Where is it from and what is it for. *Frontiers in Psychology, 9,* Article 567.
22. Dispenza, J. (2013). *Breaking the habit of being yourself: How to lose your mind and create a new one.* Hay House.
23. van der Kolk, B. (2015). *The body keeps the score: Brain, mind, and body in the healing of trauma.* Penguin Books.
24. Langer, E. J. (2009). *Counterclockwise: Mindful health and the power of possibility.* Ballantine Books.
25. Cacioppo, J. T., Cacioppo, S., & Gollan, J. K. (2014). The negativity bias: Conceptualization, quantification, and individual differences. *Behavioral and Brain Sciences, 37*(3), 309–310.
26. van der Hart, O., & Horst, R. (1989). The dissociation theory of Pierre Janet. *Journal of Traumatic Stress, 2*(4), 397–412.
27. Bucci, M., Gutiérrez Wang, L., Koita, K., Purewal, S., Marques, S. S., & Burke Harris, N. (2015). *ACE–Q user guide for health professionals.* Center for Youth Wellness. https://centerforyouthwellness.org/wp-content/uploads/2018/06/CYW-ACE-Q-USer-Guide-copy.pdf.
28. Bruskas, D. (2013). Adverse childhood experiences and psychosocial well-being of women who were in foster care as children. *The Permanente Journal, 17*(3), e131–e141.
29. ベッセル・ヴァン・デア・コーク『身体はトラウマを記録する——脳・心・体のつながりと回復のための手法』（紀伊國屋書店）
30. Scaer, R. (2005). *The trauma spectrum: Hidden wounds and human resiliency.* W. W. Norton, 205.
31. リンジー・C・ギブソン『親といるとなぜか苦しい——「親という呪い」から自由になる方法』（東洋経済新報社）
32. Dutheil, F., Aubert, C., Pereira, B., Dambrun, M., Moustafa, F., Mermillod, M., Baker, J. S., Trousselard, M., Lesage, F. X., & Navel, V. (2019). Suicide among physicians and health-care workers: a systematic review and meta-analysis. *PLOS ONE, 14*(12), e0226361. https://doi.org/10.1371/journal.pone.0226361.
33. Krill, P. R., Johnson, R., Albert, L. The prevalence of substance use and other mental

原注

1. LePera, N. (2011). Relationships between boredom proneness, mindfulness, anxiety, depression, and substance use. *The New School Psychology Bulletin*, *8*(2).
2. McCabe, G. (2008). Mind, body, emotions and spirit: Reaching to the ancestors for healing. *Counselling Psychology Quarterly*, *2*(2), 143–152.
3. Schweitzer, A. (1993). *Reverence for life: Sermons, 1900–1919.* Irvington.
4. Mantri, S. (2008). Holistic medicine and the Western medical tradition. *AMA Journal of Ethics*, *10*(3), 177–180.
5. Mehta, N. (2011). Mind-body dualism: A critique from a health perspective. *Mens Sana Monographs*, *9*(1), 202–209.
6. Lipton, B. H. (2008). *The biology of belief: Unleashing the power of consciousness, matter & miracles.* Hay House.
7. Kankerkar, R. R., Stair, S. E., Bhatia-Dey, N., Mills, P. J., Chopra, D., & Csoka, A. B. (2017). Epigenetic mechanisms of integrative medicine. *Evidence-Based Complementary and Alternative Medicine*, Article 4365429.
8. Nestler, E. J., Peña, C. J., Kundakovic, M., Mitchell, A., & Akbarian, S. (2016). Epigenetic basis of mental illness. *The Neuroscientist*, *22*(5), 447–463.
9. Jiang, S., Postovit, L., Cattaneo, A., Binder, E. B., & Aitchison, K. J. (2019). Epigenetic modifications in stress response genes associated with childhood trauma. *Frontiers in Psychiatry*, *10*, Article 808.
10. Center for Substance Abuse Treatment. (2014). *Trauma-informed care in behavioral health services.* Substance Abuse and Mental Health Services Administration.
11. Lipton. *The biology of belief.*
12. Fuente-Fernández, R. de la, & Stoessel, A. J. (2002). The placebo effect in Parkinson's disease. *Trends in Neurosciences*, *25*(6), 302–306.
13. Lu, C.-L., & Chang, F.-Y. (2011). Placebo effect in patients with irritable bowel syndrome. *Journal of Gastroenterology and Hepatology*, *26*(s3), 116–118.
14. Peciña, M., Bohnert, A. S., Sikora, M., Avery, E. T., Langenecker, S. A., Mickey, B. J., & Zubieta, J. K. (2015). Association between placebo-activated neural systems and antidepressant responses: Neurochemistry of placebo effects in major depression. *JAMA Psychiatry*, *72*(11), 1087–1094.
15. Ross, R., Gray, C. M., & Gill, J.M.R. (2015). Effects of an injected placebo on endurance running performance. *Medicine and Science in Sports and Exercise*, *47*(8), 1672–1681.
16. Lipton. *The biology of belief.*
17. Brogan, K., & Loberg, K. (2016). *A mind of your own: The truth about depression and*

■著者紹介

ニコール・ルペラ（Nicole LePera）

心理学博士。ホリスティック心理学の第一人者。ペンシルベニア州フィラデルフィアで育ち、コーネル大学とニュースクール・フォー・ソーシャル・リサーチ（ニュースクール大学の前身）で臨床心理学のトレーニングを受ける。臨床心理学者としてクリニックを開業するも、伝統的な心理療法（サイコセラピー）の限界を感じ、患者、そして自分自身のために心・身体・魂の健康に総合的に取り組む「ホリスティック心理学」を生み出す。人間関係の悩みや誤った行動パターンの根っこにある“傷ついたインナーチャイルド”を、自らが“インナーペアレント”となることで癒やすという「自分で自分を育て直すアプローチ」を提唱。科学的エビデンスに基づいた実践的なワークを発信し、世界中の人々から支持されている。インスタグラム（@the.holistic.psychologist）で絶大な人気を誇るルペラ博士は、日々無料のコンテンツや、ヒーリング・コミュニティ「The SelfHealers Circle」を通して影響力を広げている。ますます拡大する#SelfHealersのコミュニティに、変容するためのツールをシェアし続けている。ロサンゼルス在住。

■訳者紹介

長澤あかね（ながさわ・あかね）

奈良県生まれ、横浜在住。関西学院大学社会学部卒業。広告会社に勤務したのち、通訳を経て翻訳者に。訳書に『ウブントゥ　自分も人も幸せにする「アフリカ流14の知恵」』（パンローリング）、『メンタルが強い人がやめた13の習慣』（講談社）、『やり抜く自分に変わる１秒習慣』（PHP研究所）、『不自然な死因』（大和書房）、『ザ・マスターキー　成功の鍵』（KADOKAWA）などがある。

本書の感想をお寄せください。

お読みになった感想を下記サイトまでお送りください。
書評として採用させていただいた方には、
弊社通販サイトで使えるポイントを進呈いたします。

https://www.panrolling.com/execs/review.cgi?c=ph

2024年4月3日　初版第1刷発行

フェニックスシリーズ⑮③

ホリスティック心《しん》理《り》学《がく》
――自分の行き詰まりパターンを特定し、トラウマを解消して人生を変える「ワーク」

著　者　ニコール・ルペラ
訳　者　長澤あかね
発行者　後藤康徳
発行所　パンローリング株式会社
〒160-0023　東京都新宿区西新宿7-9-18 6階
TEL 03-5386-7391　FAX 03-5386-7393
http://www.panrolling.com/
E-mail　info@panrolling.com
装　丁　パンローリング装丁室
印刷・製本　株式会社シナノ

ISBN978-4-7759-4296-3
落丁・乱丁本はお取り替えします。
また、本書の全部、または一部を複写・複製・転訳載、および磁気・光記録媒体に入力することなどは、著作権法上の例外を除き禁じられています。

©Nagasawa Akane 2024　Printed in Japan